EspritçduMonde

HUGO MICHERON

Le jihadisme français

QUARTIERS, SYRIE, PRISONS

Préface de Gilles Kepel
Cartes inédites de Fabrice Balanche

Collection dirigée par Gilles Kepel

© *Éditions Gallimard*, 2020.
© *Fabrice Balanche et Hugo Micheron, 2020, pour les cartes/adaptation EdiCarto.*

PRÉFACE
par Gilles Kepel

Comme on chasse un traumatisme par l'oubli ou le déni, la société française et ses élites ont tenté d'effacer de la mémoire collective la phase de terrorisme exacerbé que nous avons vécue de janvier 2015 à octobre 2017, des attentats de *Charlie Hebdo* et de l'Hyper Cacher à la chute de Raqqa, capitale de l'éphémère « califat » islamique de Daech. Cette défaite militaire de l'entité jihadiste en Syrie vaudrait ainsi solde de tout compte pour l'horreur subie dans l'Hexagone, nous permettant de tourner la page. Comme si les plaies profondes causées par les deux cent cinquante morts tombés dans les massacres du Bataclan ou de Nice, de Magnanville ou Saint-Étienne-du-Rouvray pendant ces années noires avaient été cautérisées en surface. Comme si le symptôme du mal avait été effacé, nous dispensant d'en rechercher plus avant les causes.

Cette diffusion du jihadisme n'avait plus donné lieu qu'à quelques manifestations éparses en apparence – mais non moins douloureuses –, à l'instar de la tuerie de Carcassonne et Trèbes, le 23 mars 2018, revendiquée par l'État islamique : elle causa cinq morts, dont le colonel de gendarmerie Arnaud Beltrame, égorgé par un terroriste franco-marocain issu d'une cité populaire. À partir de l'automne 2018, la crise des Gilets jaunes, avec son cortège de violences pendant près d'une année, détourna l'attention médiatique du terrorisme jihadiste. Même quand Daech se réjouissait sur les réseaux sociaux des désordres en France, porteurs d'une sédition (*fitna*) propre à favoriser la désagrégation de la nation et l'émergence d'enclaves islamistes dans les quartiers populaires, ferments de la guerre civile triomphale à venir, ses propos furent décrédibilisés, présentés comme une chimère virtuelle tentant de compenser la disparition du mouvement terroriste.

C'est dans pareil contexte que se produisit l'attaque au couteau survenue le 3 octobre 2019 dans l'enceinte de la préfecture de police de Paris, au cours de laquelle quatre fonctionnaires furent tués par un agent administratif, employé à la maintenance informatique de la Direction du renseignement – chargée notamment de la détection du terrorisme jihadiste. Il apparut que le meurtrier, un quadragénaire natif de Fort-de-France en Martinique, abattu sept minutes après le début des faits, s'était converti à l'islam une dizaine d'années auparavant, avait approuvé les attentats de *Charlie Hebdo* en 2015, et fréquentait à Gonesse, dans la banlieue parisienne, une mosquée où avait officié un imam salafiste dont la virulence lui avait valu un signalement spécifique, dit « fiche S ». Ce drame, survenu au cœur même du service policier chargé de prévenir pareilles actions, et qui donna lieu à un « cafouillage » au plus haut niveau du ministère de l'Intérieur avant que le Parquet national antiterroriste (PNAT) ne soit saisi de l'affaire, éclata comme un coup de tonnerre dans un ciel faussement serein.

Par une de ces coïncidences dont l'histoire du jihadisme

est coutumière, cette tuerie se déroula au moment même où avait lieu, dans le Palais de justice, voisin de la préfecture, le procès des femmes qui, le 4 septembre 2016, avaient installé une voiture piégée pleine de bonbonnes de gaz à quelques dizaines de mètres de cette même préfecture, à l'instigation du cadre de Daech Rachid Kassim qui les téléguidait depuis Raqqa. D'expérience, les actions jihadistes ont fréquemment résonné en écho les unes des autres, afin d'en maximiser l'effet, à travers le temps et l'espace. Ce 3 octobre 2019 venait justement d'être examiné au tribunal le cas de l'une des incriminées dans cette affaire, accusée d'avoir porté des coups de couteau au policier venu l'arrêter. Dans un contexte où la propagande jihadiste dénonce à l'envi les « juges-bourreaux » qui condamnent à de lourdes peines les prévenus qualifiés de « soldats du califat », ce rappel de la capacité de nuisance du terrorisme face aux institutions chargées de le traquer n'est pas sans évoquer ce qui s'est joué au World Trade Center, frappé le 11 septembre 2001, huit ans après qu'un premier attentat jihadiste l'avait touché une première fois le 26 février 1993.

Le livre d'Hugo Micheron, basé sur une investigation de cinq années dans les quartiers populaires, en Syrie et au Levant, ainsi, et surtout, qu'en prison, au contact de quatre-vingts jihadistes incarcérés avec lesquels il a eu des entretiens fouillés, offre une analyse inédite de la nature du jihadisme français. Il permet de l'appréhender pour la première fois de l'intérieur, en pénétrant au plus profond sa logique politique et religieuse, mais aussi ses déterminations culturelles et sociales. Reconstruction historique et géographique à la précision jamais atteinte, cet ouvrage propose une étude des mentalités d'autant plus précieuse qu'elle permet d'anticiper les prochains développements du terrorisme jihadiste tels que les envisagent les premiers concernés. Loin de tout parti pris idéologique, l'auteur déconstruit les théories obsolètes qui ont conduit aux errements de bien de nos dirigeants et de nos éditorialistes, depuis le fourre-tout de la « radicalisation » jusqu'à la représentation illusoire de la prison comme un univers totalitaire et coupé de la société.

En dépit de la gravité des faits ici traités, l'ouvrage d'Hugo Micheron est aussi porteur d'un immense espoir. En permettant de comprendre la logique à l'œuvre dans la suite de drames qui ont marqué l'histoire récente de la France, il nous donne les moyens de prévenir nombre de ceux qui pourraient leur succéder. À condition toutefois que soient tirées les conclusions de la leçon magistrale qu'il propose.

INTRODUCTION

Les attentats parisiens contre la rédaction de l'hebdomadaire *Charlie Hebdo* et les clients du magasin Hyper Cacher les 7 et 9 janvier 2015 ont brutalement révélé au grand jour la nature du jihadisme français. Pendant les cinq années écoulées après ce drame, dont les deux premières ont été marquées par une succession de tueries spectaculaires, le diagnostic général permettant d'en faire sens n'a pas été posé.

Quelques données chiffrées rendent compte de l'ampleur du problème comme de la difficulté de l'exercice. Entre 2012 et 2018, pas moins de deux mille Français ont été impliqués dans les organisations jihadistes en Syrie, multipliant par cent le nombre de ressortissants de l'Hexagone impliqués dans des groupes islamistes combattant en Afghanistan ou en Bosnie une génération auparavant. La plupart de ces individus ont participé à un « califat » éphémère proclamé à Raqqa le 29 juin 2014, effondré trois ans plus tard, et dont femmes et enfants peuplent, au moment où paraît ce livre, des camps de détention dans le nord-est syrien. Durant cette même période, cinquante-neuf attentats ont été déjoués et plus de vingt ont eu lieu en France – d'autres, comparables, advenant en Belgique, en Allemagne, en Grande-Bretagne ou en Espagne – causant la mort de plus de deux cent cinquante personnes et blessant des milliers d'autres. Dans leur immense majorité, ces actes criminels commis sur le territoire national ont été perpétrés par des Français, éduqués à l'école de la République.

Face à pareil constat, le débat public s'est avéré particulièrement dense. Deux approches principales se sont affrontées pour définir la nature du phénomène jihadiste et ses conséquences dramatiques pour la société française.

La majeure partie des interprétations a privilégié une approche sous l'angle de la « radicalisation ». Cette notion est communément définie comme « le ou les processus à travers lesquels des individus ou des groupes en viennent à approuver ou à participer à l'usage de la violence à des fins politiques » (Neumann, 2009[1]). Elle stipule que le basculement dans la violence répond à des schémas généraux que l'on observerait dans des mouvances extrémistes de toute catégorie, de gauche comme de droite, indépendantistes comme ultra-nationalistes, identitaires comme religieuses. Elles inscrivent les mouvements islamistes dans une lignée de groupes qui ont eu recours historiquement à des procédés terroristes et en minimisent la spécificité. Ce type d'explication a été porté dans le débat universitaire notamment par Farhad Khosrokhavar à travers son ouvrage intitulé *Radicalisation* (au singulier) publié en 2014. Le terme a toutefois été popularisé par une ancienne professionnelle de la protection judiciaire de la jeunesse,

---

[1]. Pour les références détaillées, on se reportera à la bibliographie en fin d'ouvrage, p. 385.

Dounia Bouzar, dont le succès médiatique a ouvert la voie à de nombreuses parutions de la même veine : pas moins d'une centaine de publications sont recensées sur le sujet depuis 2015.

Au même moment, une formule de l'anthropologue Alain Bertho reprise par Olivier Roy et attribuée à ce dernier rencontra un écho puissant au point de devenir la boussole interprétative du phénomène pour les commentateurs désorientés : le jihadisme répondrait de « l'islamisation de la radicalité, plutôt que l'inverse » (Bertho, 2014 ; Roy, 2016). Les attentats en Europe seraient ainsi le fruit d'un radicalisme inhérent à l'époque contemporaine. Ils manifesteraient l'expression d'une colère qui se pare des atours conjoncturels de la religion, mais qui aurait pu, en d'autres époques ou d'autres lieux, se prévaloir d'une autre cause. Selon cette vision des choses, la participation de milliers de ressortissants français au « combat sacré » en Syrie s'apparenterait à une forme de nihilisme dont l'essence serait la « radicalisation ». Les jeunes Européens, désenchantés et ne croyant en rien, auraient été attirés par la pensée la plus extrême et la plus attrayante sur le marché idéologique, proposée par Daech.

Ce type d'énonciation est à l'origine d'une controverse intellectuelle après que Gilles Kepel et Bernard Rougier l'eurent dénoncée comme faisant écran à l'intelligibilité du phénomène. Pour les deux chercheurs et arabisants, le jihadisme répond d'une idéologie propre, porteuse de sens et devant être interprétée en contexte. Ainsi, l'émergence d'un jihadisme européen doit être comprise à l'aune de l'évolution généalogique des mouvements qui s'en réclament depuis l'apparition de cette mouvance dans le cadre de la guerre d'Afghanistan des années 1980. L'organisation al-Qaida dans les années 1990-2000, puis Daech durant la décennie 2010 en constituent des métamorphoses dont l'analyse permet de resituer l'action des militants qui s'y réfèrent dans un cadre à la fois historique et anthropologique.

Depuis 2016, d'autres prises de position dans le débat public s'inscrivant dans le sillage de la notion de « radicalisation » ont conduit à lier prioritairement la problématique jihadiste aux enjeux de discrimination et de marginalisation socio-économiques.

Certains ont ainsi vu dans ce phénomène l'expression d'une forme de revanche sociale portée par des exclus musulmans (Truong, 2017). Ces derniers, particulièrement discriminés en France, n'auraient guère d'alternative à l'incrimination du système qui les rejette (Bonnelli, Carré, 2018). D'autres ont perçu dans les départs pour le jihad au Levant une réaction à la laïcité française incommodante, vectrice de violence symbolique et inadaptée aux grandes évolutions des sociétés multiculturelles contemporaines (Khosrokhavar, 2018). Enfin, quelques-uns estiment qu'il faut comprendre la notoriété des mouvements jihadistes à la lumière du rejet des politiques occidentales iniques au Moyen-Orient, définies à travers le soutien à Israël et l'invasion américaine de l'Irak en 2003 (Burgat, 2016).

On le voit, plusieurs interprétations contradictoires s'opposent clairement sur la place publique. Malgré un débat vigoureux et un grand nombre de publications sur le sujet, à l'aube de la décennie 2020, aucune recherche empirique de grande ampleur n'a été menée pour expliquer l'attrait du jihad syrien auprès d'une partie de la population française, le diagnostic général permettant de comprendre ces dynamiques demeurant de la sorte inaccessible.

Il nous est apparu impératif de renouveler, face à ce manque, le stock de connaissances empiriques, ce qui nécessitait de réinvestir en profondeur le terrain et de produire des données à partir de celui-ci. Telle est l'ambition première à l'origine du présent ouvrage, né de la prise de conscience de la géographie singulière dans laquelle s'inscrivait le jihadisme européen.

Géographie du jihadisme et mutation des territoires

Alors que le jihadisme s'est imposé comme une réalité pour l'ensemble des pays de l'Union européenne, assez peu d'intérêt a été porté à la géographie spécifique que les adeptes faisaient émerger à mesure qu'ils rejoignaient le Levant.

Celle-ci révélait pourtant des informations précieuses pour l'interprétation du phénomène.

Entre 2012 et 2018, 80 % des jihadistes européens présents au Levant provenaient de quatre pays : France, Grande-Bretagne, Allemagne et Belgique. Les Français représentaient 40 % de ceux-ci (deux mille sur cinq mille) suivis par les Allemands et les Britanniques (environ huit cents personnes respectivement), tandis que la Belgique, avec six cents ressortissants, constituait le plus important État pourvoyeur de jihadistes proportionnellement à sa population.

Aux échelles nationale et locale, un même constat prévaut : certains territoires sont massivement touchés par le phénomène tandis que d'autres, pourtant voisins et similaires, n'y participent nullement. En France, tous les départements ont été concernés par un « départ » au moins sur la période donnée, mais la quasi-totalité de ceux-ci ont eu lieu dans une quinzaine de cantons. À l'intérieur de ces derniers, les mêmes schémas se reproduisent : des filières s'organisent dans certaines villes tandis que d'autres, proches, ne connaissent aucune forme d'activisme. De même, dans les municipalités concernées, seuls certains quartiers sont atteints et, au sein de ceux-ci, la dynamique se circonscrit parfois à une barre d'immeubles ou un pâté de maisons. Ces observations s'appliquent aux pays voisins précités, le cas belge poussant le phénomène au paroxysme puisque 75 % des six cents départs proviennent de cinq « communes » bruxelloises (équivalant à des arrondissements de métropoles françaises). La plus notoire, Molenbeek, est celle où a été organisée une partie des attentats du 13 novembre 2015 à Paris et du 22 mars 2016 à Bruxelles – comme nous l'analyserons.

Ces constats préliminaires remettent en cause plusieurs présupposés. *Primo*, ils indiquent que la problématique jihadiste ne peut être réduite aux seules spécificités du contrat social républicain français, stigmatisé pour sa « laïcité » (qui ne se retrouve pas dans les pays voisins). Le jihadisme doit être analysé dans un cadre plus large et à l'aune des bouleversements des sociétés démocratiques d'Europe du Nord-Ouest dans leur ensemble.

Secundo, la géographie des « départs » ne se superpose pas à la question des « banlieues » en général, pour intelligible que soit cette notion. Ainsi, la ville de Trappes dans les Yvelines était concernée en 2015 par quatre-vingts départs pour la Syrie, un « record » national, quand dans le même temps la commune voisine de Chanteloup-les-Vignes, partageant les mêmes handicaps socio-économiques, n'en comptabilisait aucun. Les exemples de cette sorte pourraient être multipliés : les quartiers subsumés sous la qualification générique de « sensibles » ou « difficiles » ne recouvrent aucune cohérence en matière de « radicalisation ». Certains sont disproportionnellement concernés, d'autres aucunement. Il en va de même pour des territoires qui sont classés très différemment en termes de marginalisation. Ainsi Lunel, ville de l'Hérault de vingt-cinq mille habitants, majoritairement issus de la petite classe moyenne laborieuse, se voyait décerner en 2014 le titre infamant de « capitale du jihadisme français » après que vingt-cinq départs pour la Syrie y étaient décomptés. Dans le même temps, les cités dix fois plus peuplées des quartiers nord de Marseille, cumulant les handicaps de toute nature, n'ont pas connu de filière durable d'envoi de combattants au Levant entre 2012 et 2018. Le critère strictement « social » ne saurait constituer en l'espèce la variable explicative. Le constat se pose dans les mêmes termes en Belgique : la Wallonie, région la plus pauvre du Royaume, n'est guère concernée par le phénomène, contrairement aux villes prospères de Flandres : Anvers et Vilvorde ont été très impactées, à l'instar des communes de Bruxelles précitées.

Ces observations montrent que les facteurs socio-économiques ne sont pas seuls pertinents pour rendre compte des dynamiques que nous allons observer. Leur prise en compte ne saurait dispenser de situer la contextualisation du jihadisme européen que nous proposons à l'aune de données qui nous sont apparues plus significatives, et qui s'organisent autour de trois espaces de référence.

À la question : « Pourquoi ces "jeunes" partent-ils "faire le jihad" en Syrie ? » qui s'impose depuis 2014 dans les études sur la « radicalisation », nous avons voulu substituer une autre interrogation : « Qu'est-ce qui lie Strasbourg à Raqqa ? Nice à Idlib ? Lunel à Deir ez-Zor ? »

Cette mise en situation place le phénomène jihadiste au croisement de deux mouvements distincts : les bouleversements des territoires de la société française et des grandes démocraties européennes, d'une part ; les mutations idéologiques induites par le développement de l'islamisme au sein de celles-ci, d'autre part.

La contextualisation de cet objet dans des « territoires », au sens où Hannah Arendt notait que « la terre est la quintessence de la condition humaine », permet de se distancier de l'accumulation des cas individuels, d'élargir considérablement l'horizon intellectuel, et de s'émanciper des seuls récits des acteurs.

L'étude globale du phénomène a été rendue possible à mesure que se dessinait entre la France et le Levant un improbable espace tiers : les prisons. En effet, que le projet de Daech s'exprime dans des attentats ou échoue à se structurer en Europe, les prisons s'imposent comme le *terminus ad quem* des militants jihadistes de tout âge et de tout horizon. Les placements de ces militants en détention, passés de quelques poignées en 2014 à plus de cinq cents en 2019, ont reconstitué, *in vitro* dans l'espace carcéral, la totalité de cette mouvance dans la diversité de ses composantes. Cette situation inédite fournissait un terrain d'observation et d'analyses exceptionnel.

Dès lors, à partir des détentions, perçues comme l'espace cardinal du jihadisme français, nous avons entrepris de restituer les acteurs dans leurs « écosystèmes » particuliers entre la France et le Levant. L'articulation de ces trois topiques nous a fourni le cadre cognitif pour interpréter ce phénomène d'une manière que nous espérons novatrice. À cette fin, il fallait commencer par s'immerger au cœur des trois types de territoires concernés.

Réinvestir le terrain

Ce livre est ainsi le fruit de recherches sur le terrain menées en trois langues (français, arabe, anglais) et de façon intensive pendant cinq ans, entre 2014 et 2019. Il repose sur plus d'une centaine d'entretiens réalisés dans les quartiers en France (et en Belgique), au Levant et dans les prisons. Dans chacun de ces espaces, nous avons multiplié les allers-retours et les séjours prolongés de façon à expérimenter l'imbrication entre ces trois espaces que vivaient les activistes.

En France et outre-Quiévrain, les enquêtes ont été menées au sein de quatre zones sélectionnées sur la base du nombre important de « départs » depuis celles-ci vers la Syrie. Il s'agit de :

1. Toulouse et l'arrière-pays ariégeois
2. Nice
3. Paris et sa proche banlieue
4. Lille-Roubaix-Tourcoing et les communes dites « du canal de Charleroi » à Bruxelles : principalement Molenbeek et Schaerbeek.

Ce travail a consisté en observations participantes, échanges formels et informels, et entretiens semi-directifs. Nous avons cherché à recomposer les chronologies et les contextes locaux ayant permis l'émergence des dynamiques jihadistes, en rencontrant les proches des personnes parties au Levant (familles, amis), ainsi que les acteurs sociaux dans leur entourage (éducateurs sociaux, militants associatifs, acteurs politiques, responsables de mosquées, imams, et autres). À Nice et à Paris, nous avons également suivi individuellement pendant six mois cinq jeunes ayant été empêchés de partir en Syrie et pris en charge par les services sociaux départementaux.

Au Moyen-Orient, le terrain a été pensé en « miroir » de celui que nous réalisions en Europe. Il fut moins dense, mais avait pour fonction d'éclairer qualitativement le phénomène que nous documentions par l'autre bout. Il a pris la forme de séjours au Kurdistan irakien, au Liban et en Turquie entre décembre 2014 et janvier 2017 et s'est structuré autour d'entretiens réalisés en arabe auprès de rebelles syriens, de réfugiés syriens ayant fui la vie à Raqqa sous l'État islamique, et de deux jihadistes libanais appartenant au groupe al-Nosra. En outre, des interviews ont été conduites avec l'aide d'un interprète kurde auprès de réfugiés yézidis et de combattants peshmergas.

Mais le principal travail sur le terrain a été effectué dans les prisons françaises à partir de l'été 2015, principalement au sein des quatre établissements concernés par l'instauration du premier dispositif de prise en charge des « radicalisés » : à Fresnes (Val-de-Marne), Fleury-Mérogis (Essonne), Osny (Val-d'Oise) et Lille-Annœullin (Nord).

Nous y avons conduit des entretiens individuels et collectifs auprès de quatre-vingts jihadistes[1] français, de

1. Par « jihadistes », nous désignons ici des personnes emprisonnées pour « association de malfaiteurs en vue d'une entreprise terroriste » ou « faits de terrorisme » dont la qualification juridique des faits témoigne de leur appartenance à une organisation qui se réclame du jihad.

retour de Syrie ou arrêtés pour leurs activités dans l'Hexagone. Cela représente, à notre connaissance, l'échantillon le plus vaste rassemblé à ce jour. Celui-ci est également l'un des plus diversifiés au sens sociologique du terme.

En effet, les travaux universitaires précédents auprès de « jihadistes » en détention présentaient deux types de travers que nous avons essayé de surmonter (Khosrokhavar ; Monod ; Crettiez, Ainine, 2016, 2018, 2019). Les échantillons étaient souvent de taille réduite (d'une demi-douzaine à une dizaine d'enquêtés). De plus, ils portaient principalement sur des « détenus », c'est-à-dire des individus condamnés par la justice, et non des prévenus sous mandat de dépôt, soit des personnes incarcérées dans l'attente de leur procès. Les périodes d'instruction pour ce type d'affaires étant souvent longues, cela signifiait que ces recherches documentaient le phénomène avec un décalage de plusieurs années sur les événements.

Pour notre part, nous avons eu accès aux deux types de personnes écrouées. Nous avons ainsi pu conduire des entretiens auprès de vétérans d'al-Qaida comme de jeunes revenants de Daech, dont certains avaient combattu sur le champ de bataille syrien trois semaines auparavant. Contrairement à la plupart des enquêtes effectuées dans ce milieu et sur cette thématique, nous avons également eu accès à des femmes jihadistes incarcérées, bien qu'en faible nombre.

Pour ce faire, nous avons formulé, pour chaque prévenu ou mis en cause rencontré individuellement, une demande d'autorisation formelle aux juges en charge de leur dossier. La période exceptionnelle durant laquelle s'est déroulée la recherche, marquée par la récurrence des attentats et par un sentiment de très forte incompréhension du phénomène concerné, a facilité notre démarche. Parmi les neuf magistrats que comptait alors le pôle antiterroriste, sept ont apporté leur consentement.

Ces accès uniques aux détentions nous ont permis pendant un an et demi d'accumuler une documentation sur le phénomène jihadiste à mesure qu'il se déployait et d'en mesurer les évolutions à travers le recueil des propos des enquêtés. Compte tenu du durcissement des conditions d'incarcération des intéressés, semblable enquête de terrain ne serait sans doute guère envisageable depuis lors dans les mêmes termes.

Les entretiens collectifs prenaient la forme d'un atelier de discussions avec une douzaine de jihadistes écroués autour d'un thème défini à l'avance par nos soins (« jihad et géopolitique du conflit syrien »). Nous avons rencontré de la sorte soixante militants au cours de cinq séances. Les échanges se déroulaient durant deux à trois heures, dans une salle d'une trentaine de mètres carrés au rez-de-chaussée des bâtiments pénitentiaires. Les participants et l'auteur étaient assis en cercle, sur des chaises d'écolier. Un psychologue ou conseiller d'insertion et de probation assistait parfois aux échanges sans intervenir. Les débats se déroulaient en l'absence de surveillants, qui demeuraient à l'extérieur de la pièce. Les prisonniers n'étaient aucunement entravés et se voyaient accorder le droit de tout dire lorsque la parole leur revenait. Les ateliers se déroulaient dans une atmosphère « surtestostéronée », conséquence de l'enfermement humain et de la pratique intensive de la musculation chez les reclus, encellulés vingt heures par jour. De façon contre-intuitive, la vulnérabilité du chercheur esseulé devant un groupe de détenus plus ou moins soudés offrait un cadre idoine pour aborder ce public, méfiant d'ordinaire. Les dix premières minutes s'avéraient cruciales : il convenait de ne pas se montrer impressionné par des individus habitués à jouer de leur statut de « terroristes », tout en brisant l'appréhension, bien réelle, chez chacun des participants. Comme tous prisonniers, ceux-ci sont sensibles à la démarche d'intervenants extérieurs qui leur rendent visite et leur permettent, quelques heures durant, de sortir « mentalement » de leur geôle. La « confiance » était posée en endossant une neutralité empathique axiologique, au sens de Max Weber, en toutes circonstances, cependant que l'usage référentiel de la langue arabe facilitait l'attention et suscitait l'intérêt de cette audience. Les enregistreurs étant interdits en détention, les entretiens ont été entièrement transcrits à la main par nos soins. À travers ces échanges, nous avons observé les mécanismes à l'œuvre dans ces mini-groupements jihadistes et les démarches de chacun. Nous avons été exposés aux articulations de leur parole, aux repères de leur discours, aux thématiques consensuelles ou sources de polémique, autant d'éléments non quantifiables qui se sont avérés déterminants pour la compréhension, par l'intérieur de la subjectivité des interlocuteurs, de notre objet d'étude.

Ces plongées dans l'univers social des enquêtés qu'étaient les prisons franciliennes ont servi de prélude aux entretiens individuels semi-directifs conduits auprès de vingt autres jihadistes. Ces échanges visaient à retracer la trajectoire de leur engagement militant et à comprendre leurs systèmes de valeurs (Heinich, 2017). Administrés durant une demi-journée, parfois davantage, les interviews se déroulaient dans une cellule vide aménagée en bureau, comprenant une table et deux chaises en plastique. Chaque enquêté était informé au préalable de notre recherche par courrier auquel il avait répondu positivement. Durant l'entretien, il était « libre » de répondre aux questions et de mettre un terme à l'échange à tout moment pour retourner en cellule. Il n'était jamais menotté ni empêché dans le développement de son propos tandis que nul surveillant ni tiers n'était présent dans la salle. Les propos recueillis n'ont souffert d'aucune interruption et ont été intégralement retranscrits à la main ; ils constituent un corpus unique de plus de six cents pages, abondamment utilisé dans le présent ouvrage. Les prénoms de tous les enquêtés auxquels il est fait référence dans les pages qui suivent ont été changés selon les méthodes d'anonymisation usuelles en sciences sociales. Malgré un travail de terrain délicat, les conditions d'entretien ont été bonnes dans l'ensemble. Seuls des incidents mineurs se sont produits et ont pu être gérés avec sang-froid. À une reprise, nous avons écourté un échange avec un « revenant » qui semblait mal tourner.

En parallèle, nous avons mis à profit nos visites en prison pour solliciter l'opinion des personnels pénitentiaires, avec certains desquels nous avons conduit des entretiens. De la sorte, nous avons rencontré plus de cent agents durant une année et demie passée en « immersion » dans le milieu carcéral. À ces éclairages complémentaires s'ajoutent, sur les mêmes bases, des conversations formelles et informelles menées à l'extérieur des prisons auprès de hauts fonctionnaires responsables des thématiques judiciaires ainsi que des décideurs politiques sur ce sujet. Les trois gardes des Sceaux qui se sont succédé durant notre terrain, Mme Christiane Taubira, M. Jean-

Jacques Urvoas, Mme Nicole Belloubet, nous ont accordé des entretiens, ainsi que les Premiers ministres MM. Manuel Valls et Édouard Philippe. Nous avons également interrogé les conseillers des deux présidents de la République successifs MM. François Hollande et Emmanuel Macron. Cela nous a permis de croiser des dynamiques, que nous observions au plus près, avec leur perception par les instances administratives et politiques, à tous les niveaux hiérarchiques.

Enfin, quantité de sources secondaires ont été exploitées, à l'image de l'abondante littérature islamiste en ligne. Nous avons également eu accès aux nombreux volumes relatifs à certaines affaires jugées, celles des filières dites d'« Artigat I » (2007) et des « Buttes-Chaumont » (2009). Ces différentes sources se sont avérées précieuses pour mettre en perspective nos observations.

Le travail effectué sur ces divers supports et dans ces différents lieux a nécessité de combiner l'approche des sciences sociales – sociologie, sciences politiques, histoire – avec l'islamologie classique, la théologie, et la sémiologie arabe.

Le présent travail s'ouvre sur l'étude des espaces « européens » du jihadisme (Première partie). À partir de la région toulousaine, nous retraçons la genèse du jihadisme sur le Vieux Continent depuis la fin des années 1980 jusqu'en 2012. Nous observons ensuite la façon dont la guerre en Syrie et la mise en place du projet « califal » de Daech au Levant se sont construites en prolongement et aboutissement de ces dynamiques engagées en Europe (Deuxième partie). Nous analysons ainsi la montée en puissance de « l'État islamique » au Moyen-Orient puis son effondrement, à l'issue d'une campagne d'attentats sans précédent contre les sociétés démocratiques occidentales. Enfin, nous observons comment, à partir de 2016, la mouvance se reconstitue au sein des prisons françaises à l'issue de l'échec de Daech au Levant dont certains tentent de tirer les leçons (Troisième partie).

AVERTISSEMENT

Le débat autour des définitions de l'islamisme est ancien. Nous avons privilégié dans les pages qui suivent les définitions établies par le professeur Bernard Rougier. Elles présentent l'intérêt majeur de correspondre aux catégories qu'utilisent les militants eux-mêmes et d'épouser la dynamique générale du terrain que nous étudions. Quatre formes d'islamisme sont ainsi identifiées : les Frères musulmans, l'organisation du *Tabligh*, le salafisme et le jihadisme. Ces mouvements se caractérisent par le refus assumé de scinder l'islam en religion, culture ou idéologie. Aussi, lorsque l'expression « islamisme » sera employée, elle renverra à ces groupes et à leur souci commun de soumettre l'espace social à un régime spécifique de règles religieuses.

LES FRÈRES MUSULMANS

Le terme *ikhwani* (« frériste ») désigne, en arabe contemporain, l'appartenance au courant des « Frères musulmans ». Née en Égypte en 1928, l'organisation fondée par l'enseignant Hassan al-Banna entend initialement réislamiser la société égyptienne, lutter contre l'occupation britannique et combattre le mouvement sioniste en Palestine. Son objectif proclamé est de conquérir le pouvoir afin d'imposer les prescriptions de la Loi religieuse (*charia*). Le modèle des Frères égyptiens a été dupliqué dans l'ensemble des pays arabes. En Europe, des associations s'en réclamant sont apparues au cours des années 1980, à l'instar de l'Union des Organisations islamiques de France (UOIF) devenue, en 2017, « Musulmans de France ». Sur le Vieux Continent, les Frères se mobilisent à travers de multiples collectifs pour obtenir la reconnaissance institutionnelle d'une « identité musulmane ». Elle leur permet de négocier, dans une logique de lobby communautaire, leur emprise sur la population d'ascendance musulmane auprès des pouvoirs publics. Une diversité d'acteurs associatifs et de « collectifs communautaires » appartiennent, de manière plus ou moins assumée, à la mouvance intellectuelle « frériste », à l'image du très actif Collectif contre l'islamophobie en France (CCIF), créé en 2000. Pour ces organisations, l'intégration économique dans la société française ne doit pas être complétée par un consentement à son mode de vie et à sa philosophie institutionnelle. Adhérer aux valeurs du « modèle » français, accusé de corrompre l'islam, équivaudrait à condamner à disparaître l'islam comme « fait social total » (Mauss, 2012). Ainsi, l'avènement d'un islam théologique et libéral, identifié à une croyance librement vécue par chacun, doit être combattu et discrédité, selon ces militants. Pour ce faire, ils poursuivent une stratégie d'affirmation communautaire exploitant toutes les ressources de la démocratie (procédures judiciaires, développement d'écoles privées hors contrat, du commerce *halal*, dénonciation des mariages mixtes au nom de la préservation de l'« identité musulmane »). La mise en relief du délit d'« islamophobie » s'avère importante dans cette démarche, car elle permet de faire progresser un agenda islamiste au moyen d'un argumentaire libéral, habilement retourné contre lui-même.

LE TABLIGH

Tablighi désigne, en arabe, l'appartenance à « l'Association du Tabligh » (« propagation de la foi »). Contrairement aux Frères musulmans, à visée explicitement politique, ce mouvement de prédication est originellement piétiste : il cherche à agir sur la société, mais ses membres se gardent d'intervenir sur la scène institutionnelle. L'organisation a été créée en 1927 dans l'Inde britannique, à Mewat près de Delhi. Son fondateur, Mawlana Mohammed Ilyas (1885-1944), s'est donné pour mission de prêcher l'islam aux masses pauvres et incultes du sous-continent indien. L'objectif était alors de préserver l'intégrité de leur foi contre l'influence du syncrétisme religieux suivi par la majorité hindoue. Les adeptes insistent ainsi sur l'importance de régler leur comportement de manière littérale sur le modèle du Prophète. Une des particularités du Tabligh est que ses suiveurs organisent des virées prosélytes (sorties ou *khourouj*) dans le but de convaincre les musulmans rencontrés de revenir à l'islam de Mahomet – et éventuellement de rallier le groupe. En France, il est représenté, depuis 1972, par l'Association Foi et Pratique, dont le siège est à Saint-Denis. Après une expansion rapide durant la décennie 1990, notamment dans les quartiers défavorisés, le Tabligh est depuis les années 2000 concurrencé par le salafisme.

LE SALAFISME

Salafi désigne en arabe l'appartenance au salafisme. Cette doctrine puise sa source dans l'école la plus littéraliste de l'islam (le hanbalisme, celle de l'imam Ibn Hanbal, fondateur de l'école théologique sunnite la plus rigoriste et intransigeante), et se confond en partie avec le wahhabisme – la doctrine religieuse d'État en Arabie saoudite.

L'étymologie du terme renvoie aux « prédécesseurs », aux « pieux ancêtres » (*al-salaf al-salih*), qui correspond à la communauté imaginée des « premiers musulmans ». Les salafistes conçoivent l'islam en se référant à ces derniers à travers de vastes volumes de « récits » (*hadith*) à valeur d'exemplarité sacro-sainte, relatant les actions du Prophète et de ses compagnons. Sur cette base, les adeptes conçoivent l'islam « originel » ou « véridique » qu'il conviendrait de réinstaurer. Nous reviendrons en détail sur la dimension idéologique de cette mouvance. La progression considérable du nombre des adeptes depuis la fin du XXe siècle opère une révolution conservatrice au sein de l'islam mondial dont les effets sur les comportements sociaux sont puissants.

Dans l'espace public, les marqueurs de piété de type salafiste énoncent de multiples ruptures symboliques et physiques à l'encontre de tous ceux, mécréants (*kouffar*) comme musulmans « non conformes » (« apostats », *mourtaddin*) qui ne partagent pas leur religiosité exclusive et totalisante. Au nom du sacré, les rôles féminins et masculins sont redessinés, ce qui passe par l'habillement : prescription du voile intégral pour les femmes, du *qamis* (ou tunique longue du Prophète) pour les hommes. Il contribue à redéfinir l'identité d'appartenance collective et donc individuelle, à affirmer strictement la frontière entre ce qui est « musulman » et ce qui ne l'est pas (mécréance), ce qui est licite (*halal*) et ce qui ne l'est pas (*haram*). Il met ainsi en circulation une nouvelle vision du monde à travers le filtre du pur et de l'impur, du juste et de l'injuste, dont leurs cheikhs sont censés définir les références. Ces groupes ont parfois été décrits comme « quiétistes » à cause de leur apolitisme supposé. Nous reviendrons sur cette catégorisation en indiquant ses limites. L'islam intégral dans sa version salafiste ne préconise pas le passage à la violence en raison du respect du devoir d'obéissance à l'égard du « détenteur de l'autorité » (*wali al-amr*), ce qui le différencie des jihadistes.

LE JIHADISME

Jihadi, enfin, est le terme arabe qui désigne un militant jihadiste. L'évolution de cette mouvance repose sur deux composantes distinctes qui la tiraillent depuis son apparition en Afghanistan dans les années 1980. La première branche peut être désignée comme « salafo-frériste », car elle est le fruit d'une hybridation entre ces deux courants. Elle correspond au canal historique du jihadisme international. Elle a produit al-Qaida, une organisation nomade qui prétend défendre la communauté des croyants musulmans (*oumma*) face à l'ennemi occidental. Fonctionnant de façon hiérarchisée et pyramidale, le commandement a été assuré par Oussama Ben Laden jusqu'à sa mort en 2011 et depuis lors par son ancien bras droit Ayman al-Zawahiri.

La seconde tendance s'apparente au wahhabisme le plus

rigide possible (exclusiviste). Elle a été notamment popularisée par Abou Moussab al-Zarqaoui, le fondateur de l'organisation « État islamique en Irak », et a été active entre 2006 et 2010. Pour celle-ci, le contrôle d'un territoire est primordial, et l'obligation d'instaurer un État « islamique » est sous-jacente. Ainsi le legs de Zarqaoui, tué en 2006, a été repris quelques années plus tard par Daech qui l'a prolongé par la proclamation du « califat » le 29 juin 2014. Cette branche du jihad diffère de la première dans le sens où elle est encore plus absolutiste. Elle se caractérise par le refus de tout compromis dans l'application de la charia et instaure le combat sacré dans le prolongement de la purification du dogme.

I

QUARTIERS

PRÉAMBULE

Aux origines de l'utopie jihadiste

LE MONDE SELON KÉVIN

Mardi 20 octobre 2015, Menton, Alpes-Maritimes : Kévin a meilleure mine. Quelques mois plus tôt, au milieu du ramadan, il était apparu accablé par le jeûne et la fournaise estivale. À notre étonnement, il avait insisté pour que l'entretien se déroule au restaurant McDonald's de la sortie d'autoroute de Nice-Est, « pour la clim' », avait-il précisé.

Au milieu de l'automne azuréen, il nous a cette fois donné rendez-vous dans un café le long de la baie du Soleil à Menton. Derrière le cap, c'est l'Italie.

Le jeune homme de vingt et un ans porte un pantacourt beige barré de deux bandes verticales rouges, un T-shirt blanc et des lunettes fumées, typiques de celles des « kékés » en virée sur la Côte d'Azur. Sa barbe hirsute et mal taillée laisse entrevoir de nombreux trous sur les côtés d'une moustache fine qui refuse de pousser. Ses longs cheveux blonds lui donnent un air adolescent.

Sa conversion à l'islam remonte aux années de lycée, quatre ans plus tôt. Il a embrassé la voie ouverte par son grand frère qu'il désapprouvait jusqu'alors, suivant l'avis de son père, maçon de profession qui « n'aime ni les Arabes ni les musulmans ».

Son changement de religion lui aurait apporté la « vérité ». Deux ans plus tard, au contact de ses collègues musulmans, cuisiniers dans un hôtel huppé de la Côte comme lui, il comprend qu'il lui est *haram* (illicite) de toucher du porc et de manipuler de l'alcool comme il est supposé le faire quotidiennement auprès du chef. Le jeune Niçois quitte son travail peu après s'être séparé douloureusement de son amie, une « chrétienne qui refusait de se convertir ». Il est désormais livreur de pizzas.

Kévin, son aîné Daniel, et une autre fratrie, Marwane et Arezki, ont été interpellés quelques semaines après les attentats de *Charlie Hebdo* et de l'Hyper Cacher du début janvier 2015, à l'aéroport de Nice. Ils s'apprêtaient à rejoindre Daech en Syrie. La mère, rentrée inopinément ce jour-là, avait surpris ses deux enfants la main dans le sac. Kévin terminait de faire ses bagages tandis que Daniel signait une lettre d'adieu sur un coin de table. Affolée, elle prévint la police qui arrêta dans la foulée leurs acolytes au comptoir d'enregistrement d'une compagnie turque.

Comme tous les jeunes empêchés de partir au Levant, ils font l'objet d'une mesure administrative d'interdiction de sortie du territoire et leurs passeports leur ont été confisqués. Désormais, Kévin et ses proches sont pris en charge par une association locale de prévention de la « radicalisation ».

Ils ont accepté, à l'exception de Daniel, de nous voir dans le cadre d'entretiens réguliers pour nos recherches qui sont l'occasion de revenir sur leurs convictions et leurs perspectives d'avenir.

L'échec de leur projet traduit selon eux leur impréparation, plus qu'il n'altère leur visée jihadiste. Marwane, le cadet de la bande, dix-sept ans, se montre amer : « On s'y est pris comme des bleus. » Pour Kévin, le « califat » de Daech représentait un idéal immuable au début de l'été 2015. Il a vaguement conscience que l'EI est livré à la violence, et le champ de bataille n'est pas ce qui attire ce militant à l'engagement récent :

> *Ici j'ai le confort, j'ai tout, là-bas c'est la guerre, je ne sais pas si je pourrais vivre ça.*

Kévin et Daniel sont en effet logés, nourris, blanchis chez leur mère. Cette dernière, catholique non pratiquante, anémiée par la situation, supporte les admonestations de ses deux fils à se conformer à la norme islamique. Ils ont vidé ses bouteilles de vin et d'apéritif, et l'empêchent de cuisiner des aliments « interdits », tout particulièrement la viande non halal. Le reste du temps, les deux frères jouent à la console.

Dès lors, pourquoi avoir voulu rejoindre Daech ?

Pour Kévin, l'islam est à la dérive et il n'existe « plus aucun pays qui soit encore musulman », pas même l'Arabie saoudite. Rien d'autre que la lecture salafo-jihadiste du dogme ne mérite d'être appelé « islam ». Elle divise le monde entre « fidèles » et « mécréants » ; une représentation binaire de l'univers qui s'applique également aux membres de sa nouvelle communauté. Le jeune converti ne se rend plus dans les mosquées des environs, rejetant l'ensemble de ses coreligionnaires niçois et mentonnais dans le camp des « mauvais croyants » ou des « apostats ». Il se souvient d'un jour où un imam avait insisté durant un sermon (*khoutba*) sur la nécessité pour les lycéens de bien préparer leurs examens :

> *Mais pourquoi ils disent ça ? Est-ce qu'avoir le bac t'amènera au paradis ? Est-ce que ça t'amènera à devenir un meilleur musulman sur les chemins de l'islam ?*

Il est confiné entre les injonctions ultra-strictes du salafisme et la permissivité d'une société qu'il soupçonne de lui tendre des pièges à dessein.

Il en vient à formuler une conclusion sans appel : il ne peut vivre pleinement sa religion à Menton. Il se plaint de ne pas réussir à détourner les yeux de toutes les personnes du sexe opposé qu'il croise, de ne pas pouvoir faire ses prières à l'heure ni les rattraper, de ne pas consacrer assez de temps à « apprendre la science religieuse » ou la langue arabe… Après tout, il « reste un humain », il est « tenté par les femmes », et ici, note-t-il, elles sont très rapidement dévêtues, ce qui est haram (illicite). Durant l'entretien, il s'est assis dos à la plage, pour ne pas être enclin à poser des regards obliques sur les jeunes filles, la peau hâlée, qui déambulent le long de la promenade du Soleil. Pour rejoindre le café, il a traversé l'allée du centre-ville presque entièrement assimilée par lui au *koufr* (mécréance). Les terrasses des bars de l'avenue de Verdun, à Menton, sont bondées à l'heure de l'apéritif. Au bout de celle-ci trône le Casino où les jeux d'argent et de hasard, prohibés par la doctrine salafiste, attirent les foules. Sur le bord de mer, la mode n'est pas vraiment au *burkini*… Pour éviter « toutes ces épreuves », Kévin reste autant que possible chez lui. Mais il déprime et se fait funambule, « j'essaye de marcher droit dans un univers déréglé ».

Rejoindre Daech était le moyen de résoudre les contradictions auxquelles avait conduit son nouveau mode de vie. Le territoire que contrôlait le « califat » dans le nord de la Syrie et de l'Irak était le seul à ses yeux où était appliquée la loi d'Allah. Se rendre au « Châm » (Levant) revenait à quitter la mécréance pour une terre d'islam « pure », à accomplir un idéal, celui de l'émigration religieuse, la *hijra*. Rejoindre Daech – outre son inscription dans le camp des « musulmans » à l'approche du Jugement dernier – répondait au besoin d'évoluer dans un cadre rigoureux pour « l'obliger » à apprendre sa foi, comme s'il s'agissait d'un stage linguistique à l'étranger :

Là-bas, tu es incité à pratiquer. À faire tes prières. Parfois c'est trop, mais au moins c'est clair.

Interpellés par la police peu avant leur départ, Kévin et ses comparses ont vu leur rêve devenir une chimère.

Pourtant, quelques jours avant les attentats meurtriers du 13 Novembre à Paris, une lueur d'espoir luit dans les yeux du jeune homme. Il vient d'échanger sur Facebook avec des « frères de Strasbourg et de Bruxelles » qui lui offrent une perspective qu'il n'avait guère imaginée : pour contourner les difficultés que rencontrent d'autres volontaires empêchés comme lui de rejoindre le Châm, ils lui conseillent de construire son avenir en Europe.

Après tout, la France est belle, et Kévin pourrait envisager d'en faire son pays de cocagne. Avec le concours de quelques camarades, il se voit établir une communauté fermée : « Une ferme à la campagne, où y a vraiment personne, genre en Auvergne. » L'avantage est tout trouvé :

> *Tu n'ennuies personne, car tu es au milieu de nulle part, et tu peux vivre religieusement comme tu l'entends, les femmes pourront porter le* niqab [voile intégral], *elles ne dérangeront personne.*

Ses nouveaux amis en ligne l'ont également invité à visiter certains quartiers de Strasbourg et de Bruxelles :

> *La communauté y est très bien organisée, ils font la* 'eid [fête canonique islamique] *et toutes les prières ensemble, ils organisent des* ftour [rupture du jeûne], *c'est génial !*

Les deux sexes y sont « assez séparés, y a moins de mixité », et les règles de la charia sont « beaucoup mieux respectées ». Kévin pourrait donc pratiquer sa foi et y vivre sa religion « correctement » en déménageant dans ces quartiers où des « frères ont fait du bon boulot ».

À défaut d'émigrer hors des terres de mécréance pour « fonder l'État islamique » en Syrie, il envisage d'effectuer une hijra française, forger une bulle de « pureté » au cœur de la société détestée, un environnement hermétique à l'impiété qui l'entoure. Rejoindre une enclave communautaire en cours de « salafisation » dans une autre ville, fonder un phalanstère du même acabit en rase campagne, tels seraient les ersatz européens du « califat » de l'EI désormais inaccessible en Syrie.

Pareilles initiatives, qui semblent inédites au jeune Mentonnais, n'émanent pas plus de son esprit que de celui de ses interlocuteurs sur Internet : elles nous ramènent à l'utopie originelle du jihad global. Enclaves et phalanstères ont en effet constitué les vecteurs de la propagation de cette doctrine au sein de pays et de cultures très divers depuis la fin du XXᵉ siècle. C'est à travers l'élaboration de petits « écosystèmes » de ce type que cette idéologie s'est diffusée territorialement, depuis les confins himalayens de l'Afghanistan dans les années 1980, jusqu'aux périphéries des grandes métropoles arabes et européennes des années 2000.

L'UTOPIE UNIVERSELLE DU JIHAD

Le jihadisme, comme le salafisme, repose sur un idéal très strict : la croyance absolue en un modèle politique et religieux parfait qu'il importerait de ressusciter à l'identique. Il aurait existé au cours des trois premiers siècles de l'islam (entre le VIIᵉ et le IXᵉ après J.-C.) et particulièrement durant la vie du prophète Mohammed et des quatre « califes bien guidés » qui lui ont succédé.

Cet âge d'or fantasmé est associé au début de l'ère de l'hégire, période la plus glorieuse pour ces adeptes. Elle correspond à la Révélation coranique puis à l'apostolat de Mohammed (610-632). Après sa mort, l'expansion rapide par la voie des conquêtes (*foutouhat*) aurait apporté la preuve de l'achèvement de cet idéal (632-752). Pour les salafo-jihadistes, qui font fi de la dimension ultra-violente de cette période, extrêmement dense en conflits internes, l'extension du territoire de l'islam (*dar al-islam*) s'explique par la pureté du dogme.

Ils en tirent une conclusion sans appel : si l'application littérale de la doctrine édictée par le Prophète a abouti à diffuser la vraie religion aux quatre coins du monde connu à l'époque, pourquoi en serait-il autrement aujourd'hui ? L'ordre coranique était en passe de se réaliser sur terre tant que les croyants s'en tenaient à un strict respect du credo originel. Il est impératif d'y revenir pour retrouver et prolonger de nos jours la vertu de cet âge d'or perdu. Il importe donc de « purifier » l'islam de toutes les « innovations blâmables » (*bida*). Il convient d'oblitérer quinze siècles de la vie des sociétés musulmanes réduites à la décadence et à la déviance par rapport au modèle primitif, de réinstaurer à la place les fondements de la foi « parfaits » et « universels », qui prévalaient dans la péninsule Arabique au début du VIIe siècle – à l'avènement de l'ère hégirienne. Ainsi, pour les adeptes, le récit téléologique de la fin des temps ne peut advenir que lorsque l'« islam » sera reconstitué dans son intégralité initiale. Ce fondamentalisme est un impératif absolu afin de recouvrer l'état *idéal* de la religion incarné par le « Califat » des origines.

Cette approche totalisante et a-historique, partagée par l'ensemble des salafo-jihadistes toutes tendances confondues, est dite « millénariste ». Elle fige le credo dans un passé mythifié avec lequel il faudrait renouer, en vue de faire aboutir la prophétie de Mahomet. Selon cette croyance, l'Apocalypse aura lieu au Châm – terme arabe consacré dans les prophéties islamiques pour le Levant, et que les adeptes contemporains identifient à la Syrie moderne et à sa capitale. Elle sera annoncée par la survenue sur terre du *dajjal* (le « charlatan » ou antéchrist) que le Messie affrontera à Damas, au pied du minaret blanc de la grande mosquée des Omeyyades. Ce dernier tuera l'imposteur de son épée et ouvrira l'ensemble de la planète au triomphe de l'islam.

Cette dimension eschatologique a été au cœur de la propagande de Daech qui prétendait ainsi incarner les forces de l'islam face aux suppôts du mal en Syrie. L'organisation faisait ainsi de l'exode des jeunes d'Europe et d'ailleurs vers le sol béni du « Châm » le prélude au retour du Sauveur et à l'extermination de la mécréance. Pareille vision habitait le propos de Kévin qui citait, pêle-mêle, une liste de phénomènes d'actualité censés constituer autant de preuves de la fin imminente de l'humanité et l'avènement de la prophétie :

> *Le réchauffement climatique, le dérèglement des saisons, la corruption du système politique, la multiplication des injustices de par le monde.*

Ainsi, le salafo-jihadisme ne se réduit pas à l'expression d'un puritanisme individuel. Cette doctrine est porteuse d'une espérance universelle : le retour à l'âge d'or perdu des premiers temps de l'islam projette les adeptes dans la possibilité d'une société parfaite. Il les mobilise en vue d'atteindre cet absolu. L'idéologie est ainsi éminemment politique : elle invoque le passé idéalisé pour détruire le présent, en vue d'un autre avenir.

La dimension millénariste de cette pensée est centrale. En effet, la possession d'un territoire est une composante essentielle des mouvements millénaristes. À travers l'Histoire de l'humanité, leurs adeptes ont cherché à se regrouper pour former des « communautés » d'élus qui se prémunissent contre les affres de la « fin du monde ».

Cela vaut aussi bien pour des courants dont l'utopie de référence est religieuse que pour d'autres qui l'expriment en termes sociétaux. On retrouve le phénomène avec les « Royaumes de Dieu sur terre » que prétendaient fonder les innombrables communautés évangélistes des XVIe et XVIIe siècles en Amérique du Nord, comme dans les enclaves constituées aux États-Unis et en Angleterre par les juifs ultra-orthodoxes Satmar. La théologie sociale révolutionnaire de Thomas Münzer au XVIᵉ siècle comporte également une dimension millénariste, comme après elle le marxisme. Celui-ci voyait par exemple dans « les sectes à vie commune la preuve prototypique de la viabilité et de la nécessité du communisme » et de l'avènement du « Grand soir » (Séguy, 1971). Depuis le tournant des années 2000, des communautés formées par certains mouvements écologistes ou survivalistes, qui entendent parer au mieux la catastrophe climatique perçue comme imminente et l'anarchie qui en résulterait, entrent aussi dans ce cadre.

Les mouvements millénaristes se construisent soit sous forme d'*enclaves* en milieu urbain, soit par des congrégations fermées dans des zones rurales ou inaccessibles que nous appellerons *phalanstères* dans les pages qui suivent. Le terme, contraction de « phalange » et de « monastère », a été introduit par Charles Fourier qui en avait fait la pièce maîtresse de son utopie sociale au début du XIXᵉ siècle. Les adeptes devaient se réunir dans des isolats pour se couper de l'Ancien Monde, qui désignait l'État « pré-révolutionnaire » et « pré-industriel ». D'après son inspirateur, le nouveau groupe bâtissait un modèle en devenir, rêvé comme moderne et industriel.

Le sociologue des religions Henri Desroche qualifie ceux qui se rassemblent dans les enclaves de « macro-millénaristes » : leur objectif est la transformation de la société en théocratie. Concrètement, les activistes identifient des environnements urbains potentiellement réceptifs à leur prosélytisme et cherchent à s'y fondre afin de les subvertir de l'intérieur par la conversion à leurs idées.

Les individus qui se regroupent dans les phalanstères sont en revanche, selon cet auteur, « micromillénaristes » : ils se détournent de l'ordre honni pour produire des communautés aussi hermétiques que possible au monde des ignorants voués à la damnation éternelle.

Ainsi, les deux types de collectivités évoquées par le jeune Mentonnais Kévin, dont l'ambition est d'instaurer une terre d'islam « pure » en pays « mécréant », correspondent depuis le jihad en Afghanistan durant la décennie 1980 aux modes de propagation de cette idéologie. Partout les adeptes et activistes s'implantent dans des environnements urbains qu'ils œuvrent à bouleverser de l'intérieur à partir d'une enclave, ou érigent des microsociétés closes en rupture totale avec l'impiété ambiante.

Le modèle de l'enclave advient pour la première fois dans sa version contemporaine en Afghanistan, dans le cadre de la guerre contre les Soviétiques (1979-1989). La ville de Peshawar au Pakistan devient le point de regroupement pour les jihadistes internationaux. Elle constituera l'épicentre à partir duquel la mouvance se propagera vers les autres régions du monde.

Il en va de même du camp de réfugiés palestinien d'Aïn al-Heloueh au Liban durant les années 1990, étudié en profondeur par le politiste et arabisant Bernard Rougier qui en a montré la dimension emblématique. Simultanément, l'apparition du « Londonistan » dans la capitale britannique fournit une illustration typique de l'enracinement de ce modèle en Occident. Des dirigeants en exil de cette même mouvance, dont certains se fréquentaient déjà à Peshawar, établissent dans le quartier de Finsbury Park des réseaux qui servent de relais à leurs activités planétaires dans la période préalable au 11 septembre 2001.

Par la suite, la municipalité bruxelloise de Molenbeek, dont sont originaires plusieurs membres du commando des attentats de Paris et de Bruxelles, les 13 novembre 2015 et 22 mars 2016, s'est imposée comme l'enclave européenne par excellence du jihadisme dont Daech est le produit. Hors du Vieux Continent, Kattankudy au Sri-Lanka répond également à ce schéma. La plupart des responsables des massacres dans les églises de trois cent cinquante personnes, lors des fêtes de Pâques 2019, en sont issus.

Dans cette même période, le modèle du phalanstère prend lui aussi forme en Afghanistan. Il apparaît à travers des camps reclus dans des environnements isolés, des sommets inhospitaliers, des déserts, des forêts ou des étendues rurales peu peuplées. Il a fait des émules avec la dispersion des combattants en Europe et au Moyen-Orient par la suite. La communauté de Gornja Maoča en Bosnie en est une illustration. Située à flanc de montagne dans une zone difficile d'accès, elle a été fondée à l'issue de la guerre civile de 2002-2005 par des jihadistes qui voulaient se prémunir contre la « contamination » de l'islam « dévoyé » en vigueur à Sarajevo.

En France a été établi le phalanstère le plus emblématique d'Europe. Implanté en région occitane au cœur du département de l'Ariège, dans le village d'Artigat, par des anciens d'Afghanistan, il constitue un paradigme permettant de comprendre la diffusion du phénomène jihadiste dans l'Europe du début du XXIe siècle.

LES DÉCENNIES 1980-1990 : DE LA SYRIE À L'ARIÈGE, VIA L'AFGHANISTAN

Dimanche 8 octobre 2017, hameau des Lanes. Le soleil se couche sur la magnifique campagne ariégeoise. Une vue imprenable s'offre chaque soir aux habitations érigées entre les chênes, sur le flanc de la butte d'Artigat, commune de six cents âmes. Il faut passer l'église, le « Bar du commerce » inanimé, laisser derrière soi le marchand de primeurs « Au p'tit bonheur » et s'engager sur la route de Saint-Michel. Le chemin sinue en pente douce dans le sous-bois pendant quelques kilomètres ; au croisement, un calvaire rappelle le souvenir des guerres de religion particulièrement vivaces dans les environs.

À droite, au fond d'un cul-de-sac, se trouve le lieu-dit Les Lanes où résident, selon la mairie, moins d'une centaine de personnes. Orienté plein ouest, le hameau fait face à la vallée de la Lèze qui réverbère une lumière orangée. Au fond, le jour disparaît derrière le massif du Plantaurel qui abrite la grotte préhistorique du Mas-d'Azil, célèbre pour avoir servi de refuge naturel durant les périodes les plus mouvementées de l'humanité. Plantée dans ce décor splendide, une maison sinistre, rez-de-chaussée en béton, étage en pierre, fenêtres ternes, camping-car pourrissant dans le jardin. Ici réside l'« émir blanc », Olivier Corel. Depuis sa localisation en surplomb, il contemple le crépuscule et peut surveiller les rares voitures qui s'aventurent sur le chemin en contrebas.

L'Ariège a bénéficié de son encaissement, le long de la barrière des Pyrénées, pour accueillir les dissidents de toutes sortes et les protéger de la violence. Haut lieu de la croisade contre les cathares, la grasse vallée est scellée trente kilomètres plus bas par la préfecture de Foix, plus grande ville des environs avec neuf mille âmes. Derrière les montagnes, c'est l'Espagne. Pendant les décennies 1970-1980, le département a été la terre d'élection de nombreuses communautés hippies pour lesquelles le Larzac s'était « embourgeoisé ». Accueillis par des habitants locaux souvent indifférents, ils sont surnommés « les pélutes », d'après le terme occitan *pel* (« poil ») en référence à leurs cheveux longs et décoiffés. Des pélutes, la région en accueille de moins en moins, mais on trouve trace de leur héritage à travers les « punks à chiens » qui déambulent dans les bourgades du Saint-Gironnais.

Au regard de ces fresques aux teintes passées, il était difficile d'imaginer qu'Artigat pût devenir le haut lieu du jihadisme français. Et pourtant, s'il ne fallait qu'une seule « communauté » pour illustrer le propos de Kévin, ce serait celle-ci. Un phalanstère, le plus ancien d'Europe, y a été fondé à la fin des années 1980 et perdure en 2020. La collectivité est aussi l'une des plus fécondes pour avoir enfanté au moins deux générations d'activistes parmi les plus influents. Elle a tissé des réseaux à travers l'Europe et le monde arabe, depuis les prisons franciliennes jusqu'aux ultimes réduits du « califat » de Daech tombés en 2019.

Les figures emblématiques en sont Fabien et Jean-Michel Clain, tués au combat à Baghouz cette même année. Les deux frères ont supervisé la préparation de nombreux attentats en France, dont ceux du 13 novembre 2015 à Paris, et se sont vu décerner « l'honneur » d'en lire la revendication de l'EI. Artigat a également constitué le lieu de formation religieuse de Sabri Essid, mentor de Mohamed Merah qui a lui-même fréquenté le phalanstère, puis hiérarque des services secrets de l'EI en Syrie. Thomas Barnouin, l'un des idéologues français les plus respectés du groupe, arrêté par les milices kurdes du YPG en Syrie après la chute de Raqqa, y a aussi fait ses classes.

Les exemples pourraient être multipliés, tant les islamistes de Toulouse et des environs ont été des maillons essentiels dans la structuration du jihadisme de l'Hexagone depuis la fin du XXe siècle. Mais, par-delà le nombre impressionnant de volontaires – près de deux cents – issus de la Ville rose et de ses environs, la région concentre toute la diversité de la mouvance dans un rayon de cent kilomètres. En Syrie, les Occitans formaient l'un des groupes les plus hétérogènes. Étaient présents aussi bien des hommes que des femmes, des dealers de la cité des Izards que des étudiants de l'université du Mirail, ainsi que des familles entières – de l'arrière-grand-mère à l'arrière-petite-fille.

Surtout, la Haute-Garonne et l'arrière-pays ariégeois représentent le seul territoire en Europe qui accueille à la fois, à Artigat, le phalanstère le plus emblématique et fonctionnel, et, dans le quartier populaire toulousain du Mirail, l'enclave communautaire la plus structurée.

Bien qu'isolée en apparence de tout, entre pâturages et taillis, la communauté d'Artigat est en rapports étroits avec la Syrie d'où est originaire son fondateur Olivier Corel, l'« émir blanc », comme il est désigné en raison de la couleur coton de sa barbe. La végétation alentour évoque celle de la trouée de Homs où naquit le septuagénaire sous son nom musulman d'Abdullilah Al-Dandachi. La vallée de la Lèze fait penser à celle de l'Oronte, tandis que l'horizon des Pyrénées se substitue aux cimes enneigées de l'Anti-Liban.

Venu au monde en 1946, Dandachi a été élevé dans une famille conservatrice et fortement hostile au laïcisme affiché du parti Baas syrien, parvenu au pouvoir par un coup d'État en 1963. Dix ans plus tard, il s'exile à Toulouse avec sa femme, Nadia Chammout, tandis que quatre membres de sa fratrie trouvent asile en Arabie saoudite. Tous fuient la ville de Hama et la répression à l'encontre des Frères musulmans – dont ils sont militants – menée par le président Hafez al-Assad.

À son arrivée dans la Ville rose qu'un lointain parent avait fréquentée, Dandachi ne parle pas français et abandonne rapidement le cursus pharmaceutique pour la poursuite duquel il avait été admis sur le territoire. Il se montre moins attentif en classe que prompt à publiciser sa religion. Il préside un temps la section toulousaine de l'Association des Étudiants islamiques de France (AEIF), proche des Frères et matrice de leur propagation au sein de l'Université française, tout en étant le représentant de leur branche syrienne locale. Initialement détenteur d'un permis de séjour, Dandachi est naturalisé en 1983. Il christianise alors son nom pour s'appeler Olivier Corel.

C'est à cette époque qu'il aurait quitté la région toulousaine pour rejoindre, selon les éléments figurant dans le dossier « Artigat I » et pendant une durée indéterminée, les jihadistes afghans antisoviétiques. Il y aurait fréquenté le groupe du Hezb-e-Islami afghan (HIA) de Gulbuddin Hekmatyar, passé à la postérité comme le « boucher de Kaboul ». Peu connue, cette expérience aurait été cardinale pour son avenir et celui de ses futurs disciples. De retour en France en 1985, Corel s'installe à Artigat. Beauxfrères, neveux venus de Syrie, d'Algérie et d'Arabie saoudite sont accueillis à bras ouverts en Ariège, de même que des dizaines de personnes qui auraient appartenu aux courants afghano-pakistanais. « [Artigat] est devenu le point de rencontre de nombreux militants islamistes », note alors la direction centrale de la police nationale dans une fiche à destination des services d'EUROPOL.

Forte de cette impulsion, la communauté se structurera en phalanstère lorsque Corel acquiert un ensemble de quatre vieilles bâtisses au début de la décennie 1990. La localisation à flanc de colline cachée par les forêts de chênes offre toute la discrétion nécessaire pour créer un havre ultra-orthodoxe autarcique ; une bulle de « pureté » protégée de la société environnante, des codes et des lois « mécréants ».

La collectivité de « revenants » reproduit en Ariège l'entre-soi expérimenté en Afghanistan. La vie quotidienne est scandée par les obligations religieuses. Les femmes ne se montrent à l'extérieur qu'entièrement dissimulées sous d'épais niqabs noirs et s'assurent de ne jamais croiser d'« impies ». Des randonneurs dominicaux imprudents essuient des jets de pierre. D'autres voisins assistent incrédules au spectacle de dizaines de barbus, mine patibulaire, traversant la forêt sous une pluie battante, glacières à la main.

Le reste du temps, la communauté se fait discrète et la plupart des autochtones ne s'intéressent guère au sort des maisons posées entre les lacets du chemin de Saint-Michel. « Les Ariégois sont des hommes de fer et du fer », prête-t-on ici à Napoléon en campagne vers l'Espagne, en référence au caractère inflexible des habitants de ce pays. Corel, dont le patronyme n'éveille aucun soupçon, parle désormais couramment français et se montre précis lorsqu'il échange des formalités avec les gens du cru. Il a fondé une entreprise d'artisanat ; la collectivité fabrique des bibelots qui sont vendus sur les marchés, comme les « pélutes » hippies le faisaient en été. Il monte à cheval, tel un cavalier du Prophète, à « La Galopinière », le centre équestre des environs. Chaussé de bottes en caoutchouc, long manteau déguenillé sur les épaules, il « fait pitié », disent certains habitants, en observant sa démarche de vieillard alors qu'il n'est pas encore sexagénaire.

Pourtant, si ces « revenants » vivent reclus, ils cherchent aussi à s'ouvrir sur les marges de la société « honnie ». Durant la décennie 1990, l'émir blanc tente en vain de trouver une place d'imam dans les lieux de culte de Toulouse, quatrième métropole française, sise à moins d'une heure de route d'Artigat. Contrairement au monde rural ariégeois où il évolue *incognito*, sa réputation le précède dans les milieux conservateurs de la Ville rose qui se construisent à l'époque dans le rejet des individus perçus comme *takfiris* (les radicaux qui « excommunient » les autres musulmans). Ses orientations le desservent jusques et y compris chez ceux qui deviendront ses disciples dix ans plus tard. Sabri Essid, alors tout juste majeur, se souvient de l'idée qu'il se faisait de Corel quand il commença à s'intéresser aux mouvements islamistes locaux[1] :

> *J'avais entendu dire que c'était un* takfiri. *[...] On m'avait dit de ne pas aller à Artigat. Moi-même, je mettais mes amis en garde contre lui.*

---

1. À l'exception des propos de Marie et Maurad recueillis en entretien et sauf mention contraire, les citations dans la partie I proviennent des différents volumes du dossier judiciaire dit de la « filière d'Artigat 1 » jugée en 2009. (Voir détails en Bibliographie.)

En parallèle, l'émir blanc suit de près la guerre civile algérienne. Bien qu'il voyage peu, il se rend sur place à l'été 1992. Il y aurait rencontré des éléments proches du Groupement islamique armé (GIA). Menée par des Algériens passés par l'Afghanistan, cette organisation sera à l'origine des pires exactions durant cette « décennie noire » au cours de laquelle disparaissent, selon les estimations, entre cent mille et cent cinquante mille vies. Le GIA incarne la branche la plus violente du jihadisme. Il se fait connaître en France à travers le détournement spectaculaire du vol Alger-Paris sur le tarmac de l'aéroport Marignane le jour de Noël 1994, puis de huit attentats qui causèrent dix morts et cent soixante-quinze blessés entre juillet et octobre 1995. Mais à l'époque, les tensions au sud de la Méditerranée restent un enjeu secondaire pour la petite communauté en proie à des convulsions internes.

Au tournant du millénaire, le respect intangible du dogme salafiste qu'impose l'émir blanc a consumé celle-ci : trois membres fondateurs et leurs familles claquent la porte avec fracas. Olivier et Nadia Corel, qui n'ont pas d'enfant, redoublent alors d'efforts pour établir des liens durables avec la jeunesse pieuse des cités toulousaines, seul moyen de redynamiser le phalanstère affaibli.

1
Prélude au jihadisme hexagonal : le paradigme de Toulouse (2001-2005)

L'ÉVOLUTION DU JIHADISME
APRÈS LE 11 SEPTEMBRE 2001

Les quartiers toulousains.
Le Grand-Mirail au tournant du XXe siècle

Le salafisme était inconnu à Toulouse avant les timides apparitions des premiers adeptes dans certaines cités à la fin des années 1990. Les courants islamistes actifs étaient auparavant les Frères musulmans et le Tabligh (voir *supra*, Introduction), historiquement implantés dans les milieux d'ouvriers agricoles marocains et donc fort présents dans la vallée de la Garonne. Ces deux mouvances étaient perceptibles, mais non dominantes, dans les quartiers dits du « Grand-Mirail » : le Mirail, Bellefontaine, La Reynerie auxquels s'adjoint Bagatelle, situés dans le sud-ouest de l'agglomération et peuplés de quarante mille résidents.

Lors du dépôt du projet d'habitation du Mirail en 1962, l'architecte d'origine grecque Georges Candilis, élève de Le Corbusier, rêvait de fonder une *ville annexe* – le terme de « ville nouvelle » n'était pas encore usité. Elle devait constituer un modèle de diversité, d'innovations urbaines pensées pour que « les habitants dialoguent ». Cette « utopie » légua son nom au quartier. Le Mirail signifie « miroir » en occitan et devait incarner la cité moderne, dévalorisant le centre historique bourgeois de Toulouse situé à trois stations de métro. À la fin de la décennie 1980, la désillusion s'est fait jour. Dans les barres HLM de Bellefontaine, La Reynerie ou Bagatelle, la mixité sociale s'affaiblit, tandis que délinquance, trafics de drogue et chômage croissent. Les familles pauvres issues de l'immigration marocaine, algérienne, tunisienne et subsaharienne sont surreprésentées depuis que les résidents d'origines espagnole, occitane, basque et italienne quittent ces quartiers. Pourtant, le processus d'enclavement n'est ni « ethnique », car les populations du Mirail restent disparates, ni religieux, parce que l'expression communautaire de l'islam y est encore embryonnaire.

Sur place, la prédication s'organise autour de deux lieux de culte très fréquentés et prônant une ligne conservatrice. La mosquée al-Salam, dite « du Château » en raison de sa proximité avec le jardin municipal, ancien domaine du XVIII siècle situé au cœur du quartier de La Reynerie, est la plus grande de Toulouse. Elle accueille un public essentiellement composé de Frères musulmans arabophones et d'étudiants venus du monde arabe, désignés dans les quartiers comme « blédards ». La mosquée el-Hussein de Bellefontaine, quant à elle, est à la fois la plus vétuste de Toulouse et la plus dynamique, l'une des rares à ne pas être organisée autour de la nationalité d'origine des fidèles. Si elle attire des croyants de différentes sensibilités, « elle était réputée pour être fréquentée par des jeunes à tendance assez radicale » comme s'en souvient un membre de la filière jihadiste d'Artigat-Toulouse. Jusqu'en 2001, elle était sise dans un triste local sous le garage d'un centre commercial, et surnommée « mosquée du parking ». Une multitude de pratiquants étaient contraints de faire leurs dévotions à l'extérieur, sur des bâches ou des anoraks posés à même les aires de stationnement, fût-ce dans le vent glacial de l'hiver. Elle sera condamnée par les autorités et remplacée par une autre salle de prière, plus spacieuse et distante de cent mètres. Son nouvel emplacement, proche du terminus de la ligne A de métro, lui vaut d'être désignée comme la mosquée « Basso Cambo ». Le mouvement du Tabligh y est particulièrement représenté. L'un des responsables de celui-ci, Alou, un converti provenant d'une famille chrétienne de Centrafrique s'en souvient :

> *En* [1999-2000], *à la mosquée de Bellefontaine, la notion de salafisme n'était pas présente.* [...] *Il y avait beaucoup de frères du Tabligh.*

À l'issue du déménagement, leur influence va s'estomper progressivement au profit de la dizaine de salafistes qui ont fait leur apparition. Le charismatique imam Mamadou Daffé, chercheur au CNRS et considéré comme originellement proche des Frères musulmans, accepte la nouvelle donne dans le lieu de culte où il exerce, non mécontent de voir les Tablighis perdre du terrain. En retour, les intrus se gardent de condamner ses prêches et louent son aura auprès des jeunes qui les écoutent. Les liaisons entre mouvances salafiste et frériste deviendront de plus en plus fréquentes dans le Sud-Ouest toulousain.

L'irruption d'une famille étendue dans ce quartier

pauvre de Toulouse va avoir des répercussions cruciales à cet effet.

Rencontre avec les Clain

La fratrie des Clain – deux frères et deux sœurs – est originaire de Toulouse, mais ses membres ont passé leur adolescence dans l'île de La Réunion – ils sont surnommés les « Réunionnais » – avant de rentrer en Métropole, à Alençon, dans l'Orne. Ils impressionnent par leur imposante carrure et leur teint hâlé. Fabien, le plus volumineux, pèse jusqu'à cent soixante kilos. Charismatique, hâbleur, son œil vif confère à son allure massive une curieuse légèreté.

Catholiques pratiquants, ils embrassent l'islam en 1999 après la visite d'une tante éloignée accompagnée de son mari musulman. Nous avons fait la connaissance de ce dernier à la prison de Fleury-Mérogis où il est incarcéré depuis son arrestation par la police turque à l'été 2016, alors qu'il tentait de rejoindre Daech avec femme et enfants. Au cours de l'entretien, celui-ci – que nous nommerons Maurad – est longuement revenu sur sa rencontre avec les Clain et leur conversion, dont il est à l'origine.

Le contact facile, il se prend d'affection pour Fabien et son frère Jean-Michel dès leur première entrevue avant de devenir un intime de la famille.

Fabien, alors âgé de vingt ans, est le premier à s'ouvrir à l'islam comme Maurad l'évoque avec fierté :

Moi, je n'ai converti que Clain Fabien. […] Je n'ai fait que lui. Et je l'ai fait, comme je discute avec vous là. […] Il était prêt. […] Bien sûr, c'est une hassana [une bonne action religieuse, qui compte le jour du Jugement dernier] *! Mais en même temps, ce n'est pas assez. J'ai sauvé une âme de l'enfer, c'est tout.*

En quinze jours, tous deviennent musulmans, y compris la mère, ancienne professeure de catéchisme.
Seul membre de la famille incarcéré en France, Marie, interpellée en Turquie avec son époux, a évoqué, émue, cette étape déterminante de leur vie au cours d'un entretien que nous avons réalisé avec elle le 5 décembre 2016 à la maison d'arrêt de Fleury-Mérogis :

> *En 1999, on s'est tous reconvertis[1], un à un. [...] C'est une révélation qui est entrée dans notre cœur et qui nous a permis de nous sentir bien. On était des fumeurs de shit nous, on fumait en bas des immeubles* [à Alençon] *et mes frères c'étaient des chanteurs de rap. Mais on descendait de la Création, on était cathos, ma mère a toujours été derrière nous pour les baptêmes, et en fait, ben, [...] j'ai lu le Coran, et c'est là qu'est venue la conversion.*

Ce changement ne passe pas inaperçu à Alençon, car l'islam qu'ils commencent à pratiquer sous l'influence directe de Maurad est des plus rigides. Il détonne par rapport à celui des autres musulmans alentour, peu nombreux au demeurant.
La famille Clain choisit de déménager à Toulouse où résident des proches. Ils élisent domicile au Grand-Mirail.

---

1. Dans la logique salafiste, l'humanité entière est née musulmane. Ainsi, chrétiens ou juifs, voire les « mauvais » croyants, lorsqu'ils se convertissent ou adhèrent au « dogme véridique » de l'islam, ne font en réalité que revenir au statut qu'Allah leur avait accordé à la naissance, ils se re-convertissent.

Ils ont identifié le quartier de Bellefontaine comme propice à une existence en conformité avec leur interprétation rigoriste de la religion. Marie dépeint cette relocalisation comme une petite Hégire :

> *En 2000, il y a eu un changement radical dans ma vie. C'est pas seulement une conversion, mais c'est un mouvement, un élan... J'ai fui Alençon parce que je connaissais tout le monde. [...] Alençon c'est pas top pour l'islam [...]. Je suis partie à Toulouse et là, ça a été un nouveau départ.*

En périphérie de la quatrième ville de France, ils trouvent l'anonymat et la liberté qui leur manquaient pour exprimer leur conservatisme. Ils font figure de pionniers à Bagatelle, Bellefontaine et La Reynerie par l'ostentation de leur croyance et y confèrent une visibilité inédite au salafisme. Les femmes notamment ne sortent que dissimulées sous un voile intégral (niqab) :

> *Au début, ça a été compliqué... Il faut dire, on était les premiers à Toulouse à vouloir un islam intégral. On nous appelait « les fous ».*

Certains voisins les désignent comme le « gang des Belphégors » en référence à l'austère drap noir qui couvre les épouses de la tête aux pieds.

Dans cet état d'esprit, les Clain cherchent à s'immiscer dans l'environnement des mosquées de Bellefontaine et de La Reynerie. Fabien fréquente brièvement le Tabligh avant de rejoindre avec Jean-Michel les premiers salafistes à Bellefontaine.

Au sein de ce nouvel environnement, Fabien révèle

un tempérament de prosélyte passionné. À tous ceux qui l'approchent, il communique ses vues religieuses et exprime des idées binaires sur le licite et l'illicite en islam. Maurad en donne une description emplie de respect :

> *Dès le début, ils* [les Clain] *adoraient Allah Ta'ala* [le Très Haut]. *Et Fabien, il convertissait tout le monde. Il disait :* « *Il faut qu'Allah m'aime autant que moi je L'aime !* »

Les frères estiment appartenir à la communauté des « purs » et conçoivent leur prêche comme le moyen de ramener les musulmans du Mirail dans le droit chemin, à l'image de leur propre conversion qui aurait « sauvé » leur famille. Selon Marie :

> *Fabien est très, très croyant. Il veut absolument sauver les gens de l'enfer, donc il parle à tout le monde.*

Ils se lient d'amitié avec les autres jeunes qui partagent leurs vues, à l'instar de Mohamed Megherbi qui épouse leur sœur cadette en 2002 et dont Maurad note qu'il était « dans l'idéologie du jihad » dès le début. Celui-ci sera l'un des premiers à partir en Irak en 2006 et il deviendra activiste de Daech dix ans plus tard.

Fabien prend ainsi la tête d'un groupe d'une dizaine de prosélytes, résidents des cités voisines. Il récupère Sabri Essid, dix-huit ans, refoulé quelques mois auparavant par les Tablighis de Bellefontaine. Encore mineur à l'époque, celui-ci témoigne de son admiration pour son mentor :

> *Je le respecte beaucoup. Il a une manière de parler qui me plaît. Il peut convaincre un mécréant que Dieu existe après quelques minutes de discussion.*

L'évolution du jeune Essid vers le salafisme est encouragée par son père, mais fortement contestée par sa mère qui voit dans son orientation religieuse une dérive dangereuse vers un islam radical, altéré et déviant. Les dissensions au sein du couple, première génération d'immigrés de Tunisie, se font de plus en plus intenses, et les parents divorcent. Plus tard, en 2005, Sabri fera vivre un enfer à sa mère pour qu'elle ne sorte pas de son domicile sans l'autorisation d'un tuteur masculin, ni non voilée.

La dizaine de jeunes en demande d'un islam de rupture qui évoluaient dans l'entourage des Clain seront les premiers à ouvrir leur porte à l'homme d'Artigat. Lors de ses tournées à Bellefontaine, Corel échange désormais avec Mohamed Megherbi, tandis que son épouse Nadia Corel donne des leçons de religion aux membres féminins de la famille à la mosquée « du Château » comme l'avance Marie :

> *Quand on est arrivés à Toulouse, on a pris des cours avec une sœur, une fois par semaine. Elle venait d'Artigat. C'était la femme du cheikh. On a sympathisé, ils nous ont invitées chez eux, c'était amical et convivial.*

Au même moment, la bande fait connaissance avec d'anciens militants du Groupe islamique armé algérien (GIA), nouvellement installés dans les cités toulousaines.

L'arrivée du GIA

Au tournant du siècle, le président Abdelaziz Bouteflika, entré en fonction en avril 1999, met un terme à la guerre par la « concorde civile » – offrant la libération des combattants islamistes écroués en échange de la fin des exactions. Plusieurs parmi les plus radicaux, inquiets à la perspective que le régime puisse revenir sur cette décision, ont pris la route de l'exil, aussitôt élargis. Toulouse, ainsi que Trappes, Strasbourg ou Roubaix – autant de municipalités qui, vingt ans plus tard, seront particulièrement concernées par les départs en Syrie – ont accueilli une poignée d'entre eux. La Haute-Garonne allait acquitter au prix fort une partie de la facture de l'amnistie algérienne.

L'homme qui coordonne leur activité dans la Ville rose, Abdelkader Chadli, a fait irruption dans la vie religieuse locale en 1999. Combattant en Afghanistan et en Bosnie dans les rangs jihadistes, il a été condamné en France en 1996 pour recel de vol et association de malfaiteurs en vue d'une entreprise terroriste. Comme cela apparaît dans le dossier « Artigat 1 », il est connu pour être en lien avec Abderrazak Arroum, ancien « Afghan » lui aussi, et incarcéré pour avoir dirigé le Front islamique tunisien en Allemagne, qui entretient des relations étroites avec al-Qaida – surtout, Chadli est proche du responsable du GIA à Lille, commanditaire des attentats de Paris en 1995.

Dès son élargissement en 1998, il est pris en main par des comparses qui l'attendent devant la maison d'arrêt de Fresnes. L'un d'entre eux l'héberge pendant près de deux ans dans son appartement de Bagatelle. Sous la férule de Chadli, les rejetons du GIA à Toulouse ont enclenché la première offensive de prédication salafiste vers les quartiers populaires. Comme Corel, ces derniers ont repéré que les deux principales salles de culte du Grand-Mirail promeuvent une orthodoxie conservatrice. Leur démarche s'inscrit d'abord dans une logique plutôt coopérative vis-à-vis des autres mouvances islamistes locales. Les imams de Bellefontaine autorisent en de rares occasions Chadli à prononcer le sermon (*khoutba*) lors de la prière en congrégation. Hakim, proche des Clain et condamné pour terrorisme au milieu des années 2000, s'en souvient :

> *Je crois qu'une fois en 2000 ou en 2001 il* [Chadli] *est venu faire un prêche un vendredi à la mosquée de Bellefontaine. Il a été présenté par Mamadou Daffé comme un imam.*

Fabien Clain se rappelle quant à lui l'avoir écouté chez les Frères musulmans arabophones du Château, à La Reynerie :

> *Chadli donnait des discours à la mosquée al-Salam, le vendredi.*

Les Algériens remarquent la présence des Clain et de leurs proches qui affichent leur orientation intégriste. À l'instar de Corel, Chadli saisit l'opportunité de s'appuyer sur cette dizaine de jeunes pour construire son influence dans les cités toulousaines. Il organise entre 2000 et 2001 des séminaires religieux dans des appartements HLM du Mirail qu'ouvre pour l'occasion son réseau de connaissances locales. Les différentes franges de l'islamisme balbutiant s'y côtoient, des Frères musulmans séduits par ces idées ultra-sectaires aux salafistes durs du GIA. Dans cette petite bande se trouve le noyau des futurs pionniers du jihadisme français : Fabien et Jean-Michel Clain, leur beau-frère Mohamed Megherbi, qui habite la ville voisine de Colomiers, et Sabri Essid qui vient des Izards et traverse l'agglomération pour écouter ces sermons.

À l'échelle du Grand-Mirail, on ne compte alors pas plus de quatre-vingts salafistes, un nombre qui apparaît négligeable au regard des quarante mille résidents de ces quartiers. Mais la coordination qui se fait au sein de la mosquée de Bellefontaine permet d'y poser les premières pierres de l'entreprise de prédication.

Au tournant du XXIe siècle, l'incubation de cette idéologie au sein de l'islam toulousain naît de l'action combinée des membres du GIA implantés dans la région et du couple Corel. Ils ont en commun d'avoir misé sur le même groupe d'individus, peu nombreux, mais très déterminés à endoctriner les cités populaires.

Les violents : Sabri Essid
et les salafo-criminels des Izards

Les premières répercussions de cette prédication n'adviennent pas dans le sud-ouest de la ville, mais dans la petite cité septentrionale des « Izards-Trois-Cocus », qui accueille une centaine de familles, environ cinq cents personnes. Distante des grands ensembles toulousains, elle forme une zone d'habitat collectif populaire d'à peine trois îlots, mais est « verrouillée par la délinquance », selon les autorités de l'époque. Si le salafisme y est quasiment absent au début du siècle, les trafics de drogue la gangrènent. Dans cette zone de non-droit, la police ne pénètre guère, les dealers accaparent les cages d'escalier, rendent la vie pénible aux riverains tandis que les adolescents se voient proposer de devenir guetteurs (*choufs*) ou charbonniers avant de songer à une qualification professionnelle.

En 2000, Sabri Essid, qui est né et réside dans la cité, effectue des allers-retours au Grand-Mirail. Dépeint comme « habité par une violence totale », il est redouté dans le milieu criminel sur lequel il a de l'influence et dont il possède l'*habitus*, à commencer par une puissante Mercedes et un sens de l'ostentation. Lorsqu'il se rend de l'autre côté de la ville, il fréquente le groupe de Chadli à Bellefontaine. Alou, le Tablighi, indique que les salafistes prêchent dans le sillage des mouvements islamistes qui les ont précédés, ciblant le même « public » :

> *Chaque fois que nous* [les Tablighis] *visitons des jeunes pour les appeler à prier de façon apaisée, Sabri* [Essid] *les appelle à combattre.* [...] *Sabri est hargneux. Il a une très forte influence. C'est celui* [...] *qui est le plus capable de détourner une autre personne.*

Dans son propre quartier, Essid éveille plusieurs acolytes à sa doctrine rédemptrice. Autour de lui se pressent des convertis et une fratrie bien connue des Izards qui a conservé un pied dans le deal, l'aîné étant le bras droit d'un caïd local. Peu avant le 11 Septembre, la mosquée du foyer Sonacotra, sise place des Papyrus, est le théâtre de la première démonstration de force. Menée par Essid, une quinzaine d'individus accapare la salle de prière, fréquentée depuis toujours par les vieux chibanis du quartier et les travailleurs pauvres. Le groupe s'y rassemble en soirée, des sermons enflammés sont prononcés, contre lesquels les retraités médusés ne peuvent rien. Essid y organise des leçons (*dars*) à destination des jeunes musulmans des environs, dupliquant les séminaires de Chadli qu'il suit aux côtés des activistes du GIA. Il relie les démarches de prédication du Mirail à celles du nord de la ville. Il propose à certains militants du sud-ouest de l'agglomération de l'accompagner pour prêcher aux Izards et autour de la gare Matabiau. Lors des tournées il expose sans fard ses convictions à qui veut bien l'écouter, au point de rendre méfiants d'autres proches des Clain à l'image de Mathieu, devenu ultérieurement un « cador » du jihad français et détenu depuis la fin 2017 en Syrie par les forces kurdes du YPG :

> *Je ne suis allé qu'une seule fois avec lui dans les quartiers nord [aux Izards]. Sabri parlait beaucoup, [...] il avait des propos qui me faisaient lui dire de faire gaffe. Il y a des choses qu'il vaut mieux ne pas exprimer à voix haute pour ne pas avoir de problème inutile.*

Mathieu raconte le déroulement d'un contrôle routier alors qu'ils se dirigent vers Bruxelles en compagnie de Fabien Clain. Les fonctionnaires les questionnent sur des documents faisant l'apologie du jihad qu'ils trouvent à l'arrière de leur véhicule :

> *Sabri a dit à un policier : « Ce qui est dangereux, c'est là-dedans » – en désignant sa tête. [Fabien] ne voulait pas avoir de problème lors de ce contrôle et il a demandé à Sabri de se calmer.*

Ainsi, aux Izards, le milieu de la prédication salafiste s'entremêle avec les réseaux du deal. De fait, ces « salafodélinquants » prônent un retour au dogme compatible avec l'économie parallèle qui quadrille le secteur et dont vivent plusieurs d'entre eux. Ils ne s'insurgent nullement contre la drogue : la vente de stupéfiants aux mécréants (kouffar) est licite religieusement (halal) tant qu'elle affaiblit l'« ennemi » et, de plus, finance éventuellement la cause. En légalisant au nom de l'islam le commerce de produits toxiques, ils se sont contentés d'épouser les logiques des cercles trafiquants qui exerçaient un fort contrôle social sur le quartier.

La spécificité « criminelle » de la prédication dans cette cité renvoie à la place d'Essid dans le groupe des Clain. Il est le plus proche de la frange extrême du jihadisme, eu égard à son appétence pour les thèses défendues par les membres du GIA. Il incarne ce que nombre de ses coreligionnaires rencontrés en détention désignent par un terme appartenant au vocabulaire de l'hérésiologie musulmane : *ghoulat* (littéralement : exagérateurs, ou zélotes). Cette catégorie identifie, dans leur sabir franco-salafiste, les partisans de la ligne la plus exclusiviste, qui fournissent les activistes les plus violents.

Ceux-ci font leur apparition en France au milieu des années 2000 à l'image du petit cercle qui prend forme autour d'Essid aux Izards : ils seront présents en nombre au sein de Daech, et les premiers à passer à l'acte. Le benjamin d'une fratrie bien connue est le premier « martyr » jihadiste français en Irak, tué en 2006 dans un assaut contre les troupes américaines. Mohamed Merah en deviendra le symbole en 2012. Il n'est pour l'heure qu'un adolescent.

L'événement déclencheur :
les attentats du 11 septembre 2001

La diffusion des idées salafo-jihadistes s'accélère au lendemain des attaques contre le World Trade Center à New York. Après le 11 Septembre, Chadli, le prédicateur du GIA qui prospectait dans les barres HLM du Mirail entre dans le collimateur des autorités policières. Il s'enfuit alors en Espagne. Son départ a pour conséquence l'émancipation des Clain et de leur bande de la tutelle des islamistes algériens. Désormais autonomes, ils structurent leur prédication vers leur voisinage. Ils vont puiser leur « science » à Artigat. Marie indique :

> *Tout le monde est allé là-bas car le cheikh et sa femme, ce sont des référents.*

Dans la métropole occitane, le 11 Septembre favorise un retournement de situation permettant à un jihadiste de la première heure comme Corel de jouer enfin le rôle dont il n'osait rêver quelques années plus tôt. Le sexagénaire syrien, vivant reclus dans une ferme de l'Ariège selon les règles les plus intransigeantes du dogme, l'homme sur lequel s'apitoyaient jusque-là les paysans locaux et dont se méfiaient les croyants de la Ville rose, s'apprête à devenir un personnage clé de l'islamisme européen.

En France, l'occurrence des attentats contre les Tours jumelles et le Pentagone représente un moment charnière à partir duquel les discours des prédicateurs vont trouver un écho beaucoup plus fort auprès d'une partie de la jeunesse musulmane. La quasi-totalité des jihadistes rencontrés en prison appartient à cette génération. Youssef, un idéologue condamné pour ses liens avec Daech en 2014 et qui a grandi dans la banlieue sud de Paris, le confirme :

> *En Europe, le mouvement commence dans les années 2000, avec les enfants des Occidentaux. Dans le monde musulman, ça avait déjà commencé dans les années 1990. En France, après le 11 Septembre, ça commence à me concerner. Je crois que tout le monde s'est senti concerné à partir de ce moment-là.*

Mamadou, proche des idées d'al-Qaida et incarcéré à Osny, considère que les attaques ont eu des répercussions considérables dans la cité d'une municipalité du Val-de-Marne où il résidait alors :

> *Dans les années 1990, au temps de mon adolescence, y avait peu de religieux, c'était assez calme niveau religion. Les gens parlaient peu de religion... y avait dans les quartiers tous les trucs de « gauche », les associations, les Grands Frères, etc. Ça a changé avec le 11 Septembre.*

Point de départ de son évolution idéologique, comme à Toulouse, l'événement aurait déclenché une dynamique prosélyte insoupçonnée :

> *Ce qui a changé c'est que la machine de la propagation s'est complètement mise en route. Il y a eu pas mal de retours à la religion, les femmes ont commencé à se voiler, les frères ont ouvert des librairies islamiques, des mosquées toutes neuves sont apparues très vite dans les quartiers autour de chez moi. À l'époque t'avais pas de sandwicherie halal, t'avais pas tout ça.*

Alors qu'un nouvel environnement piétiste s'affirme autour de lui, son regard sur les prêcheurs évolue. Les Tablighis considérés jusqu'alors comme arriérés deviennent des modèles :

> *La* dawa [prédication] *des Tablighis a fait son petit effet, parce que ça fait des exemples. Voir les cheikhs bien habillés prier dans les quartiers et tout, même si les gens passaient leur temps à les éviter, ça a fini par faire « tilt », et ils ont fini par se dire qu'ils étaient peut-être de bons musulmans...*

À l'image des frères Clain et de leur entourage qui au même moment à Toulouse abordent les jeunes Tablighis pour les convaincre de rejoindre le salafisme, Mamadou est approché en 2003 par un individu qu'il décrit comme un jihadiste de retour d'Irak. Ce dernier enseigne ce qu'il appelle les « fondements » du credo (*aqida*) de l'islam :

> *J'ai rencontré un frère qui avait été en Irak en 2003 et qui était revenu sans être inquiété. C'est lui qui nous a appris la base de Ibn Abdel Wahhab* [le fondateur du wahhabisme]. *C'est lui qui nous a donné les bases et après, il nous a dit : « Voilà, je vous laisse seuls maintenant. »*

Mamadou et ses pairs commencent à se former par la lecture intensive de brochures salafistes. Cela les conduira au projet de rejoindre le nord du Mali en 2012 afin d'y construire un émirat jihadiste, avant que l'intéressé ne soit interpellé, puis condamné.

On retrouve des phénomènes comparables dans plusieurs autres villes françaises durant ces années. Trappes, dans les Yvelines, « capitale du jihad français » en 2015 avec ses quatre-vingts résidents ayant rallié la Syrie, a fait l'objet d'un ouvrage de reportage décrivant la structuration progressive d'un environnement militant depuis l'arrivée d'un prêcheur afghan et d'éléments du GIA à la fin des années 1990. Il en va de même pour Strasbourg, d'où sont originaires plusieurs assaillants du Bataclan le 13 novembre 2015. La métropole alsacienne a été également concernée par un grand nombre de départs pour la Syrie, et elle sera frappée en son cœur en décembre 2018 lors de l'attaque du marché de Noël par un sympathisant de Daech. Elle a aussi été un lieu d'implantation historique de militants du GIA en connexion avec des cellules allemandes d'al-Qaida avant le 11 septembre 2001. En Belgique, la commune de Molenbeek fournit un autre exemple de l'aboutissement de ces dynamiques. La plasticité du jihadisme, produit de sa double tradition idéologique salafo-frériste et wahhabite, facilite l'ubiquité de la prédication. Elle lui permet de prospérer dans des espaces saturés par le prosélytisme de diverses obédiences comme de faire florès auprès de jeunes marginalisés. Ainsi, Ousmane, sympathisant d'al-Qaida, rencontré à Fleury-Mérogis, explique :

> *Dans les quartiers, tu vois, on se connaît tous. On sait qui est Frère musulman, qui est salaf quiétiste, qui sont ceux qui partagent les idées de la jihadiyya* [du jihadisme]. *En fonction des discours, on va savoir dire de quel côté il se range, sur des sujets comme le rapport à la hijra* [émigration pieuse], *à la démocratie, aux représentants musulmans dans le monde, on arrive à savoir.*

La mise en route de la « machine de propagation » du salafo-jihadisme au sein de la cité du Val-de-Marne de Mamadou rappelle les évolutions que vont connaître, au même moment, les quartiers du sud-ouest toulousain.

Les bâtisseurs : les frères Clain et les salafo-fréristes du Grand-Mirail

En 2001, Fabien et son frère se sont imposés comme des personnes-ressources de premier plan du salafisme balbutiant à Toulouse.

Le territoire où ils résident comprend un vaste réservoir de population. Les trafics de drogue y existent, mais ces quartiers ne forment pas une zone de non-droit comme les Izards. Ils leur offrent un vivier de recrutement parmi une jeunesse défavorisée et pléthorique, mais la tâche s'avère difficile au départ, tant la pratique des musulmans y semble éloignée du modèle qu'ils souhaitent propager. De plus, prospèrent d'autres mouvements islamistes que ces nouveaux zélotes ne peuvent ignorer. Ils vont donc s'appuyer sur ces derniers en les subvertissant et en récupérant leurs adeptes, afin de structurer une enclave communautaire.

La cohérence de leurs actions apparaît au double objectif qu'ils poursuivent : politique d'abord, par la rupture en valeur avec la société environnante, et religieux ensuite, en brisant les usages de la piété traditionnelle transmise par le milieu familial maghrébin. À terme, leur prosélytisme est porteur d'une transformation identitaire radicale sur plusieurs plans.

La diffusion du salafisme ne se limite donc pas à un mouvement de recrutement ni à quelques vitupérations. Il requalifie le territoire autour d'individus, de lieux, d'initiatives comme autant de « marqueurs » symboliques d'un écosystème « islamiquement pur ». L'entourage des Clain se livre à un militantisme simple et permanent. Il dépend de la visibilité et de la disponibilité des membres qui labourent sans cesse « le terrain ». Fabien Clain déclare par exemple aux enquêteurs :

> *Je prêche la parole divine tous les jours, à toutes les personnes que je croise sur les marchés et dans la rue.*

Ces propos rappellent ceux d'un détenu grenoblois, rencontré à la maison d'arrêt de Fleury-Mérogis peu avant l'élection présidentielle de 2017 :

> *Nous* [les jihadistes], *on est en campagne tous les jours, et pas une fois tous les cinq ans comme vous.*

Mosquées, HLM, marchés, sport

L'entrisme des salafistes dans les mosquées du Château et de « Basso Cambo » a constitué le premier point du maillage territorial opéré par la bande des Clain. Ces lieux de culte leur offrent l'occasion de se montrer, de se rencontrer, de se compter et de diffuser leur message auprès des autres fidèles.

À partir de 2002, ils se déploient dans tous les quartiers du Mirail et diversifient leurs modes de propagande. Dans les cités HLM, tels les militants communistes d'antan, ils se livrent avec leurs disciples au porte-à-porte durant lequel ils formulent des « rappels islamiques » (*tadhkir*). Ils mettent en garde les locataires contre les dangers de l'assimilation à la société « mécréante », dont la participation aux élections, le non-respect des interdits alimentaires du halal, l'absence de pratique ostensible sont les premiers marqueurs. Maurad s'en souvient :

> *Fabien était là, à rappeler : « il faut faire la prière, faire le ramadan », des trucs de base !*

Les anciens rappeurs que furent Fabien et Jean-Michel considèrent désormais que la musique est haram (illicite), et enregistrent des cassettes audio d'*anachid* – des chants religieux *a capella* prisés des jihadistes. Ils transposent ainsi leur passion pour le « son » dans le cadre de l'activisme islamiste, distribuant durant leurs tournées entre les barres d'immeubles ces récitations à qui veut bien les écouter, en diffusant les versions électroniques depuis leur courriel : rappeleurs@hotmail.fr. L'intitulé mêle leur attrait d'autrefois pour le rap et leur vocation ultérieure de prédicateurs.

À la même époque, Fabien écume les différents marchés où il tient des étals avec son comparse Sabri Essid, comme il en témoigne :

> *On faisait les marchés ensemble, surtout les marchés du centre-ville, Saint-Sernin, La Faourette, La Reynerie !*

Ils travaillent alors pour le compte du grossiste Taïeb. Sur la liste de ses employés figurent presque toutes les fortes têtes du jihadisme toulousain. Ce dernier et son réseau informel de marchands ambulants commercialisent à prix cassé des artefacts religieux de toute nature, CD, calendriers, autocollants. Ils proposent du musc, des produits de beauté halal, des bâtons de *siwak*. Surtout, ils vendent les ouvrages des cheikhs wahhabites traduits en français et introuvables en Occitanie. À une époque où le e-commerce est encore inexistant, Taïeb s'approvisionne dans des librairies coraniques de la rue Jean-Pierre-Timbaud, dans le quartier de Ménilmontant à Paris, et à Bruxelles. Les prêches imprimés par les centres islamiques de Molenbeek font partie des articles recherchés. Fabien les dévore dès qu'il dispose d'une minute, comme s'en souvient Marie :

> *Fabien, il lisait tout le temps, c'était sa passion de lire, et donc sur le marché, il pouvait lire en travaillant* [rire]*, il kiffait trop.*

Essid en profite pour écouler des contrefaçons ou des produits « tombés du camion », obtenus par les réseaux délinquants des Izards, ce qui lui vaut d'être condamné en 2005 à quatre mois de prison avec sursis.

Outre la collecte d'un pécule, leur omniprésence sur les marchés permet de développer un nouveau type de relation avec la population locale. Ils donnent aux habitants qui les voient ainsi vivre parmi eux une image positive de leur engagement religieux. Jocelyn, un revenant de Syrie membre de Daech et incarcéré à Fresnes, a fait connaissance avec les Clain de la sorte, sur le marché de Saint-Sernin, devant la fameuse basilique romane homonyme. Dans des postures sociales valorisées, ces prosélytes repèrent certains jeunes qui viennent à leur rencontre puis les redirigent vers leurs réseaux. Ils redoublent de politesse avec les mères de famille, les « daronnes » à qui ils rendront peut-être visite le lendemain pendant la tournée des HLM.

Le cœur de ce dispositif mobile est le stand « fixe » que tient Taïeb à Bagatelle. C'est devant son étal qu'un vendredi matin d'août 2006 Sabri Essid présente Thomas Barnouin, futur idéologue de Daech, à Olivier Corel. À partir de 2003, les relations commerciales que Taïeb a nouées dans les capitales française et belge constituent les portes d'entrée des Toulousains vers les milieux salafo-frèristes à l'étranger.

Le sport est un moyen aisé pour entrer en contact avec des mineurs, les inviter à venir prier à la mosquée Basso Cambo ou du Château, et à rejoindre « la Voie droite ». Amateurs de basket, Fabien et Jean-Michel Clain épaulés par Taïeb aiment défier les cadets de La Reynerie dans des matchs « 3 contre 3 ». Leur beau-frère Mohamed Megherbi fait de même dans la ville voisine de Colomiers où il fonde une association identique.

Le ciblage de ce type d'activités n'est pas une nouveauté. Au même moment, le Tabligh procède à l'identique à Trappes, attendant les adolescents assoiffés après les parties de football avec des boissons sucrées et des goûters. Au Mirail, Alou, responsable local de ce mouvement, est lui-même un entraîneur de boxe réputé. Plusieurs proches des Clain prennent part aux séances, à la fin desquelles ils recrutent sans vergogne. Dans les quartiers défavorisés, l'éducation physique assure, avant les études et au côté de la musique et de la danse, une voie d'ascension sociale rapide. Les jeunes issus des milieux populaires trouvent dans le monde sportif des modèles et un environnement structurant fréquemment déficient dans les familles fragilisées. Il offre un parcours privilégié par rapport à l'école où les discriminations sont rarement abolies. Les activités socio-culturelles font l'objet d'un effort particulier de l'État qui redistribue des fonds publics importants dans ce secteur.

Dès lors, subvertir ces espaces est un moyen d'atteindre les générations futures, de pénétrer un dense vivier et d'ébranler les passerelles d'intégration avec la société « impie » que sont censées construire ces institutions.

Edwyn, jihadiste de vingt-cinq ans, originaire de la banlieue parisienne et rabatteur pour les groupes combattants en Syrie en 2013-2014, lors d'un échange en 2016 à la prison de Fresnes, présente ainsi sa mission :

— *Comment décririez-vous votre rôle de recruteur ?*
— *Tu vois un éducateur dans les quartiers ? Ben, je fais la même chose, mais pour l'objectif inverse [rire]. Je vais voir les jeunes, [...] je suis sympa avec eux et je gagne leur confiance. Quand la relation est sécurisée, je les renvoie vers d'autres frères qui vont leur parler de l'enseignement des grands cheikhs et faire leur « éducation ». L'être humain est curieux et ils sont prêts à en savoir plus, [...] Internet est pratique pour ça aussi.*

Pour les salafo-jihadistes, l'activité physique est également nécessaire en vue de la guerre sainte, afin d'affermir les corps. En prison, Hicham, entre deux entretiens durant les mois de novembre 2015 et 2016, a troqué une silhouette ventripotente contre une apparence déformée par la fonte, gagnant une demi-douzaine de kilos de masse musculaire dans l'intervalle. Interrogé sur ce point, il indique que la pratique de l'haltérophilie s'apparente à une « adoration » faite à Allah (*hassana*).

La préparation athlétique de la bande des Clain est supervisée par un fidèle de Bellefontaine, Hakim, étudiant à l'université du Mirail et ceinture noire de karaté. Sur fond de guerre en Irak, il sert de coach sportif lors des footings matinaux autour du lac de La Reynerie. Un des participants, ami de Sabri Essid, s'en souvient :

> *À chaque fois c'était très tôt, vers cinq heures [...], on ne voulait pas être vus, voir cinq-six barbus s'entraîner autour d'un lac, ça peut faire peur, [...] le but était d'acquérir un certain niveau physique pour le jour où on partirait au combat faire le jihad.*

Les sessions sont ponctuées par des petits déjeuners où s'échangent les dernières cassettes vidéo d'Abou Moussab al-Zarqaoui, alors émir d'al-Qaida en Irak.

L'économie locale du « halal »

Magasins, restaurants halal, cybercafés : les jihadistes toulousains maillent l'espace public en créant des lieux de consommation et de socialisation. Les premières enseignes de vente de vêtements féminins « pudiques » (foulard, *jilbab*, niqab) font leur apparition à cette époque. En 2019, ils sont très visibles à Bagatelle. Une petite économie du halal, des librairies islamiques aux sociétés d'organisation de mariages pieux, voit ainsi le jour au Grand-Mirail. À Bellefontaine, « Bilal Wear » ouvre ses portes au milieu des années 2000 et propose une collection de *qamis* et autres artefacts « afghans » que les moqueurs désignent comme l'attirail du « kit » salafiste.

La clé de voûte dans la construction de l'enclave est la normalisation du prosélytisme dans un cadre « culturel ». Les associations régies par la loi 1901 sont difficiles à surveiller pour les services de l'État qui ne disposent d'aucun instrument effectif pour contrôler leurs activités et leur comptabilité. Ainsi en mars 2003, Jean-Michel Clain fonde le collectif « Apprendre pour Comprendre » avec l'aide d'un ancien membre du GIA et de son beau-frère Mohamed Megherbi. Ce projet d'école coranique fait long feu mais sera relancé quelques mois plus tard. En 2004, Hakim, l'étudiant jihadiste karatéka, organise des conférences de prêcheurs salafistes bruxellois dont les sermons sont vendus sur les étals de Taïeb.

Les diverses structures de prédication et d'endoctrinement dont va émerger la masse des jihadistes toulousains représentent les bases du dispositif de rupture. Elles ont été posées au Mirail et aux Izards entre 2001 et 2003 au moment où les réseaux locaux du GIA sont dissous.

ARTIGAT SUR LA CARTE
DU JIHAD INTERNATIONAL

En 2003, Olivier et Nadia Corel sont devenus les référents doctrinaux de tous les activistes et de leur famille. Ces derniers les fréquentent à Artigat afin de solliciter des conseils ou pour passer les fêtes religieuses. Le phalanstère qui périclitait quelques années plus tôt rayonne désormais auprès d'une partie de la jeunesse musulmane d'Occitanie qui s'y rend en pèlerinage.

Mariages et conversions

Au milieu des années 2000, l'émir blanc fait autorité aussi bien auprès des salafo-dealers des Izards que des bâtisseurs toulousains. Essid a établi un pont entre les délinquants de sa cité et Artigat : il présente au cheikh la fratrie précédemment évoquée des Izards et celle des Merah. Corel célèbre nombre de mariages halal dans ces milieux.

En 2002, Mathieu, le Bayonnais, convertit à l'islam toute sa famille : sa mère, son demi-frère Jordan et son beau-père, reproduisant ainsi l'exemple des Clain. À partir de 2004, cette autre famille de convertis fait des retraites récurrentes chez Corel qui prend en charge leur éducation religieuse. En 2006, il consacre l'union religieuse de Jordan avec la fille de Marie, tous deux âgés de quinze ans. Ils auront trois enfants qu'ils emmèneront en Syrie sept ans plus tard. Comme l'indique Marie, le mariage parachève l'alliance des deux illustres « dynasties » de jihadistes occitans :

> *C'est une grande famille de reconvertis.* [Le jihad], *c'est pour eux aussi une grande histoire de famille ! Et pourtant, au début, ils avaient porté plainte contre Fabien, ils disaient qu'il avait enrôlé leur fils dans une secte !*

En 2011, le mariage halal, sous les auspices du cheikh, du père de Sabri Essid et de la mère de Mohamed Merah, deux familles bien connues de la cité des Trois-Cocus du quartier des Izards, s'ajoute à la longue liste des unions matrimoniales. Ces dynamiques doivent se lire en parallèle à la réification identitaire que produit pour l'individu l'engagement dans la communauté militante. Marie évoque la métamorphose qu'a entraînée son adhésion au salafisme, prolongée ensuite dans le jihadisme. Le franchissement de ce seuil lui fournit l'opportunité de s'élever moralement, de quitter sa condition pour accéder à une nouvelle forme de respectabilité :

> *À l'époque, j'étais la pov' fille qui regarde la télé, toutes les conneries qui passent quoi, même pas les infos, vraiment les conneries genre le Bigdil* [émission de divertissement populaire des années 1990]. *À la maison, ce que j'aimais c'était les apéros entre potes. J'étais pas du tout concernée par ce qui se passait autour. J'avais les enfants dont il fallait s'occuper. En fait, on est robotisé quand on a des enfants, on s'en occupe, on réfléchit plus.* [...] *Boire avec des potes, dire des conneries, c'était bof... Enfin non ! Pas bof, à l'époque je kiffais* [sic]. *Mais maintenant c'est autre chose.*

La désormais quadragénaire – trois fois grand-mère – se positionne aujourd'hui dans la peau de la matriarche d'une grande lignée d'activistes français. Elle souligne le statut de convertis des membres de sa famille comme un facteur de distinction et d'honorabilité. Cette forme d'anoblissement par le jihad se prolonge par l'entremise du mariage précoce de sa fille avec Jordan. Leur union adolescente scelle, aux yeux de Marie, la réussite de son engagement dans le jihad car il a permis de préserver la « pureté » de sa progéniture :

> *J'ai tout fait ! Fumer, boire, coucher, et je voulais pas que mes enfants fassent les mêmes conneries que moi.*

Havre de pureté et de foi au cœur de la mécréance, le hameau d'Artigat rayonne au-delà des frontières de l'Ariège et de la Haute-Garonne. Des Albigeois à l'image de Thomas Barnouin, des Tarnais, mais aussi des Parisiens et des Bruxellois s'y rendent pour rencontrer l'émir blanc et vivre quelque temps selon les bonnes mœurs « islamiques ». Grâce aux Toulousains, le phalanstère est devenu la pépinière de l'univers jihadiste français. Ses jeunes pousses seront transplantées et greffées dans le reste de l'Europe puis au Moyen-Orient.

À partir de 2003, les activistes cherchent à identifier et à visiter des territoires « modèles ». L'expérience et les réseaux dont dispose Olivier Corel aussi bien en Algérie, en Syrie, qu'en Arabie saoudite où vivent quatre de ses frères et sœurs font d'Artigat une plaque tournante. Début 2003, le cheikh, qui voyage peu, se rend lui-même à Médine. Sa réputation d'érudit religieux est reconnue dans certains cercles islamistes à l'étranger, ce qui lui permet de rédiger des « lettres de recommandation » (*tazkiya*) à des disciples pour des instituts saoudiens. En 2004, il apporte son soutien à Sabri Essid, dans une missive à l'attention des professeurs de l'université mecquoise de Zamzam :

> *Je lui ai écrit une lettre pour une école en Arabie saoudite, car il n'est pas capable de formuler une lettre pour une inscription.*

Il fait de même en 2005 pour un converti du Tarn, afin qu'il suive un cursus religieux au sein de l'université islamique de Médine. En parallèle, un autre membre éminent du groupe, l'Albigeois Thomas Barnouin, étudie la doctrine wahhabite dans cet établissement prestigieux entre 2003 et 2006. Le parcours de ses enseignants ne laisse aucun doute sur la nature des connaissances qu'ils ont transmises, comme il le déclare alors aux enquêteurs :

En Arabie saoudite, la plupart de mes professeurs étaient des anciens combattants de l'Afghanistan [comprendre : des jihadistes] *au moment de l'occupation de ce pays par les Russes.*

Il lie de nombreux contacts avec des Belges, étudiants comme lui à Médine. Durant les vacances d'été 2006, il se rend avec Fabien Clain à Bruxelles en camionnette, la charge d'ouvrages de référence wahhabites qu'il a fait importer d'Arabie saoudite, et qui seront vendus par Taïeb sur les marchés du Mirail.

Bon nombre de jihadistes toulousains en herbe qui fréquentent Corel partent apprendre l'arabe et s'endoctriner, outre au royaume des Saoud, dans des instituts *ad hoc* du Moyen-Orient. Entre 2003 et 2006, Mathieu et Jordan, les deux très jeunes convertis bayonnais qui s'imposeront dix ans plus tard comme des officiers de premier plan de Daech, vont à plusieurs reprises en Syrie. Ils étudient l'islam et l'arabe à l'institut Abou Nour, la madrassa d'un cheikh salafiste réputé à Damas. En 2005, Jean-Michel Clain et son beau-frère Mohamed Megherbi, accompagnés de leurs épouses, sont parmi les premiers francophones à faire le choix de vivre dans les enclaves du Caire. Ils y nouent des relations avec des Belges et des Français originaires de Trappes, du Val-de-Marne, de la Seine-et-Marne, de Paris, de la Seine-Saint-Denis, de Nice, notamment – constituant des réseaux qui se retrouveront par la suite sur les champs de bataille du Levant. Tous apprécient la vie à al-Rihab, une banlieue salafiste du quartier de Medinet Nasr, au nouveau Caire, où des investisseurs conservateurs du Golfe ont développé l'immobilier islamique à bas prix. Toute la journée, ils suivent des cours intensifs d'arabe et de mémorisation du Coran dans les instituts Qortoba (Cordoue) et al-Fajr (l'Aurore).

Tous les chemins mènent à Molenbeek : l'axe Toulouse-Bruxelles

> *La Belgique, c'est hallucinant ! [...] Fabien, il kiffait Bruxelles. [...] Il pensait que l'islam était mieux là-bas.*

Selon Marie, la vie religieuse dans la capitale du Plat Pays et de l'Union européenne aurait émerveillé le jeune homme au point de le décider à s'établir avec sa famille, entre 2003 et 2004, dans les communes de Molenbeek et de Schaerbeek. À cette époque, Bruxelles est déjà un vivier pour les jihadistes qui s'organisent à l'échelle du Vieux Continent.

Depuis le début des années 1990, d'influentes figures des groupes afghans et algériens ont investi les municipalités bordant le canal de Charleroi au cœur de la métropole, soit dix ans avant de converger vers Le Mirail à Toulouse. Le démantèlement en 1995 d'une cellule du GIA active depuis plusieurs années atteste de leur implantation précoce.

À une époque où le jihadisme toulousain est encore embryonnaire, ces communes pauvres sont aussi des lieux de départ pour les fronts étrangers. Mustafa Kastit, un cheikh réputé salafiste célèbre en Belgique et rencontré *in situ* au printemps 2017, se remémore les « jeunes » qui rejoignaient les terres de combat :

> *Avant le 11 Septembre, y avait déjà des départs en Afghanistan, et après pour l'Irak.*

En 2003, les attentats-suicides à Casablanca, qui causent trente-trois morts le 16 mai, ont été en partie planifiés depuis Molenbeek. Il en va de même pour les tueries de Madrid le 11 mars 2004, durant lesquelles cent quatre-vingt-onze personnes perdent la vie et mille huit cents sont blessées. L'un des concepteurs, Hassan el-Haski, réside alors place Communale, au centre du bourg.

Au même moment, un jihadiste syrien, naturalisé français par mariage, Bassam Ayachi, est devenu une référence locale, à l'instar d'Olivier Corel en Occitanie. Comme lui, il a été formé par les Frères musulmans dans leur citadelle de Hama dont sa famille est également originaire.

Il est lui aussi arrivé jeune en France, âgé de vingt-deux ans, en 1968, puis il s'installe à Molenbeek en 1996 en provenance d'Aix-en-Provence. À Bruxelles, il fonde une association qui jouxte la mosquée de la rue des Étangs noirs, l'une des plus grandes de la commune. Accusé d'extrémisme dès son arrivée et s'en félicitant, Ayachi dispense des cours de religion, célèbre des unions halal et incite ses ouailles, vite nombreuses, au prosélytisme. Son centre islamique ne sera fermé qu'en 2012, après avoir été le lieu de rencontre d'activistes connus, à l'image de Nizar Trabelsi, ancien footballeur international tunisien et proche d'al-Qaida, arrêté en 2001 dans la municipalité voisine de Uccle. Il projetait alors de commettre un attentat contre une base américaine en Belgique, en liaison avec Djamel Beghal – le mentor des frères Kouachi et d'Amedy Coulibaly, futurs auteurs des tueries de janvier 2015 à Paris.

Les deux assassins du commandant Massoud en Afghanistan, le 9 septembre 2001, originaires de Tunisie, étaient eux aussi résidents molenbeekois. Le premier, Rashid Bouraoui El-Ouaer, était un fidèle du centre d'Ayachi. Le second, Abdesattar Dahmane, y a contracté un mariage halal avec une icône du jihadisme féminin, Malika El-Aroud, dont le surnom honorifique de « faiseuse de martyrs » ne donne qu'une faible indication de l'aura. Un autre de ses époux après son veuvage, Moez Garsallaoui, dirigera une filière d'envoi de combattants en Afghanistan, et en 2011, il y sera le formateur de Mohamed Merah sur place avant d'y trouver la mort en octobre 2012. Il y aurait préparé les tueries de Toulouse et Montauban que son groupe, Jund al-khilafa (les « Soldats du Califat »), revendiquera.

Ces éléments désignent Molenbeek comme l'axe cardinal d'une multitude d'opérations jihadistes d'envergure en Europe et au Maghreb, vingt ans déjà avant les attentats du 13 novembre 2015.

La capitale de l'Europe et de la Belgique a précocement favorisé la synergie entre les différents courants, en concurrence ailleurs pour le contrôle des communautés musulmanes. L'ensemble des mouvances s'y sont montrées particulièrement dynamiques, et elles ont convergé très tôt pour redéfinir dans un sens rigoriste la norme religieuse. L'activisme jihadiste s'y est donc greffé d'emblée sur un environnement local vivace.

Les raisons tiennent à la façon dont l'islam s'est structuré en Belgique. Il s'y est installé durablement à partir des années 1960 avec la venue des travailleurs émigrés marocains d'abord, puis turcs. Les sept cent mille musulmans belges sont dans leur grande majorité originaires du Rif marocain : ces Berbères de langue tamazight constituent une communauté de près d'un demi-million de résidents.

L'absence de legs colonial en Afrique du Nord a conduit le royaume à traiter la sédentarisation de ces populations méconnues dans une relative indifférence.

La volonté de se différencier de l'Hexagone voisin et de ne pas être otage des logiques postcoloniales franco-marocaines a paradoxalement amené les autorités à faire de la Belgique le premier port d'attache du salafisme en Europe. En effet, en 1969, les pouvoirs publics souhaitaient en affermer la gestion en la confiant à une puissance « neutre », ce qu'ils pensèrent réaliser en signant un accord entre monarchies avec l'Arabie saoudite. Le Centre islamique et culturel de Belgique (CICB), créé la même année au sein de la grande mosquée de Bruxelles, diffusera ainsi « par le haut » une ligne wahhabite ultra-conservatrice qui servira de guidance aux fidèles d'outre-Quiévrain. Signe de la confusion des missions, le CICB fut aussitôt désigné par Riyad comme siège européen de la Ligue islamique mondiale, dont l'objectif est la diffusion du wahhabisme saoudien dans le monde... Un nombre important d'imams bruxellois de haut niveau (*cheikh al-islam*) seront formés théologiquement dans les universités de La Mecque et Médine. Ils rendront la capitale du Plat Pays particulièrement attractive pour les salafistes, très peu implantés jusqu'alors en Europe.

Ce n'est que pendant la décennie 1980 que l'influence adverse de cette doctrine sur « l'intégration des immigrés musulmans » alerte une partie des responsables politiques. Ils s'efforcent dès lors de remettre en cause l'accord de 1969 et l'intercession de l'Arabie saoudite dans l'organisation de l'islam belge. Cette situation va favoriser l'émergence des Frères musulmans : critiquant l'« extrémisme » de certains prédicateurs du CICB, ils se sont prévalus de plus de « modération », et sont parvenus à s'instituer en nouveaux interlocuteurs privilégiés des pouvoirs publics. La perte d'influence du CICB, pris en étau entre les accusations de la classe politique belge et l'activisme des Frères, a amené ainsi les salafistes pro-saoudiens à se rapprocher de ces derniers dès le début des années 1990.

L'un des principaux responsables religieux à l'origine de ce mouvement est un imam belgo-marocain quinquagénaire, Mustafa Kastit, né à Bruxelles dans une famille ouvrière. Scolarisé dans une école coranique à l'âge de six ans puis étudiant à vingt ans à l'université de Médine, il devient dès son retour le chantre d'une doctrine rigoriste. Il est embauché par le CICB en tant que conseiller juridique en 1998, et rémunéré par des supérieurs qui voient en lui, selon l'universitaire Samir Amghar, « une personnalité capable de relancer les activités de prédication de l'organisation saoudienne en Belgique ».

Tout au long de la décennie 1990, il donne des conférences aux côtés des figures les plus influentes des Frères musulmans francophones, à l'image de Hassan Iquioussen, fameux « prêcheur des cités » né à Denain, et du petit-fils de Hassan al-Banna, le Suisse Hani Ramadan. À Molenbeek, Mustafa Kastit est l'un des enseignants phares de l'Institut européen des études islamiques de la mosquée al-Khalil, proche des Frères syriens et tunisiens. Il est également très demandé dans l'Hexagone où il se rend régulièrement et prolonge sa démarche. Il faisait partie des intervenants invités au milieu des années 2000 par Abdelfattah Rahhaoui, l'imam de Bellefontaine (voir ci-après), directeur de l'école hors contrat du Mirail. Plus tard, il s'exprimera aux côtés du jeune Frère franco-marocain Nabil Ennasri, et déclarera son soutien plein et entier aux initiatives de Marwan Muhammad, médiatique dirigeant du CCIF (Collectif contre l'islamophobie en France).

Lors d'un entretien au printemps 2017, Mustafa Kastit, longue barbe grise, sans moustache, de stature fine et élancée, nous explique les mutations advenues depuis le tournant du siècle à Bruxelles :

> Y avait un très grand clivage dans l'ancienne génération de la communauté. Ce clivage s'est complètement dilué dans la nouvelle génération, qui ne se revendique ni de la salafiyya [salafisme] ni des Frères musulmans, qui va une fois là, une fois là. Ces jeunes ne cherchent pas à avoir d'étiquette. Vous avez ceux qui sont dans une association qui est plutôt salafiyya [salafiste], demain ils seront dans une autre plutôt branchée Frères musulmans, et moi je trouve ça bien. J'encourage à ce qu'ils ne reproduisent pas ce clivage, qu'ils le dépassent.

Cette convergence se traduit également dans les instances de consultations des mosquées de la région dont il est membre :

> On voit le dépassement des clivages même au niveau des imams. Y en a un qui est très malikite [école théologique sunnite traditionnellement prévalente en Afrique du Nord], un autre qui sort de l'école des Frères musulmans, un autre qui a fait tout son parcours à Médine ou à La Mecque en Arabie saoudite et qui revendique d'être salafiste. Pourtant entre eux, y a aucune animosité. Ils vont s'asseoir ensemble. [...] Ça n'a jamais posé le moindre problème.

Si le positionnement doctrinal de Mustafa Kastit ne le rend pas compatible avec les jihadistes – qu'il accuse d'« égarement » lors de notre entretien – ceux-ci utilisent les structures associatives denses à Bruxelles à leurs fins propres. Ainsi, Fabien Clain a fréquenté l'un des centres qu'a fondé Mustafa Kastit à Molenbeek en 1993, le « Jardin des jeunes » qui se voulait selon son site Internet « une des toutes premières ASBL [Association sans but lucratif] en Belgique ayant pour objectif de faire connaître le message de l'islam ».

La fécondité de pareil « terreau » – anticipant d'une décennie ce qui adviendra en France – a été identifiée par les jihadistes toulousains qui ont vu dans Bruxelles la capitale de l'islamisme européen. À l'image de son frère Jean-Michel dans les enclaves salafistes du Caire, Fabien s'épanouit dans les communes bordant le canal de Charleroi :

> *Avec ma femme, nous avions un rythme d'études* [au sein d'instituts coraniques] *en Belgique. À l'époque, il n'était pas possible de faire des études poussées à Toulouse* [sic].

En parallèle à son endoctrinement, celui-ci s'implique dans la vie religieuse de Schaerbeek et de Molenbeek où ses idées jihadistes ne constituent nullement une barrière à son intégration. Il est introduit auprès des référents de la constellation d'associations salafo-fréristes cohabitant outre-Quiévrain, dont ses affidés vendent les opuscules au Mirail. Parmi elles, l'« association de l'imam al-Boukhari » (auteur reconnu d'un recueil de hadith), « al-Nawawi » (idem), « La Plume », autant d'instances qui organisent des séminaires et investissent leurs efforts dans l'instruction des jeunes générations. Comme cela apparaît dans le dossier « Artigat 1 », Fabien Clain scolarise ses enfants à l'école maternelle d'une des mosquées notoire pour ses orientations fréristes et confirme la compatibilité entre les différents acteurs de l'islamisme à Bruxelles et ses propres convictions jihadistes :

> *Des frères de Toulouse nous ont mis en garde contre le contenu de certaines cassettes du centre al-Boukhari disant [qu'il] s'apparentait à la mouvance des Frères musulmans.* […] *Nous en étions revenus rassurés, y a pas de problème avec les Frères à Bruxelles.*

Parmi les autres lieux qu'il apprécie se trouve le Centre d'éducation et culturel de la Jeunesse al-Maarifa (la connaissance), fondé en 1998 à Saint-Josse-ten-Noode. Ce dernier accueille la succursale européenne de la maison d'édition wahhabite saoudienne Dar al-Hadith (la maison du hadith) dont elle est l'imprimerie-relais en Europe.

Les communes riveraines du canal constituent un laboratoire pour un activiste comme Fabien, à la recherche d'un quartier où « l'islam » serait plus « structuré ». Il déclarait alors sans ambages qu'il y avait « beaucoup de choses à apprendre en Belgique pour un musulman », comme cela apparaît dans son dossier judiciaire. Marie le confirme :

> *À Bruxelles, il y a des traducteurs et des livres qu'on trouve pas en France, y a des librairies partout.* […] *Fabien et sa femme ont trouvé plein de trucs pour les musulmans. Par exemple, là-bas, la piscine et le sport est possible* [sic] *pour les femmes musulmanes* [comprendre : la non-mixité rend licite la fréquentation de ces lieux, contrairement à la France].

Outre son investissement dans la vie associative, il tisse des liens profonds avec la tendance jihadisante. En août 2004, un an après son installation, il participe avec son beau-frère Mohamed Megherbi à un camp d'été organisé à Bouillon dans les Ardennes belges par l'une des plus grandes mosquées de Molenbeek. Au programme, kayak, randonnées, barbecue et... entraînement au jihad. Quelques mois plus tard, celle-ci est dissoute pour ses connexions avec les « mouvances islamistes radicales ». Les autorités notifient par la suite à Fabien une interdiction d'exercer des activités commerciales en Belgique, ce qui le contraint à revenir en France. Un de ses proches, ami depuis Alençon, se voit quant à lui poursuivi pour « prosélytisme en milieu scolaire ». Ses camarades belges seront presque tous arrêtés en 2005 dans le cadre d'une opération qui vise à démanteler une filière d'acheminement de combattants vers l'Irak. Outre les Toulousains, l'enquête révèle de nombreux contacts entre les Molenbeekois et des jeunes Français du XIXe arrondissement de Paris, membres de la bande dite « des Buttes-Chaumont ». On trouve parmi eux les Kouachi, futurs assassins des journalistes de *Charlie Hebdo* en janvier 2015.

La liberté sans frein des Frères musulmans dans la capitale de l'Europe a favorisé la rencontre féconde avec les mouvements salafistes bien plus précocement qu'ailleurs, transformant progressivement Molenbeek en contre-société microcosmique que des activistes comme les Clain vont chercher à reproduire. Le cheikh Mustafa Kastit abonde dans ce sens :

> *En France, quand on observe la communauté musulmane, elle est encore trop clivée [...]. La France devrait se rapprocher du cas belge, c'est certain. Plutôt que l'inverse, bien sûr* [rires].

De retour à Toulouse, les rails de l'axe Toulouse-Molenbeek via la région parisienne ont été posés. Il en sortira dix ans plus tard bon nombre de cadres franco-belges sur le front de Daech et la moitié du commando à l'origine des attentats du 13 novembre 2015 à Paris et du 22 mars 2016 à Bruxelles. En 2005, Fabien Clain s'installe chez Olivier Corel à Artigat et dort pendant un an sur un canapé du salon :

> *Quand je suis revenu de Belgique, il* [Olivier Corel] *représentait la seule possibilité d'étudier.*

2

Désaveu de la République et allégeance au jihad global (2005-2012)

En 2005, les quartiers du sud-ouest toulousain, jusqu'alors « récepteurs » de dynamiques jihadistes, commencent à devenir des espaces d'émission de celles-ci vers d'autres territoires. Tandis que l'enclave se consolide, des activistes se disséminent et s'expatrient.

2005-2009 : « LE DÉSAVEU D'AVEC LA FRANCE »

2005 : Les émeutes vues par les jihadistes

À l'automne 2005, des révoltes sociales parties de Clichy-sous-Bois et Montfermeil en Seine-Saint-Denis embrasent la plupart des banlieues pauvres des grandes villes françaises. Pour la première fois depuis la fin de la guerre d'Algérie, l'état d'urgence est déclaré sur une partie du territoire. À Toulouse, les Izards et Le Mirail sont particulièrement touchés.

Des mouvements lancent des appels partout en France pour que les émeutiers transforment leur colère en engagement citoyen. Le collectif ACLeFeu, créé à Clichy-Montfermeil, encourage les jeunes des quartiers défavorisés à s'inscrire afin de participer à l'élection présidentielle de 2007 et de faire entendre les « voix des cités ». Ils voteront massivement en faveur de Ségolène Royal et contre Nicolas Sarkozy. À l'issue d'une marche à travers la France, l'association rédige des « cahiers de doléances » qu'elle présente aux candidats. Rétrospectivement, cette initiative correspond au point de départ des forces centripètes qui poussent des centaines d'enfants d'immigrés à s'engager dans la voie des responsabilités publiques. Une dynamique sans précédent d'entrée en politique de ces nouveaux profils s'enclenche, d'abord au scrutin municipal de 2008 puis cantonal de 2010. Aux législatives de juin 2012, pour la première fois sous la Ve République, près de cinq cents Français d'ascendance maghrébine et africaine sont présents parmi les candidats. En juin 2017, tandis qu'Emmanuel Macron s'installe à l'Élysée, trente-cinq d'entre eux feront leurs premiers pas dans l'hémicycle.

Au même moment, les frères Clain et leurs disciples incarnent le mouvement inverse : celui des forces centrifuges salafo-jihadistes qui cherchent à tirer parti du rejet du système qui s'exprime alors. En « éducateurs de quartier » islamistes, ils prônent le « désaveu » (*bara'a*) d'avec la société mécréante dont il ne faudrait plus rien attendre.

Dès les premières échauffourées, ils en profitent pour aller à la rencontre des insurgés. Ils leur tendent des tracts en arabe et en français expliquant qu'il ne faut pas « foutre le bordel » ni « brûler des voitures ». À la place, ils préconisent de reprendre les chemins des mosquées et les invitent dans leurs appartements où ils dispensent les connaissances religieuses acquises dans les divers centres euro-méditerranéens du salafisme. Aux Izards, les amis d'Essid distribuent aux casseurs des vidéos d'Oussama Ben Laden et d'Abou Moussab al-Zarqaoui appelant à la lutte contre « les ennemis de l'islam ».

Les causes socio-économiques et la frustration politique à l'origine du déclenchement des émeutes sont écartées. Les prosélytes salafistes moquent ceux qui accordent une quelconque croyance aux militants associatifs les poussant à s'investir dans la vie publique pour « changer la donne ». Il faut jeter le bébé avec l'eau du bain, se « désavouer d'avec le système démocratique » en commençant par le rejet de l'impiété majeure (*al-koufr al-akbar*) que constitue le vote. Les violences sont ainsi intégrées dans un Grand Récit islamiste où la situation des Izards est mise sur le même plan que le destin des jeunes Palestiniens ou Irakiens, comme l'indique ce propos de Fabien Clain rapporté par la journaliste à la cellule d'investigation de Radio France Élodie Guéguen (magazine *Sang-froid*, 2016) :

> *Les Américains et les Israéliens sont des* kouffar, *des mécréants, regardez ce qu'ils font à nos frères en Palestine, en Afghanistan, en Bosnie ! Quand allez-vous comprendre que cela vous concerne et qu'il faut réagir ?*

Ponctuée par les émeutes, l'année 2005 marque un tournant pour les Toulousains. Leur prosélytisme sans relâche opère, on prête à l'époque au seul Fabien Clain la responsabilité de près de quatre-vingts conversions dans son entourage. Le rayon d'action du réseau s'est démultiplié : les nouveaux venus déchargent les anciens d'une partie des responsabilités de prédication dans les différentes structures qu'ils ont mises en place. La banalisation du salafisme dans les discours et dans la vie publique locale s'accélère. Cinq ans après leur premier prêche, il est temps pour plusieurs cadres de la première heure de franchir le cap du jihad.

2006 : Irak, le jihad originel

À partir de 2005, Sabri [...] pensait faire le jihad pour aller au paradis [...] combattre et mourir en martyr, c'est-à-dire, pour moi, mourir en kamikaze. Son père, depuis l'adolescence, l'a toujours éduqué dans cette voie.

La mère de Sabri Essid, catastrophée, évoque devant les enquêteurs l'ambition que mûrit son fils au mitan des années 2000.

En octobre 2006, celui que l'émir d'Artigat présente comme son « meilleur élève » prend la route de l'Irak. Sabri Essid fait étape dans le bastion sunnite de Hama, en Syrie, où il retrouve Thomas Barnouin. Ils sont tous les deux hébergés dans la famille d'un condisciple rencontré par ce dernier à l'université de Médine.

Le régime de Damas, placé alors sous sanctions américaines, était parfaitement averti que des jihadistes utilisaient son territoire pour transiter vers l'Irak. Il en interpellait certains afin de clamer que, contrairement aux accusations de Washington, il ne fermait pas les yeux sur ce phénomène se traduisant par la mort de nombreux G.I. sur les rives du Tigre ou de l'Euphrate. Mais simultanément, les services secrets syriens laissaient quantité d'autres candidats au martyre traverser le pays, de manière à nourrir l'instabilité en Irak et exercer des pressions sur les États-Unis pour qu'ils manifestent moins d'hostilité envers Bachar al-Assad.

Il est probable qu'Essid et Barnouin auraient bénéficié de cette mansuétude si leur passeur ne s'était pas fait exploser lors d'un contrôle à la frontière syro-libanaise, tuant sa femme et des douaniers du régime. Les onze faux passeports et la liste de contacts retrouvés dans la carcasse fumante de la voiture guident les autorités devant la porte de l'appartement où logeaient les deux Français, à Hama. Interpellés sur-le-champ, la perquisition donne lieu à la saisie d'armes et de documents de voyage pour se rendre en Irak, via Alep et le Kurdistan. Les deux suspects ne sont pas soumis à la torture mais doivent subir durant un trimestre les hurlements de leurs facilitateurs syriens, livrés aux bourreaux dans la geôle voisine. Début février 2007, ils quittent la redoutable prison de sûreté de Saydnaya et sont expulsés vers la France.

Ils sont judiciarisés à leur arrivée avec plusieurs proches des Clain dans le cadre d'une enquête sur « la mise en place d'une filière de recrutement et d'acheminement de volontaires à la guerre sainte ou "jihad" en Irak », dite « filière d'Artigat ». Du groupe, seul un ami de Mohamed Merah a réussi à rejoindre l'Irak. Tué par les forces américaines, il est célébré dans le milieu salafo-délinquant des Izards en « martyr » originel.

Pour les autres, les condamnations sont prononcées en 2009. Elles sont inférieures aux réquisitions du ministère public, mais dénoncées comme « conservatrices » par la défense :

Sabri Essid, vingt-quatre ans, et Thomas Barnouin, vingt-huit ans, sont reconnus coupables d'association de malfaiteurs en vue d'une entreprise terroriste et écopent de cinq ans d'incarcération, dont un avec sursis, assorti d'une mise à l'épreuve de trois ans et de l'obligation de se soumettre à un « stage de citoyenneté » de sept jours... Ils bénéficieront d'une remise automatique : le premier est élargi le 6 novembre 2010, le second libéré quelques semaines après son jugement, le 24 décembre 2009, ayant purgé la majorité de sa peine sous mandat de dépôt.

Fabien Clain, Mohamed Megherbi, Hakim – l'étudiant karatéka – et un dernier comparse sont condamnés, pour leur avoir fourni un soutien logistique ou financier, à quatre à six ans de prison ferme qu'ils purgeront en partie.

Les autres membres du groupe ne sont pas inquiétés. Corel est relaxé. Lors des auditions devant les juges en 2008, l'émir d'Artigat adoucit l'âpreté de ses propos par d'habiles tournures. L'ancien Frère musulman témoigne d'une capacité à mobiliser différents registres, dont il est, de toute évidence, conscient devant les enquêteurs comme cela ressort de l'analyse du dossier :

> *Quand on me demandait mon avis sur le jihad, je disais que tous les savants* [comprendre : les oulémas salafistes qu'il prend en référence] *considèrent qu'il est légitime.*

Cette technique de banalisation qui vise à se défausser sur les « savants » prisés par la mouvance sera communément utilisée par les partisans de Daech. À partir du moment où la guerre sainte est posée comme fondement de la croyance, prendre part au combat émane d'un commandement divin et non de la responsabilité individuelle d'adeptes s'en réclamant. Mettre en examen les activistes reviendrait donc à incriminer l'islam tout entier. La justice française en les poursuivant fournirait la preuve de son « islamophobie ». Le cœur de l'argumentaire de Corel devant les enquêteurs, et dont les autres jihadistes usent avec plus ou moins de verve, stipule que le salafo-jihadisme, loin de constituer une doctrine spécifique, minoritaire, ultra-conservatrice et réfutable, est l'expression « naturelle » de l'islam. L'émir blanc déclare aux juges n'avoir incité personne « à partir » : « Mes réponses, on les trouve dans les livres, partout. » Il prétend n'avoir été qu'un passeur de « sciences » entre des textes rédigés au Moyen Âge par des auteurs présentés comme irrécusables et de jeunes musulmans toulousains avides d'apprendre leur credo :

> *Certains versets du Coran traitent de ce sujet* [le jihad]. *Il arrivait que l'on me pose des questions sur ces versets. Je ne donnais pas d'avis personnel.* [...] *mais je me référais aux commentateurs officiels du Coran.*

La nécessité de participer au combat en Irak est pourtant au cœur de la formation religieuse qu'Essid a reçue de son mentor comme cela apparaît dans les dépositions du jeune homme :

> [Corel] *a des connaissances énormes et je le respecte pour cela. Il glorifiait le jihad, ce qui est normal, car le jihad est bon.* [...] *J'avais une démarche personnelle, mais il était là pour me rassurer et me renforcer dans ma conviction de partir si je le souhaitais.* [...] *Pour lui, le jihad fait partie de l'islam et dire le contraire reviendrait à mentir.*

En 2009, la condamnation de la filière dite d'Artigat a procuré aux autorités l'illusion d'avoir donné un coup d'arrêt à l'activisme salafo-jihadiste toulousain. Il n'en a rien été. Les adeptes du phalanstère et de l'enclave, déjà nombreux, ne sont pas inquiétés. Outre Corel, il en va ainsi de Jean-Michel Clain et des femmes du groupe, véhémentes, mais encore perçues jusqu'en 2016 comme victimes, et non actrices de leur destinée. D'autre part, l'expansion de la prédication au Mirail et aux Izards ne repose plus sur les épaules des seuls membres de ce réseau originel. Elle est dorénavant portée par les multiples relais qu'ils ont formés, ce qui rend l'absence des leaders assez peu gênante. Association, séminaires et, désormais, écoles : à la fin de la décennie 2000, un écosystème d'un nouveau genre a pris forme dans la périphérie sud-ouest de la Ville rose.

Hors contrat : les écoles islamiques du Mirail

L'essor de l'école privée Alif au tournant des années 2010, alors que son fondateur, Hakim, vient d'être condamné pour son implication dans la filière irakienne de Toulouse-Artigat, est une étape majeure dans la structuration de la contre-société salafo-frériste au Mirail.

Association sans but lucratif régie par la loi de 1901, Alif propose une formation promettant « d'éduquer les jeunes des cités pour les sortir des difficultés ». Créée en réaction à la législation de mars 2004 prohibant le port de signes religieux ostentatoires dans les établissements scolaires publics ou sous contrat avec l'État, Alif constitue le premier collège musulman hors contrat de la région Midi-Pyrénées – le septième à ouvrir ses portes en France. Elle est la plus claire expression des imbrications entre les tendances salafo-jihadistes et certains réseaux fréristes qui caractérisent les « bâtisseurs » du Mirail. Fondée sur la prise en charge dès le plus jeune âge, elle entend faire advenir une nouvelle génération de croyants immunisés du contact avec la « perversion » de la société française et de ses valeurs « impies ».

Son précédent directeur, Abdelfattah Rahhaoui, ingénieur franco-marocain considéré comme proche des Frères musulmans, est imam à la mosquée Basso Cambo de Bellefontaine. Dans la presse, il présentait son établissement comme un espace protégé :

> *Les parents cherchent une éthique religieuse pour préserver leurs enfants des vices et de l'immoralité.*

Les maîtresses, strictement couvertes du jilbab (ample tissu dissimulant tout le corps et la tête, à l'exception de l'ovale du visage), doivent prévenir toute mixité dans la salle de récréation – dont le premier usage est un lieu de prière. En classe, les garçons sont regroupés aux premiers rangs et les filles reléguées au fond. Le cursus prévoit quatre heures d'éthique « islamique » par semaine, les cours de musique ont été supprimés.

À son ouverture en 2004, les collégiennes voilées sont admises en priorité et représentent dix-neuf des vingt-quatre élèves. Les locaux de 130 m² situés en contrebas d'une HLM accueillent une équipe pédagogique de dix-huit enseignants. Marie a fait partie des premiers parents à y inscrire sa progéniture, préalablement déscolarisée. Elle partage les craintes qu'a exprimées le directeur :

> *La mixité, elle n'est pas interdite pour rien en islam ! Mes enfants, ils ont tous été à l'école jusqu'au collège. Et le retour,*

il se faisait direct à 17 heures, et après, ils ne sortent plus pour ne pas voir la corruption.

Ses belles-sœurs, normandes, et qui ont « grave la haine contre la France », s'empressent de suivre son choix :

> *L'éducation de nos enfants s'est faite dans l'islam. [...] Une association a fondé une école, que mon aînée a rejointe parmi les premières dans le quartier.*

Cette dernière aura pour condisciple la fille de Souad Merah, sœur de Mohamed, à qui le directeur tressait des louanges dans la presse locale après les meurtres commis par son frère le 19 mars 2012 :

> *Une femme intelligente soucieuse d'apprendre sa religion, une mère attentionnée. [...] C'est une femme d'une grande humanité [...] et je suis d'accord avec beaucoup de ses engagements.*

Elle partira peu après pour le « califat » de Daech en Syrie avec ses quatre enfants, âgés de neuf mois à quatorze ans.

En 2009, l'école tire profit du rejet par les milieux salafistes de la loi contre le port du voile intégral dans l'espace public votée cette même année. Elle se transforme en « Institut privé Alif » (IPA) et déménage vers de nouveaux locaux dix fois plus vastes. Les effectifs passent à trente-huit élèves. Une mosquée de 150 m², servant aussi de gymnase, y est aménagée.

L'orientation « frériste » du cursus est assumée, pour former le « musulman-citoyen » du futur :

> *Nous sommes tous conscients du grand danger qui entoure ces jeunes musulmans dans les collèges et lycées publics (drogues, cigarettes, violence, relations [sexuelles] illicites...). ALIF vient donc secourir ces jeunes musulmans, ceux qui seront les citoyens de demain, de ce fléau qui finira par les détruire. Cette association s'engage à apporter du soutien scolaire aux jeunes collégiens (filles ou garçons) et à leur enseigner les valeurs de l'islam.*

Le programme religieux a été pensé par le chef de l'équipe pédagogique, lauréat de l'université de Médine, où a été formé notamment Thomas Barnouin. Fort de son succès, l'IPA ne peut satisfaire toutes les demandes d'inscription.

M. Rahhaoui ouvre ainsi une nouvelle école maternelle et primaire. Intitulée *al-Badr*, en référence à la célèbre bataille remportée au printemps 624 après J.-C. par les musulmans contre la tribu « mécréante » des Qoreïch dont Mahomet était originaire, elle dispose d'une capacité d'accueil de cent cinquante élèves. Fabien Clain y enseigne dès sa libération de prison, en qualité de professeur d'arabe. Les enfants, âgés de trois à onze ans, se voient proposer des cours de boxe comme activités physiques et des séances de *Laser Quest* (jeu d'affrontement en équipe avec des armes infrarouges) pour sorties « pédagogiques ».

En 2013, elle est sujette à fermeture administrative à la suite d'un rapport alarmant de l'inspection académique que le directeur accueille en refusant de serrer la main que lui tendent les agentes du rectorat. Les mises en cause sont caractérisées : « Violence physique commise sur deux élèves de primaire », « non-respect du socle fondamental de connaissance », « présence d'enseignants non autorisés ». Par ailleurs, le montant de la scolarité, qui varie de mille à deux mille euros par an, est exorbitant pour les résidents du Mirail dont près de la moitié vivent sous le seuil de pauvreté. Le directeur refuse de se plier à l'injonction, ce qui lui vaudra procès en 2016. Il assure sa défense de manière offensive : « On comprend mieux pourquoi beaucoup de jeunes détestent cette France », note-t-il sur la page Facebook de l'école Al-Badr. Il estime que la justice cherche à lui faire payer les propos qu'il a tenus après les attentats du 7 janvier 2015 : « Le fait de dessiner [le Prophète], c'est des kouffar [mécréants], ce qu'a fait *Charlie* est condamnable. » Il annonce qu'il va contre-attaquer lors d'une conférence le 26 avril 2015 à Marseille en présence de « deux grands penseurs contemporains » : Jacob Cohen, auteur qui se définit comme « antisioniste radical » et le complotiste antisémite Alain Soral dont Abdelfattah Rahhaoui partage l'admiration pour Dieudonné. Il annule finalement sa participation au dernier moment, prétextant que des partisans de ce dernier buvaient de l'alcool dans la salle du séminaire. Devant la justice, il se plaint d'être victime d'islamophobie :

Les musulmans sont écrasés comme des cafards, ce que je suis en train de faire, c'est de leur apporter une éducation solide.

Très visible sur les réseaux sociaux, il est soutenu dans sa démarche par le Collectif contre l'islamophobie en France (CCIF). Condamné en 2016 à quatre mois de prison avec sursis pour enseignement non conforme, l'ancien directeur Rahhaoui a été relaxé devant la cour d'appel fin 2018. Entre-temps, l'école al-Badr a changé de nom pour devenir Avicenne et figure parmi les cinq structures éducatives de confession musulmane qui sont recensées dans les quartiers du Grand-Mirail à Toulouse.

Au tournant des années 2010, des personnes originaires d'Italie déménagent à La Reynerie dans l'espoir de scolariser leurs enfants dans un environnement « sain ». Ce phénomène de « hijra » interne à la « mécréance » prend de l'ampleur à la même époque en France. Des familles quittent des quartiers où le salafisme est absent vers d'autres où il est en train de se structurer. Ces mouvements d'homogénéisation communautaire s'ajoutent aux séjours plus ou moins longs de ces mêmes familles dans les enclaves du Caire et dans une moindre mesure de Damas ou de Dammaj (Yémen). Le Mirail rayonne désormais sur la carte du salafisme européen.

2009-2012 : LE JIHAD DE L'INTÉRIEUR

Des quartiers aux prisons : le réseau Sanabil

En 2009, après les condamnations à des peines légères des membres de la « filière d'Artigat », les têtes pensantes du jihadisme toulousain évoluent en prison. Loin de les mettre hors course, la détention leur permet paradoxalement d'étendre leurs horizons et d'y dupliquer leurs méthodes prosélytes.

Sabri Essid porte durant son incarcération un nouveau regard sur son parcours : il va rediriger le jihad en Irak et en Afghanistan contre les agents de l'État français. Incarnation du pôle « violent » des Izards, il se fait remarquer dans tous les établissements pénitentiaires où il est transféré pour les incidents qu'il provoque entre 2007 et 2010. À Fresnes, il se livre à un prosélytisme acharné, lance des appels à la prière, intimide ses codétenus musulmans qui ne se reconnaissent pas dans sa pratique de la religion. À Fleury-Mérogis, il prend la tête d'un petit groupe d'islamistes et les incite à agresser un surveillant : « Fils d'Hitler, tu es mort, on va te faire la peau, on va te planter, sale fils de pute. » À Osny, il recouvre les murs de sa cellule d'affiches apologétiques d'al-Qaida qu'un agent entreprend de retirer. Il tombe sur un texte à la gloire d'une embuscade tendue à des soldats français en Afghanistan, Essid le toise : « Je sors dans trois mois, je vais te faire ce que j'ai fait aux Américains. » Peu avant sa libération en 2010, il est exclu du culte musulman avec un comparse. L'aumônier excédé signale dans un rapport les propos « haineux » d'Essid contre « la société française » : « Il profite de la prière en congrégation pour lancer des appels au jihad. »

À l'opposé, Fabien Clain est, de l'avis de tous les surveillants qui l'ont côtoyé entre 2009 et 2012 à Fleury-Mérogis, un « détenu modèle ». Incarnation du pôle « bâtisseur » du Grand-Mirail, il ne trouble aucunement l'atmosphère et personne dans l'encadrement ne songe à lui créer de problèmes. Un délégué du syndicat du personnel pénitentiaire FO, cité en 2015 par le magazine d'investigation *Sang-froid*, se souvient de lui :

> *Il était en permanence au contact des autres détenus. Avec mes collègues, nous ne faisions pas trop attention à lui. C'était un détenu gentil, poli, serviable […] ce n'est qu'ensuite qu'on s'est aperçus qu'il avait recruté.*

Prosélyte, Clain s'impose comme une ressource religieuse de premier plan en toute discrétion. Les reclus qu'il influence durant la promenade formulent des demandes nouvelles : chrétiens, ils souhaitent désormais suivre les menus halal ; musulmans, leur barbe pousse à vue d'œil. Certaines remontées d'informations sont plus explicites que d'autres : ainsi se livre-t-il à des séances de désenvoûtement (*Roqia*), une pratique loin d'être anodine qui indique le statut de « soignant spirituel » dont il jouit aux yeux de certains incarcérés en souffrance. Un surveillant alors en poste et rencontré en juillet 2017 confiait ainsi :

> *La seule chose qu'on avait entendue sur lui à l'époque, c'est qu'il était consulté pour des exorcismes de certains détenus.*

Fabien Clain remarque que la prison amalgame des jihadistes de tous les horizons géographiques qui ne se seraient probablement pas croisés à l'extérieur. Ce constat est partagé par d'autres activistes de la mouvance. Youssef, lors d'un entretien à Fleury-Mérogis fin 2016, s'en faisait l'écho :

> *J'ai rencontré un mec à Fleury-Mérogis, il vient de Cannes, il a grandi avec le Festival de Cannes tous les ans à côté de chez lui, et il est jihadiste maintenant. Il y a des mecs du 78* [Yvelines], *du 93* [Seine-Saint-Denis], *de Paris même ! J'ai réalisé qu'à Fleury il y a tout le monde.*

Avant Fabien Clain, d'autres, à l'image de Djamel Beghal, membre d'al-Qaida impliqué dans une tentative d'attentat déjouée à Paris en 2001, avaient également perçu cette occasion pour unifier les rangs. Mentor des frères Kouachi et d'Amedy Coulibaly, les futurs auteurs des tueries de *Charlie Hebdo* et du supermarché Hyper Cacher de la porte de Vincennes en janvier 2015, il passait consigne pour que « chaque frère » reste en contact à sa sortie avec « au moins un autre frère rencontré en détention ». Comme cela ressort des entretiens en détention, les moyens étaient alors rudimentaires, les premiers notant par exemple sur l'élastique de leur sous-vêtement les numéros de téléphone des seconds.

Fabien Clain est celui qui « ringardise » ce bouche-à-oreille en professionnalisant la méthode. À cette fin, il a recours à une association régie par la loi de 1901, déclarée en préfecture par une vieille connaissance, Souleymane ; résidant en région parisienne, celui-ci est à l'époque conseiller informatique pour le compte de fournisseurs d'Internet. S'il évolue en liberté, il est déjà un militant endurci. Les Toulousains s'arrêtaient chez lui sur le trajet pour Molenbeek, et lui-même fréquentait les enclaves et le phalanstère d'Occitanie, logeant chez Sabri Essid et étudiant auprès du cheikh d'Artigat. Souleymane, qui multipliait également les voyages en Syrie au milieu de la décennie 2000, était le représentant et le recruteur en France de l'institut salafiste égyptien Qortoba. Il faisait venir des Français au Caire pour remplir les cours de prédication que suivit, entre autres, Jean-Michel Clain. Assigné à résidence après les attentats de novembre 2015, Souleymane était déjà, en 2010, impliqué dans l'émergence du premier site Web jihadiste francophone, le célèbre portail Ansar al-Haqq (les « Partisans du vrai »).

L'« affaire » apparaît sur les radars en mars 2010, un an après l'emprisonnement de Fabien Clain, à la faveur d'une demande d'information des services de renseignements hollandais au sujet d'une association nommée « Fraternité musulmane Sanabil » (« épis de blé »). La police néerlandaise note que loin de son but officiel d'« aide aux détenus musulmans et à leur famille », la liste des bénéficiaires de cette association contient la quasi-totalité des « terroristes » liés à al-Qaida incarcérés aux Pays-Bas. Dans la foulée, le FBI fait part d'une même circonspection. L'administration pénitentiaire française constate alors que l'objet social de Sanabil – la fourniture d'argent, de livres, de courrier et de vêtements aux écroués musulmans – a servi de paravent pour tisser une toile entre les sympathisants dans tous les établissements français. Sous couvert d'accorder un « soutien religieux et moral aux détenus », Sanabil opère en réalité un recensement de tous les « écrous » jihadistes en France et à l'étranger fédérés en un vaste réseau.

Pour la seule maison d'arrêt de Fleury-Mérogis, l'association communique avec plusieurs dizaines de prisonniers, tous activistes notoires. Parmi les correspondants réputés : Mehdi Nemmouche, qui sera condamné à la prison à perpétuité pour les meurtres du Musée juif de Belgique en 2014, s'enquérait auprès des membres de l'organisation de certains « points de jurisprudence ». L'un des donateurs fut Salim Benghalem, qui deviendra l'un des pires bourreaux présumés de Daech. Participent aux activités Amedy Coulibaly, futur assassin de l'Hyper Cacher en janvier 2015 qui prenait part au pique-nique annuel de l'association. En 2010, l'équipe média de Sanabil attend Sabri Essid aux portes de Fleury-Mérogis et filme ses premiers instants de liberté. Il se laisse aller à quelques blagues et, au pied d'un mirador de la plus grande maison d'arrêt d'Europe, tombe à genoux et remercie Allah. La voix *off* de la vidéo, postée « en exclusivité » sur les réseaux sociaux, commente ainsi :

> *Notre frère Sabri a vécu l'épreuve de la prison. [...] Une pensée pour tous nos frères et nos sœurs emprisonnés en France et dans le monde, tous nos savants derrière les barreaux...*

Très populaire sur l'« islamosphère », l'association Sanabil est finalement dissoute en novembre 2016 et ses avoirs sont gelés. Elle s'occupait à cette date de sept cent quarante détenus, dont deux cent quatre-vingt-dix en France.

La méthode mise en œuvre par Souleymane en lien avec Fabien Clain constitue l'antithèse de l'évasion et, pour cette raison, n'a pas été détectée par l'administration pénitentiaire française.

Clain a perçu la prison comme un territoire à part entière du jihad. Au lieu de chercher à libérer les « frères emprisonnés », tentative vaine comme l'avait montré en 2010 l'échec du projet de cavale de Smaïn Aït Ali Belkacem, l'artificier des attentats de 1995, il était bien plus efficient de les fédérer depuis l'extérieur. À l'image des instituts salafistes du Caire ou de Damas, l'univers carcéral formait une sorte d'enclave tentaculaire derrière les barreaux où la diversité du jihadisme hexagonal prenait conscience d'elle-même.

Cette réalité demeurait inimaginable pour la justice française, comme le regrette un ancien surveillant présent à l'époque en coursive à Fleury-Mérogis :

> *C'est Clain qui met Sanabil en route. [...] C'est lui qui, à travers Sanabil, a créé un maillage entre des réseaux qui ne*

se connaissaient pas. [...] *On ne l'avait jamais vu faire un prêche sauvage...*

En 2012, bénéficiant d'une remise de peine, ce dernier sort de prison. Tous les individus condamnés en 2007 dans le cadre de la filière d'Artigat ont alors purgé leur dette vis-à-vis de la société.

Bagatelle : la prolifération salafiste à Toulouse

Les séminaires donnés à Bellefontaine regroupaient au début de la décennie 2000 de soixante à quatre-vingts individus, pour la plupart masculins. À la fin de celle-ci, ils attirent environ quatre cents fidèles. On y croise de plus en plus de femmes couvertes du niqab, signe que la prédication salafiste s'étend et intègre les cellules familiales, comme le laissait entrevoir le succès de l'offre scolaire des établissements islamiques hors contrat mentionnés *supra*.

En dix ans, la visibilité acquise par cette mouvance au Mirail interpelle désormais les responsables politiques et les autorités. Bien qu'elle reste minoritaire, le nombre des adeptes a explosé et leur influence normative sur les pratiques religieuses est considérable dans les milieux fréristes, tablighis et de manière exponentielle, dans la vie quotidienne. Cette situation favorise la prédication des jihadistes, parfaitement assimilés à cet environnement.

En 2010, des chiffres portés à la connaissance du public mentionnent la présence de mille salafistes qui se livrent à du « militantisme de terrain » dans la métropole occitane. Ils sont répartis entre les différentes mosquées du Grand-Mirail, principalement celle de Basso Cambo, du Château et la salle de prière Abou-Bakr à Bagatelle que fréquente l'entourage des Clain. La première a été de nouveau agrandie en 2012, dans le cadre d'un projet visant à « rendre le lieu de culte salubre et digne ». Elle dispose d'une capacité d'accueil de quatre mille fidèles (soit plus de 10 % de la population totale de ces quartiers), une classe, une bibliothèque et des « lieux de vie ».

En parallèle, le phalanstère de l'émir blanc a produit, par imitation ou partition, des fac-similés qui en constituent parfois des satellites. À la fin des années 2000, Marie et son époux louent une grande ferme de treize chambres à Ambax en Haute-Garonne. La maison réunit leur vaste famille à l'occasion des fêtes religieuses comme à Artigat quelques années plus tôt. La localisation en zone rurale, à une heure de voiture de Toulouse, permet à Fabien Clain de retrouver ses proches alors qu'il est interdit de séjour dans la Ville rose après sa sortie de prison en 2012, quand il a purgé sa peine prononcée lors du procès de la « filière d'Artigat ». D'autres microcommunautés se structurent en Ariège, ainsi au lieu-dit Ferrières où réside un ancien du phalanstère.

Les réseaux jihadistes occitans se croisent entre métropole et bourgades. Djibril, un *ghoulat* (zélote) de notre échantillon, rencontré en prison au printemps 2016, ne dit pas autre chose : « Toulouse-Colomiers-Artigat, on se connaît tous. »

À Albi, dans le Tarn, plusieurs jeunes activistes suivent les leçons de Thomas Barnouin et se rendent régulièrement au Mirail. Sorti de prison en 2010 après avoir lui aussi purgé sa peine dans l'affaire de la « filière d'Artigat », ce dernier, entre deux voyages à Toulouse, allait aussi à Lunel où réside un membre de sa famille depuis 2006. Cette petite ville deviendra l'éphémère « capitale » française du jihad en 2014, avec une vingtaine de partants pour vingt-cinq mille habitants.

Au miroir du Mirail

L'écosystème qui a pris forme en périphérie de la Ville rose a fourni l'espace paradigmatique à partir duquel un « théoricien », auteur d'ouvrages fort prisés au sein de la mouvance jihadiste, a élaboré un programme de renouveau identitaire salafiste : Aïssam Aït-Yahya, nom de plume d'un ressortissant français d'origine marocaine. La quasi-totalité des idéologues jihadistes rencontrés en détention pendant l'année 2016 s'y référaient (voir *infra*). La trajectoire personnelle et intellectuelle de ce dernier puise abondamment dans les expériences toulousaines du début de la décennie 2010. Lui-même a un temps résidé au lieu-dit Mazères, à une vingtaine de kilomètres de la ferme de l'émir blanc. Il a domicilié dans ce village reculé la maison d'édition Nawa (« les noyaux »), association régie par la loi de 1901. Il l'a fondée à l'été 2010 avec un converti de Nice et Abou Suleyman al-Kaabi, pseudonyme d'un autre intellectuel jihadiste très en vue, résidant quant à lui dans le quartier de La Reynerie. Au tournant de cette décennie, Aït-Yahya et al-Kaabi participent à des séminaires au Mirail qui les amènent à rencontrer l'entourage des Clain. Ils interviennent en qualité d'enseignants dans certains instituts précités. Leur aura dans les cercles salafistes s'accroît. Ils jouent le rôle d'intellectuels de référence pour la nouvelle génération qui point. Les ouvrages d'Aït-Yahya qui paraissent à cette époque circulent au-delà des cercles jihadistes qui en assurent la promotion et vont contribuer au succès de ses thèses.

Celles-ci visent à la destruction du modèle « occidental » à partir de la rupture culturelle salafiste. Elles appellent à son remplacement progressif au moyen d'un double mouvement d'émancipation des « musulmans ». Celui-ci doit d'abord prendre la forme d'un *désaveu* intellectuel – par la production d'une grille salafiste d'analyse du monde – puis physique à travers l'édification de « zones autonomes » en France où s'affirmerait un projet identitaire « islamique » idéalisé.

Il aspire à la construction de microcosmes « califaux » sur le sol national, où dominerait l'acceptation de l'islam dans sa pleine dimension « civilisationnelle », vue au prisme salafiste. Aït-Yahya insiste sur la nécessité de lutter « idéologiquement » et de se prémunir de toute forme de contamination par la France « impie », dépeinte comme « corrosive ». Son collègue al-Kaabi souligne quant à lui l'importance du *territoire*, comme élément premier de l'émergence d'une « identité islamique » dont les valeurs seraient l'antithèse du vivre-ensemble républicain. Dans un entretien au journal en ligne anarchiste *Le Nouveau Monstre* en 2017, Aït-Yahya fait l'éloge prudent du communautarisme grandissant dans les quartiers populaires :

> *Aujourd'hui, avec la nouvelle génération de musulmans français nés dans ces cités-dortoirs et ces ghettos, il y a renouvellement des consciences politiques et religieuses : s'il n'y a pas de travail pour des musulmanes voilées ou des musulmans barbus, diplômés ou non, ils créeront leurs propres emplois, si l'école publique laïciste exclut, le système d'éducation privé se développera, etc. Et que les intellectuels au service de l'État appellent cela communautarisme, cela nous importe peu, nous n'avons plus cette logique de soumission postcoloniale de crainte, car nous, nous appellerons cela tout simplement « vivre ».*

Grâce à Nawa, Aït-Yahya publie son premier pamphlet : son projet de thèse retoqué quelques années auparavant par l'université. *De l'idéologie islamique française* paraît en 2011 et rencontre un grand succès dans les milieux radicaux, tiré à plusieurs milliers d'exemplaires et réédité quelques années plus tard. Il devient un « classique » et forme la pierre angulaire de l'expression d'un salafisme français intellectualisant. L'auteur aura même les honneurs d'un entretien avec l'hebdomadaire *Le Point* le 16 septembre 2016. Ouvrage de référence des librairies islamistes en France et en Belgique, l'ambivalence de son style permet de le trouver en vente jusque dans les rayons de la librairie de l'Institut du Monde arabe à Paris. Le livre s'érige également en programme idéologique pour les activités du Cercle de Réflexions musulmanes (CRM) auquel participent Aït-Yahya et al-Kaabi en 2011 à Molenbeek. Dans la continuité de ce premier jalon, Nawa publie plusieurs ouvrages de cet auteur : *Fiqh al-Wâqî, le savoir profane au service du savoir révélé en Islam* en 2012, *Histoire et islam* en 2013, et, la même année, *Les origines chrétiennes d'une laïcité musulmane*. En 2014, cet auteur prolifique édite *Théologie du complotisme musulman*, un court livret dans lequel il dénonce le dévoiement des âmes musulmanes par les théories complotistes. En 2015, alors que la question jihadiste envahit l'actualité, il publie *Textes et contexte du wahhabisme* sur lequel s'appuient longuement les jihadistes rencontrés dans leur démarche d'analyse critique de l'action de Daech. Enfin, en mars 2019, il publie *Lire et comprendre Qotb*, l'un des influenceurs des chefs d'Al-Qaida. À ces ouvrages s'ajoutent de nombreux billets publiés sur les réseaux sociaux (Facebook) et le site

Internet de la maison d'édition. Ils fournissent un contenu substantiel qui prolonge la pensée de ces deux auteurs et leur permet d'interagir avec l'actualité auprès d'un vaste public.

Rejetons idéologiques de l'activisme local, ces « théoriciens » vont devenir les promoteurs intellectuels de ces nouveaux systèmes militants et des sources d'inspiration pour les jihadistes français emprisonnés, comme nous l'observerons. La contre-société en cours de constitution au Mirail devient un lieu d'expérimentation pour penser la recomposition du champ jihadiste en France. Elle place la rupture, le « désaveu », au cœur de la société.

3
Déclencher le jihad contre la France (2012)

11-19 MARS 2012 : MOHAMED MERAH, DE LA DOCTRINE À LA TUERIE

Nous avons observé que les Izards connaissaient une évolution singulière liée à l'imbrication entre prédication locale et criminalité liée au trafic de stupéfiants. Dans les cités du Grand-Mirail, le deal est également très présent, mais demeure sujet de discorde dans l'environnement salafiste.

Le milieu des Izards

La totalité des individus impliqués dans le prosélytisme jihadiste dans cette cité ont un passé – et parfois un avenir... – dans le milieu criminel. Le salafisme s'y est affirmé à travers la « captation » des délinquants et trafiquants de drogue au dossier judiciaire souvent chargé. À partir de cette spécificité, les rangs des adeptes se sont étoffés au tournant de la décennie 2010 pour inclure progressivement des cercles familiaux entiers plus distants d'avec les activités illégales. Les unions matrimoniales ou les nouvelles amitiés liées durant les fêtes religieuses célébrées à Artigat ont facilité l'élargissement des réseaux.

Ainsi, l'affaire Merah est emblématique du milieu des Izards dont la fratrie Merah est le produit. La trajectoire de Mohamed et Abdelkader est jalonnée d'allers-retours entre délinquance et salafisme orienté vers le jihad. À l'aube des pires attentats terroristes qu'a connus le pays, l'incapacité à comprendre ce phénomène et à en anticiper les effets a été l'un des échecs les plus dramatiques de l'appareil d'État français. Sept ans plus tard, l'assassinat de quatre policiers par un de leur collègue « radicalisé » et chargé de la maintenance informatique, Mickaël Harpon, au cœur même de la direction du renseignement de la préfecture de police de Paris le 3 octobre 2019, fournira une illustration de cette difficulté à penser les évolutions du jihadisme.

Mohamed Merah apparaît sur le radar des services de renseignements régionaux en 2006 lorsqu'il accompagne pour la première fois son mentor Sabri Essid à Artigat où il rencontre les Clain. La même année, une fiche « S » est émise pour son frère Abdelkader à la suite de son mariage (par téléphone, selon la doctrine salafiste qui refuse tout contact entre les futurs époux) avec Yasmina Mesbah. D'origine algérienne comme lui, cette dernière est issue d'une famille très conservatrice dont les frères objectent à l'union avec celui qu'ils perçoivent comme un délinquant. L'engagement d'Abdelkader dans la « Voie droite » répond alors en partie à son désir de se conformer aux exigences religieuses de son entourage.

L'évolution des deux frères se fait en parallèle. Le nouvel époux ne se déplace désormais plus qu'en habit pieux, le *qamis* (tunique longue), même lorsqu'il enfourche sa moto pour ses tournées prosélytes auprès des dealers du quartier. Mohamed alterne quant à lui entre l'*habitus* des délinquants et celui des salafistes au gré de ses « phases », l'un bénéficiant à l'autre. Ainsi, lorsqu'il revient des « cours religieux » dispensés à Artigat, il utilise des méthodes connues des trafiquants pour détecter une éventuelle filature. Il accélère brusquement avec sa grosse cylindrée sur plusieurs kilomètres avant de « piler » au milieu de l'autoroute pour contrôler les comportements des autres automobilistes. À partir de 2007, entre deux *go fast* qui approvisionnent le marché local en haschich depuis l'Espagne, le cadet accompagne son aîné écouter des séminaires de prédicateurs du Mirail. Ils y côtoient Taïeb, le marchand ambulant, ami des Clain.

Au fil des mois, la trajectoire d'Abdelkader s'affirme plus clairement. Fasciné par Sabri Essid, il se projette de plus en plus dans la peau d'un idéologue. Peu après son mariage, il séjourne plusieurs mois avec son épouse chez Jean-Michel Clain au Caire où il se socialise parmi les cercles jihadistes français en effervescence. Jusqu'en 2009, il y multiplie les stages de formation « religieuse » et y fréquente, parmi d'autres, le Belgo-Tunisien Farouk Ben Abbes. Expulsé d'Égypte vers la Belgique en 2009 après avoir séjourné dans la bande de Gaza, ce dernier a été un temps résident toulousain. Il a été condamné en juillet 2019 à cinq années de prison dont deux avec sursis pour avoir été un membre éminent du premier forum jihadiste francophone Ansar al-Haqq (les « Partisans du vrai »). Il avait auparavant bénéficié d'un non-lieu en 2012 dans une enquête sur un projet d'attentats prenant notamment pour cible le Bataclan, six ans avant les attaques du 13 novembre 2015. Les deux frères Merah sont également accompagnés dans leur évolution par les membres féminins de la famille. Outre leur mère, leur sœur Souad a épousé quelques années plus tôt un ami de Fabien, qui sera arrêté à son retour du « califat » en 2015. Le troisième garçon, Abdelghani Merah, se démarquera d'eux et fournira par ses témoignages de précieux éléments de contexte éclairant leur dérive sanglante.

Les loups « solidaires »

Tel est l'environnement dans lequel s'est construite la personnalité de Mohamed Merah. Mais les activités criminelles et salafistes apparaissent contradictoires aux enquêteurs, qui n'en saisissent pas la logique : ils le traitent comme une « petite frappe » sans prendre au sérieux son endoctrinement.

En janvier 2008, tout juste majeur, Mohamed Merah est emprisonné pour un vol de sac à main qui lui vaut la suspension de son quatrième sursis. Il confie à son frère dans une lettre :

> *C'est une épreuve, mais je sais précisément ce que je vais faire en sortant. Je souhaite qu'Allah me venge de ces kouffar* [mécréants] *!*

Dès qu'il est placé en cellule, il interdit à ses codétenus d'écouter de la musique, porte la tunique longue (*qamis*) et se farde les yeux de khôl en signe d'élection divine. Il se prend de fascination pour le prophète Youssouf (Joseph) et se choisit un gentilé jihadiste : Youssouf al-Faransi (« Youssouf le Français »). À sa sortie de prison en 2009, il reprend ses activités de bandit, mais entretient désormais une correspondance avec Fabien Clain, incarcéré à Fleury-Mérogis à la suite du démantèlement de la filière jihadiste d'Artigat. Ce dernier lui écrit en conclusion d'une de ses lettres remplies de références théologiques :

> *Réjouis-toi de savoir que ton Seigneur a préparé un paradis immense pour ceux qui ont cru et accompli de bonnes œuvres.*

Extraits de la lettre de Fabien Clain adressée
à Mohamed Merah

> Source : Pièce du dossier judiciaire de la filière « Artigat I ». Notons que la graphie et l'orthographe de Fabien Clain sont meilleures en arabe qu'en français. On relève ainsi trois fautes de grammaire (« à préparé », « qui on cru » et « nos cœur »). A contrario, la citation du Coran en arabe est parfaitement vocalisée.

Début 2011, Mohamed Merah, qui se présente sur son profil Facebook comme « leader des Izards », poste une photo où il figure en compagnie de son frère, poignard dans la main gauche et Coran dans la droite. Comme la plupart des jihadistes toulousains avant lui, il souhaite poursuivre son expérience à l'étranger. Il se rend alors en Algérie, pays d'où sont originaires ses parents, en Syrie, au Liban, en Turquie, en Égypte, peut-être même en Israël – le beau-frère des Clain, Mohamed Megherbi, projetait avant lui de se rendre dans la bande de Gaza où avait résidé Farouk Ben Abbes en 2008-2009. Il multiplie les séjours courts durant lesquels il tente d'entrer en contact avec des réseaux jihadistes locaux, sans grand succès. Malgré tout, fin octobre 2011, il est identifié dans les zones tribales pakistano-afghanes avec un Molenbeekois, Moez Garsallaoui, membre d'un groupe proche d'al-Qaida, Jund al-khilafah (les « Soldats du Califat »). Ce dernier revendiquera les tueries de mars 2012 en les attribuant à Mohamed Merah sous le gentilé qu'il s'était choisi en détention : « Youssouf al-Faransi ».

Fin 2011, Merah rentre à Toulouse porteur de l'hépatite A et de ses projets funestes. Il est interpellé par la police dès son arrivée sur le sol français. Cette période est la plus trouble de son parcours. Selon les éléments nouveaux présentés au cours des audiences du procès de son frère Abdelkader le 16 octobre 2017, un service antiterroriste national aurait formulé un avis pour « recruter » Mohamed. Les renseignements régionaux s'y seraient quant à eux fermement opposés, arguant du caractère « hautement dangereux » de l'individu qu'ils souhaitaient « judiciariser ». Ces éléments invérifiables vont être à l'origine des nombreuses théories du complot qui ont fait florès après les massacres.

À son retour, Mohamed se marie religieusement sous les auspices du cheikh blanc à Artigat. Celui-ci ne pouvait ignorer que son ouaille oscillait, depuis sa première visite au phalanstère cinq ans plus tôt, entre périodes plus ou moins longues d'« impiété » – délinquance, deal, sorties en boîtes de nuit, etc. – et d'investissement dans le milieu salafiste aux côtés de son frère aîné. L'union ne dure guère, Merah « répudie » sa jeune épouse peu après la célébration.

Quelques semaines plus tard, le 11 mars 2012, il commet son premier meurtre. Il assassine de sang-froid Imad Ibn Ziaten. Ce militaire, comme il l'indiquait dans le post-scriptum d'une petite annonce pour la moto qu'il vendait et à laquelle avait répondu Merah, devenait *ipso facto* aux yeux du jihadiste « un apostat » méritant la mort. Pour celui-ci, il servait en effet dans l'armée française « mécréante » et « meurtrière de musulmans ». Lors de leur rencontre, l'adjudant Ibn Ziaten comprend le piège dans lequel il est tombé. Merah, qui enregistre son méfait au moyen d'une caméra GoPro Hero, lui ordonne de s'agenouiller en braquant son arme sur lui. Le sous-officier refuse et soutient son regard : le jihado-délinquant des Izards l'abat et prend la fuite.

Quatre jours plus tard, le 15 mars à Montauban, ce dernier réapparaît pour tirer dans le dos de parachutistes désarmés, occupés à retirer de l'argent à un distributeur de billets en face de leur caserne. Abel Chennouf-Meyer, vingt-cinq ans, est tué sur le coup, Mohamed Legouad, vingt-trois ans, est rattrapé par Merah qui l'assassine par-derrière. Loïc Liber, vingt-sept ans, laissé pour mort, est resté tétraplégique. Enfin, le 19 mars 2012 à Toulouse, cinquante ans après la signature du cessez-le-feu mettant un terme à la guerre d'Algérie, Mohamed Merah rate une nouvelle cible militaire à Toulouse. Crispé, il prend la direction de l'école confessionnelle juive Ozar Hatorah repérée à proximité de son quartier. À l'heure de la rentrée des classes, il s'arrête devant la grille de l'établissement et prend pour cibles un père et ses deux enfants. Jonathan Sandler, trente ans, professeur de religion hébraïque, et son fils Arieh, cinq ans, s'écroulent. Son deuxième fils, Gabriel, trois ans, est blessé, Merah achève l'enfant à bout portant alors qu'il rampait vers le corps inanimé de son père. Il entre ensuite dans la cour et tire à courte distance sur une fillette à terre, Myriam Monsonégo, huit ans, qui tentait de récupérer ses affaires de danse dans son cartable rose avant de se mettre à l'abri. Elle ne se relève pas. Un adolescent de quinze ans coupe la trajectoire des balles pour tenter de la protéger du tueur, il est grièvement blessé. Le bâtiment accueille deux cents élèves et Merah en pleine hystérie meurtrière s'en approche en tirant plusieurs coups en l'air. Il est alors perturbé par l'arrivée impromptue du camion d'un bénévole qui prend son service. Merah le rate et son arme mal entretenue s'enraye, trente-six secondes après l'avoir enclenchée. Il se rue sur son scooter T-Max et prend la fuite.

Le 21 mars, il est localisé dans un appartement du quartier populaire de Côte pavée, dans l'est de la Ville rose. Le RAID (Recherche, Assistance, Intervention, Dissuasion) prend position, les négociations durent trente-deux heures. L'assaut est finalement donné, le forcené, qui s'était barricadé, est éliminé. Dans un courrier retrouvé après sa mort, il se targue d'avoir insufflé « la terreur dans le cœur des ennemis d'Allah ». Sa mère, Algérienne d'origine, nouvelle épouse du père de Sabri Essid, se déclare quant à elle « fière » que son fils ait mis « la France à genoux ».

En pleine campagne pour l'élection présidentielle de 2012, la semaine meurtrière de Merah est réduite aux gestes d'un fou, d'un « tueur au scooter » dénué d'ambitions et de significations. Dans les médias, il est présenté à travers les déclarations du directeur général de la DGSI de l'époque comme « un loup solitaire ». Une qualification que l'intéressé renouvelle lors de son audition devant la cour d'assises dans le cadre du procès d'Abdelkader Merah, à l'automne 2017, et qui a forgé l'« analyse » dominante dans la presse dans les années suivant la tuerie.

La trajectoire de Mohamed Merah le situe pourtant au cœur du pôle jihadiste « violent » des Izards, né de l'assimilation par la prédication salafiste des milieux criminels locaux, dont il était jusqu'alors un second couteau.

JIHAD DANS L'HEXAGONE
ET DÉPARTS EN SYRIE

Les tueries de mars 2012, loin d'être l'initiative d'un déséquilibré isolé ou le fruit de la démence d'un homme, manifestaient un symptôme profond : l'affirmation du jihadisme depuis une quinzaine d'années en France.

Merah, le rôle-modèle

Djibril, un revenant de Daech rencontré à la prison de Fresnes au printemps 2016, garde un souvenir très précis des atrocités du 19 mars 2012 qui lui ont fait l'effet d'une révélation. Il était alors élève dans un lycée de Toulouse, sis à moins d'un kilomètre de l'établissement Ozar-Hatorah :

> *Bien sûr que je m'en souviens ! En fait, c'est à partir des attaques de Merah que j'ai commencé à réfléchir.*

Alors que l'horreur voisine lui était parfaitement accessible, Djibril profite du confinement décidé par le directeur d'établissement pour surfer sur Internet en classe de technologie et faire sens de ce qui vient de se produire :

> *Moi jusque-là, j'étais tranquille, [...] je savais pas qu'il y avait des salafistes, je savais ce que ça voulait dire « takfir »* [excommunication] *et tout ça. Après les attaques, sur ma page Facebook, les gens se mettaient à en parler.*

Bien qu'éloigné du militantisme islamiste à l'époque, Djibril est fasciné par les propos de certains de ses amis sur le réseau social qui discutent de la « licéité » religieuse des massacres. De lien en lien, il suit en direct les débats qui prennent forme sur les forums salafo-jihadistes en ébullition. Comme à l'issue du 11 septembre 2001, les activistes se divisent face au palier que Merah vient de franchir. Ses meurtres ont ouvert une brèche. Les zélotes se félicitent des attaques en France, qu'ils justifient religieusement. Djibril s'en fait l'écho :

> *La plupart des gens sur Internet condamnaient l'acte de Merah. Ils disaient que c'était un* takfiri [un excommunicateur]. *Mais y avait des gens, ils étaient moins nombreux, mais eux, ils apportaient des preuves qui montraient que c'était licite* [religieusement] *de faire ce qu'il a fait... avant ça, moi, je savais pas quoi en penser.*

Djibril a perçu les attaques comme l'expression d'un acte religieux et a cherché à être convaincu sur le plan du dogme.

> *Comme Merah a fait les attaques sur un plan religieux, il fallait voir la place du religieux là-dedans.*

Les arguments des zélotes minoritaires sur Internet le persuadent que Merah est un héros d'un nouveau type dont il n'avait pas conscience le matin même :

> *C'est grâce à Merah que j'ai découvert tout ça. Et franchement, je suis pas le seul.*

Les événements de mars 2012 définissent un horizon nouveau au sein de la mouvance. Dix ans après le 11 septembre 2001, le passage à l'acte de Merah ouvre la voie à l'affirmation d'un jihad tourné contre la société française et constitue en cela un bouleversement majeur. Comme en témoigne Djibril ci-dessous, il rencontre un fort écho localement, mais aussi à l'étranger (en Allemagne), et jusque dans les rangs des organisations jihadistes syriennes que ce dernier va finir par rejoindre un an et demi plus tard. À mille lieues d'un acte sans lendemain, l'initiative de Merah change la perception de nombreux individus au-delà des seuls cercles sympathisants à la cause :

> *Il y a beaucoup de personnes qui se rassemblent autour de la figure de Merah, même ceux qui sont pas croyants ! Même eux, ils disent : « Merah, c'est un symbole, parce qu'il a tué des juifs. » Ça déborde largement son cas à lui.*
> *En Syrie, y avait des gars de toutes les nationalités qui m'en*

*parlaient. Y avait genre des Allemands qui venaient me voir :
« T'es de Toulouse ? Merah ?! Aaaah ! Merah good ! Good ! »*
[il lève le pouce en l'air pour imiter leur attitude].

Une vidéo publiée le 6 novembre 2014 sur le compte Facebook d'un certain Abou Barou, jihadiste strasbourgeois dont nous analyserons l'itinéraire syrien, fait écho à ce propos. Intitulée « Ici, c'est Raqqa » en référence au chant des supporters du PSG « Ici, c'est Paris », la séquence met en scène deux pré-adolescents qu'interpelle Barou dans les rues de la « capitale » de Daech. Âgés respectivement de douze et onze ans, ils tiennent tous deux une kalachnikov, ce qui contraste avec leurs visages poupins. Tous deux trouveront la mort à un poste de surveillance sur la ligne de front (*ribat*) un an après cette scène, que capte alors Barou avec son téléphone portable :

BAROU : Ouais, les gamins, venez ici !
ENFANT 1 (12 ans) : ouais !
BAROU : Vite, vite, vite, plus vite que ça !
ENFANT 2 (11 ans) : *Salam 'aleikoum.*
BAROU : *'aleikoum salam*, t'es qui toi ?
ENFANT 2 : Moi ? Je suis *Seif-Allah* [l'épée d'Allah].
BAROU : Tu viens d'où ?
ENFANT 2 : Je viens de France. Toi t'es qui ?
BAROU : Moi je suis [chantant] : *Abou Barouuu Abou Barouuuu.* [Se tournant vers l'autre enfant] : T'es qui toi ?
ENFANT 1 : *Seif-Allah* [l'épée d'Allah – il porte le même nom que son camarade].
BAROU : Tu viens d'où ? de France ? D'où en France ?
ENFANT 1 : De Strasbourg, « 6-7 représente » [formulation commune dans les cités françaises indiquant le

département que l'on « représente », ici le 67, celui du Bas-Rhin].
BAROU : Wesh, tout Strasbourg est ici ou quoi ?
ENFANT 2 : Non, moi je suis de Toulouse, de La Reynerie !
BAROU : De Toulouse ?! *Sobhan Allah* [Dieu soit loué !], Toulouse et Strasbourg vous êtes tous ici !
ENFANT 1 : Ça représente le « 6-7 », ici, mon vieux [sic] !
BAROU : Ouais, hein… [Se tournant vers Enfant 2], et toi, tu représentes : Mohamed Merah.
ENFANT 2 : [fier] Ouais, je le représente !
BAROU : *Allahu akbar !* […] [se tournant vers Enfant 1 :] Dis un petit message pour ceux restés en France.
ENFANT 1 : Vaut mieux venir ici, car là où vous êtes, vous avez pas de chance.
BAROU : Pourquoi ?
ENFANT 1 : Parce que là-bas, vous êtes dans un pays de *koufr* [d'impiété], ici, on est des *moujahid* [sic, il devrait dire : *moujahidin* au pluriel], en Syrie, on est à Raqqa ici, c'est la guerre ici. […] viens ici, tu vas voir comment ça se passe, tapette va !

Cette scène de la vie quotidienne à Raqqa témoigne de la transmission de « valeurs » jihadistes aux enfants pour qui Merah s'impose naturellement comme un rôle-modèle. Toulouse est l'une des villes de France les plus concernées par les départs en Syrie et en Irak, et Merah en est le héraut, au point que de jeunes pré-pubères s'enorgueillissent de pouvoir s'inscrire dans sa lignée.

De la sorte, l'épisode tragique de mars 2012 apparaît comme un moment cardinal dans l'évolution du jihadisme car il témoigne d'une rupture doctrinale à l'intérieur des rangs des sympathisants français. Si Merah a été le premier à passer à l'acte en France, l'étude de nombreux dossiers indique qu'il n'était pas le seul à s'y préparer à cette époque.

Pour ne prendre qu'un seul exemple, Larossi Abballa, originaire des Yvelines et responsable de l'assassinat d'un policier et de son épouse à leur domicile de Magnanville le 13 juin 2016 au nom de Daech, parvenait aux mêmes conclusions, un an avant lui. En 2010, Abballa était impliqué dans une filière jihadiste d'acheminement de combattants vers l'Afghanistan. Entre deux prêches, le groupe s'entraîne dans une forêt de la région parisienne sous la guidance d'un émir indien non francophone. Les membres s'essayent à diverses techniques d'égorgement sur des lapereaux, un manque de discrétion qui conduit à leur arrestation. Il ressort du jugement qu'Abballa tentait dès 2011 de persuader ses « frères » de conduire des attaques contre des civils français. Il ne comprenait pas la pertinence de parcourir des « milliers de kilomètres » pour aller « lutter contre les ennemis de l'islam » dans des zones difficilement accessibles alors qu'il suffisait de s'en prendre à eux dans l'Hexagone, où ils vivaient « entourés de kouffar [mécréants] ».

Les meurtres de Mohamed Merah sont donc représentatifs d'une évolution interne au jihadisme français et ne peuvent être réduits à un geste « isolé ». Le fait qu'il soit le premier à franchir le Rubicon le transforme en symbole pour tous les autres qui envisageaient un pareil forfait. Cela fait dire à Djibril, très excité au moment d'évoquer cet aspect durant l'entretien :

> *Merah, c'est beaucoup plus qu'un martyr. Il a ouvert une nouvelle ère ! Avant Merah, y avait quoi ?! Roubaix* [le gang de Roubaix, démantelé au printemps 1996, dernier groupe jihadiste à avoir commis une attaque en France auparavant] *? Et encore, c'était pas la même chose, ils faisaient des braquages pour le jihad en Bosnie !*

Après les attaques de Toulouse et Montauban, le Vieux Continent est devenu une terre de jihad opportune pour la frange dure de la mouvance. La possibilité de conduire le combat sacré à l'intérieur des sociétés dont ils sont issus trace un sillage dans lequel Daech va bientôt inscrire son action.

Les attentats en Europe, « témoignage » de foi

Djibril décrit les agissements de Merah comme répondant à une sorte d'« éthique » religieuse prescrite par le jihadisme. Plus précisément, sa vision s'articule autour de l'interprétation d'un principe mis en avant par les oulémas wahhabites saoudiens au XIXe siècle, dit « de l'allégeance et du désaveu » (*al-wala wal-bara*). Édicté dans le contexte de l'occupation ottomane d'une partie de la péninsule Arabique, il devait servir à dissuader les Saoud de nouer une alliance avec les forces du sultan-calife (considérées comme mécréantes par ces cheikhs). Réinterprété par les jihadistes cent cinquante ans plus tard, celui-ci ouvre sur l'obligation pour les musulmans de « choisir leur camp », entre des sociétés démocratiques qu'il faudrait combattre (« se désavouer d'avec elles ») et le dogme « véridique » de l'islam que serait le jihadisme et qu'il faudrait promouvoir (l'allégeance).

Pour les zélotes (*ghoulat*), les meurtres de Merah correspondent à la mise en application pure et simple de ce principe et des conceptions intransigeantes du dogme islamique qui en découlent, comme l'indique Djibril :

> *Tout est dans l'allégeance et le désaveu*, al-wala wal-bara. *La démocratie sera jamais, jamais compatible avec l'islam. [...] L'islam, ça gère tout, si tu fais des concessions avec l'islam, c'est que tu fais des concessions avec des choses sacrées.*

Dans cet ordre d'idées, l'adjudant Imad Ibn Ziaten, première victime de Merah le 11 mars 2012, est accusé de double apostasie : en devenant militaire, et en assumant d'être un musulman « français ». Il correspond à l'exacte antithèse du modèle que prône Djibril : il aurait fait selon lui allégeance à la France en devenant militaire, et désavoué sa religion en rejoignant les rangs d'une armée engagée dans des conflits « en terre d'islam ».

> *Tuer Ibn Ziaten, c'est comme le disait Zarqaoui* [le chef de l'État islamique d'Irak et « père » de Daech, tué en 2006] *:* « *Le musulman américain, c'est mon frère, mais celui qui me combat, c'est un mécréant, c'est mon ennemi même si on sort du même utérus, gros !* » [il prononce cette phrase en insistant sur le « gros » final].

Les attaques sont ainsi perçues comme un moyen pour les jihadistes de réaffirmer ce « qu'est » la religion à leurs yeux, l'« éradication » de leurs ennemis devient un acte de « purification ». Djibril poursuit :

> *C'est ça, l'islam ! C'est ça que les gens comprennent pas. Le Prophète a tué des gens de son propre peuple ! De son propre*

peuple ! Du moment qu'un musulman rentre dans l'armée française, il a choisi son camp, il devient tout de suite apostat.

Au prisme de cette logique poussée à son paroxysme, les attentats les plus abominables trouvent toujours justification :

> *— Il y a des divergences parfois sur le fait que Merah ait tué un enfant* [en réalité trois écoliers]*, mais c'est très bien vu qu'il ait tué des juifs et des militaires. Ça rattrape* [sic]*.*
> *— Le fait qu'ils soient juifs rattrape le fait que ce sont des enfants ?*
> *— Oui, c'est ça... et le fait qu'il soit militaire annule le fait qu'il soit musulman ! Le juif, c'est le top du top* [sic]*. Parce que ça rassemble plein de gens... Quand des juifs sont tués, y a plein de gens qui sont contents* [sic]*. On en parle plus* [comprendre : davantage] *dans les médias. Et juste après, tu as les militaires, et après les apostats.*

Pour les jihadistes comme Djibril, les victimes sont réduites à des « symboles » dans un système d'équivalence conflictuelle : leur condition d'enfants est « compensée » par leur « nature » de « juifs » pour les uns, leur religion leur est « retirée » à la suite de choix de carrière pour d'autres, et leur mise à mort s'apparente à un « acte » religieux réifiant l'islam.

Ces raisonnements tiennent compte de l'effet de sidération que les cibles pourront produire sur la société pour provoquer une rupture nette entre les deux « mondes », l'un jihadiste assimilé à l'islam tout entier, l'autre démocratique associé à la France et à la mécréance.

Les juifs représentent ainsi « le top du top » des cibles parce que, selon un préjugé antisémite répandu dans les milieux islamistes, le sort de l'un d'entre eux susciterait davantage d'émoi médiatique que la mort de n'importe quel autre citoyen. Djibril justifie ce propos sur une base religieuse ; les cibles sont hiérarchisées en fonction de leur capacité à réaffirmer selon lui la pureté du dogme et la distance qui sépare « l'islam » de ses ennemis.

En interprétant les meurtres de Merah comme la réaffirmation du dogme « fondamental », les jihadistes zélotes font de celui-ci un rôle-modèle. Il en va ainsi pour la plupart de ceux qui prendront de l'importance sous Daech, à l'instar de Mehdi Nemmouche, auteur de l'attentat contre le Musée juif de Belgique en mai 2014 et qui rêvait de « finir comme Merah ».

À tout point de vue, l'épisode du printemps 2012 est affaire de symboles. Période charnière incomprise et annonciatrice des déflagrations à venir, elle révèle rétrospectivement l'étendue de la cécité collective qui frappait décideurs et commentateurs en matière de jihadisme.

Les conditions mêmes de l'analyse n'étaient pas réunies dès lors que la complexité de « l'affaire » était réduite aux bas instincts d'un « loup solitaire ». Apothéose d'un engagement parachevé en prison puis en Afghanistan, la séquence meurtrière se produit au moment où les premiers départs pour le jihad syrien s'organisent dans les mêmes milieux. Présenté par certaines des plus hautes autorités policières du pays comme le geste « d'un homme seul », il constituait en réalité l'aboutissement de transformations visibles depuis dix ans dans certains territoires français en proie à la prédication salafo-jihadiste.

Réduit à un acte sans lendemain, il correspondait à l'inverse à un nouveau mode d'action que plébiscitaient les activistes les plus durs partout en France.

La violence des attaques aurait dû être le point de départ d'une réflexion approfondie. Il n'en a rien été. Entièrement décontextualisée, l'analyse des événements n'a pas dépassé celle d'un vulgaire fait divers. Rarement le débat public n'a paru autant coupé de la réalité.

La compréhension d'un phénomène protéiforme qui s'imposait comme une réalité sociale a donc été repoussée de plusieurs années. Les attentats de 2015-2016 en rejoueront les gammes dans des proportions plus meurtrières encore, sonnant l'heure d'un réveil tardif et brutal.

II

SYRIE

1

*De l'Europe au Levant,
le continuum du jihad (2012)*

Les dynamiques générales de la guerre en Syrie se sont renouvelées chaque saison estivale. À défaut de « printemps arabes », les « étés jihadistes » fournissent la scansion chronologique du récit.

Le conflit au Levant, qui débute à l'été 2011, s'envenime à l'été 2012, drame et point de ralliement dont émerge Daech à l'été 2013. Fin juin 2014, est proclamé au nord de la Syrie le « califat » jihadiste à cheval sur l'Irak. Il atteint son apogée à l'été 2015 et ouvre sur la campagne d'attentats en Europe. La fuite en avant dans la violence, le déferlement terroriste à l'étranger et les réactions de la coalition internationale font reculer l'EI à l'été 2016, le « califat » s'effondre à l'été 2017. À l'été 2018, le président russe, Vladimir Poutine, annonce la fin de la guerre. Et à l'été 2019 s'aggrave le problème du rapatriement éventuel des jihadistes français encore actifs sur zone.

Les propos des « revenants » français, recueillis pour la plupart en détention, tisseront le fil conducteur de cette narration inédite. Passés à la trame de l'analyse, leurs témoignages permettront de rétablir les étapes du chaos levantin, de saisir les dynamiques de l'émergence puis de l'effondrement de Daech et, dans l'intervalle, leurs conséquences dramatiques pour la France frappée par les attentats.

2012 : L'ANNÉE CHARNIÈRE

Les tueries perpétrées par Mohamed Merah à Montauban et à Toulouse en mars 2012 adviennent dans une période où le jihad international semblait s'étioler aux yeux de nombre d'observateurs, comme de dirigeants politiques et de la hiérarchie policière. Après une phase d'expansion dans les années postérieures au 11 septembre 2001, les réseaux d'al-Qaida se sont en effet rétractés sur différents fronts disséminés à travers la planète à la fin de cette décennie. Al-Qaida au Maghreb islamique (AQMI) n'a pas réussi à unifier les groupes armés en Afrique du Nord, tandis que l'État islamique en Irak (EII), émanation locale d'al-Qaida et précurseur de Daech, rencontrait un échec cuisant (2006-2010). La plupart des responsables qui incarnaient le renouveau de l'organisation ont été mis en fuite, arrêtés ou tués. Il en va ainsi de l'Américain Anwar al-Awlaqi le 30 septembre 2011, pionnier du terrorisme *online* et cible d'un drone au Yémen, dont le monde découvrait alors l'usage militaire.

Au même moment, les « printemps » arabes entérinent le déclin du modèle politique voulu par al-Qaida. En décembre 2010, un marchand ambulant de légumes issu d'une ville marginalisée du Sud tunisien s'immole par le feu. Par ce geste, Mohamed Bouazizi déclenchera un mouvement de protestations populaires qui s'étend en quelques semaines dans l'ensemble de la zone. Les soulèvements spontanés qui s'ensuivent et dont les islamistes sont absents dans un premier temps emportent les dictateurs en Tunisie et en Égypte : Ben Ali est chassé du pouvoir le 14 janvier 2011, Moubarak, le 11 février. Le ralliement des foules dans la plupart des pays d'Afrique du Nord et du Moyen-Orient autour de mots d'ordre démocratiques prend de court les jihadistes au même titre que les régimes conspués. Ainsi, les révoltes déstabilisent la prétendue « avant-garde de l'islam » désemparée face aux aspirations profondes des peuples arabes lorsqu'elles s'expriment librement. Dans la continuité de cette séquence historique, le 2 mai 2011, Oussama Ben Laden est tué au cours d'un raid des forces spéciales américaines dans la périphérie cossue d'Abbottabad, au Pakistan. Son successeur à la tête d'al-Qaida et mentor de toujours, l'Égyptien Ayman al-Zawahiri, souffrira d'un déficit de légitimité.

Ce panorama général a conduit certains commentateurs pressés à invoquer la « fin du jihad global » dix ans après son apparition, surinterprétant l'essoufflement du groupe qui en avait incarné durant cette phase la vigueur à l'échelle internationale. En réalité, le déclin d'al-Qaida ouvrait la voie à des reconfigurations profondes dont la Syrie et l'Irak seraient le débouché inattendu.

Des « printemps arabes » à la crise syrienne

La crise syrienne prend forme dans le sillage des gigantesques soulèvements populaires de 2011. Dans un premier temps, les « révoltes » se prolongent comme telles dans ce pays. Après quelques semaines d'hésitation sur la ligne à adopter face aux manifestations pacifiques, le régime de Bachar al-Assad, fidèle aux tropismes de « l'État de barbarie » instauré, selon la formule du chercheur Michel Seurat, par son père à Damas, prend le parti de la répression. Mi-mars 2011, la torture de quinze adolescents, coupables de graffitis hostiles au président dans la ville de Deraa, ouvre en réaction la voie à la militarisation de l'opposition.

Le seuil est atteint à l'été, lorsque les mots d'ordre démocratiques ont cédé la place aux rafales de mitraillette. Les protestations ont gagné les principales villes, la réaction du pouvoir a déjà provoqué la mort de plus d'un millier de personnes et le pays entrevoit les affres de la guerre civile. Le 29 juillet 2011, des gradés déserteurs créent l'Armée syrienne libre (ASL) et prônent l'affrontement pour renverser le régime au nom du peuple. Ils demandent l'aide de la communauté internationale cependant que le pouvoir se tourne vers ses alliés historiques. D'un côté, les États-Unis, la France et la Grande-Bretagne exigent la cessation des exactions, menacent d'une intervention sous l'égide de l'ONU et réclament le départ du « Boucher de Damas ». De l'autre, l'Iran, ainsi que la Russie et la Chine, membres du Conseil de sécurité, soutiennent les prétentions du président à rétablir « l'ordre ». La crise s'universalise : les interférences contradictoires favorisent l'imbrication d'enjeux extérieurs dans un conflit national d'une extrême violence qui durera huit ans. À l'automne 2019, plus de trois cent soixante-dix mille morts et treize millions de déplacés étaient recensés par l'ONU.

À la fin de l'été 2011, la Syrie devient le point de rencontre de l'ensemble des lignes de faille qui parcourent le Moyen-Orient. Abou Bakr al-Baghdadi, émir d'un soi-disant « État islamique d'Irak » disparu un an plus tôt, décide de saisir l'occasion du désordre qui s'annonce. Il envoie un contingent de combattants s'installer dans le nord du pays et y fonder la branche syrienne d'al-Qaida : Le Front al-Nosra, précurseur puis rival de Daech.

Été 2012 : la jihadisation du conflit levantin

Un an plus tard, la confessionnalisation des termes du conflit et la jihadisation de l'opposition favorisent l'immixtion des combattants étrangers dans la guerre civile.

La première dynamique illustre l'impéritie de l'Armée syrienne libre. Les rivalités entre chefs (*zo'ama*) et les accusations mutuelles de corruption entravent la coordination des différentes forces qui en composent l'assise territoriale. L'ASL demeure la principale organisation rebelle, mais elle n'est plus la seule à prétendre incarner l'« avenir ». Elle subit la montée en puissance des brigades islamistes qui jouissent du généreux soutien de donateurs privés du Golfe, notamment du Qatar, du Koweït et d'Arabie saoudite. Ceux-ci voient dans la déstabilisation de Bachar al-Assad un moyen de contrecarrer l'influence régionale de l'Iran. Ahrar al-Châm (« Les hommes libres du Châm »), Suqur al-Châm (« Les faucons du Châm »), Liwa al-Tawhid (« L'étendard de l'unicité divine »), Jaysh Mohammad (« L'armée de Mohammed »), autant de groupes salafo-jihadistes qui font désormais partie du paysage confus de l'« opposition ». Certaines factions de l'ASL désargentées passent sous leur commandement.

La jihadisation de la rébellion qui en résulte est aiguisée par la stratégie contre-insurrectionnelle du régime. Au début des tensions, le président annonce deux amnisties partielles de « prisonniers politiques » en témoignage de sa prétendue disposition à « apaiser » les esprits. La prison de Saydnaya, dans les environs de la capitale, connue pour agglomérer les opposants islamistes de tout poil et les y soumettre à la torture, est vidée en priorité. Plusieurs centaines de jihadistes sont ainsi remis en liberté et rejoignent derechef les rangs de la rébellion ; parmi eux, des leaders de renom aux réseaux d'allégeance intacts. Un « revenant » français, Tarek, en a côtoyé certains :

> *Quand la guerre a éclaté en Syrie en 2011, que fait Bachar ? Il les libère tous !* [...] *Des gens comme Abou Khaled al-Souri, le chef d'Ahrar al-Châm ! Il devait penser qu'en libérant ces gens il pourrait légitimer les frappes contre les islamistes.* [...] *Mais ils étaient incontrôlables. Dans mon groupe* [Jaysh Mohammad] *y en avait qui sortaient de Saydnaya et qui m'en ont parlé. C'est une des prisons les plus violentes du monde ! Comment un* mujahid [jihadiste] *est torturé pendant des années et, au pire moment, il est libéré ? Y a un bug.*

Héritage de décennies d'instrumentalisation des réseaux islamistes par les services de renseignement syriens (*moukhabarat*), cette pratique cynique visait à accroître le poids des extrémistes au sein de l'opposition. De la sorte, le régime pourrait la diaboliser et *in fine* rendre acceptable son maintien au pouvoir, le moindre mal pour les Occidentaux frappés sur leur territoire par le terrorisme.

Le 19 juillet 2012, la partie orientale de la plus grande ville du pays, Alep, peuplée de migrants de l'exode rural, tombe aux mains des rebelles. Les premiers drapeaux noirs du Front al-Nosra sont déployés dans certaines rues et sur les réseaux sociaux. Le groupe n'est encore qu'en phase de nidation et ne revendique ouvertement que deux cents combattants, mais son émergence advient comme un signal dans les cercles militants en Europe, au Maghreb et au Moyen-Orient.

LA PREMIÈRE VAGUE DE DÉPARTS : LES PIONNIERS

Si la masse des étrangers ne gagnera les fronts syriens qu'après la proclamation du « califat » de Daech (juin 2014), l'été 2012 marque pour les Français le début concret du jihad au Levant. Ils sont parmi les premiers à s'y rendre.

Les départs de l'été 2012

Pour plusieurs ex-combattants rencontrés, à l'image d'Abdel, un « geek » grenoblois condamné pour sa participation aux activités d'un groupe terroriste, l'été 2012 marque un tournant :

> *Pour moi, le vrai shift* [le virage], *c'est juillet 2012. C'est le shift du sud de la Méditerranée et de la France* [comprendre : de la focalisation des jihadistes sur ces zones] *vers le Châm.*

Ousmane, âgé de vingt-deux ans et originaire de la banlieue parisienne, évoluait alors dans les milieux salafistes du Caire. Il constate un changement dans les préoccupations de ses camarades :

> *Beaucoup de frères étaient au Caire, y avait pas mal de convertis, des Arabes, de tout franchement... En 2012, ça commence à parler jihad au Châm.*

Son séjour en Égypte intervient comme une étape préliminaire, le moment où il se convainc de la nécessité de prendre les armes :

> *Avant l'Égypte, je faisais partie des gens qui n'étaient pas trop chauds pour le jihad* [posture du salafisme dit « quiétiste »]. *[...] Après l'Égypte, par contre, je m'y suis vachement intéressé. J'ai compris que soutenir les frères était une obligation religieuse.*

Un condisciple l'y accueillera :

> *Il y en avait un qui étudiait avec moi en Égypte et qui est parti en Syrie en 2012, c'était lui mon contact au Châm quand j'y suis allé en 2013.*

Progressivement, les départs en Syrie remplacent les séjours dans les centres salafistes moyen-orientaux, fréquents depuis le milieu des années 2000. Les flux de la hijra se redirigent ainsi, des « séminaires religieux » du Caire ou de Dammaj (Yémen) vers les organisations jihadistes du Châm.

Il en va de même pour l'ensemble des territoires investis par ces mouvances en Europe où les premiers à s'engager pour le Levant sont souvent les plus avertis. Sans surprise, à Toulouse, les initiateurs de la dynamique des « départs » évoluent dans la galaxie des Clain. Sofiane, condamné dans le cadre de la filière d'Artigat en 2007, « émigre » vers la Syrie dès sa sortie de prison. Jean-Michel Clain lui emboîte le pas fin 2012, avec femme et enfants. Dans le Val-de-Marne, Salim Benghalem, pilier de la mouvance et futur bourreau présumé de l'EI, s'envole également dans cette direction, tout comme plusieurs Strasbourgeois influents. Cette dynamique s'observe dans les pays voisins, notamment en Grande-Bretagne, en Allemagne, aux Pays-Bas et en Belgique, où plusieurs membres du groupe Sharia4Belgium prennent le virage. L'horizon euro-méditerranéen se réorganise autour de ce nouveau centre du monde jihadiste.

Jihad européen et chaos syrien

Les pionniers se rendent au Levant dès le début du processus jihadiste et forment ainsi la première vague d'Européens s'immisçant dans le conflit. Ils devancent ceux de la deuxième, qui prennent la route après l'apparition de Daech (été 2013), et de la troisième, arrivés à destination après la déclaration du « califat » (été 2014).

Abdel utilise le qualificatif de « pionnier » en référence aux Français qui prennent rapidement position sur place :

> *En 2012, c'est la première grande phase de départ pour la Syrie. [...] Ce sont des pionniers.*

Ces volontaires, contrairement à leurs épigones, forment une catégorie homogène : ce sont quasi exclusivement des hommes, proches de la trentaine et idéologiquement endurcis :

> *Ils avaient mon âge, genre entre vingt-cinq et trente ans, ils y allaient avec leurs smartphones et quelques affaires. Il ne faut pas dire qu'ils savaient pas ce qu'ils allaient faire !*

Les pionniers se distinguent également par leur expérience et leur investissement de longue date au service de la cause. Abdel poursuit :

> *Fin 2012, c'était vraiment les grosses têtes qui partaient, les mecs qui étaient déjà dans ça* [le jihadisme en France] *et qui captaient qu'il se passait un truc de ouf* [de fou] *en Syrie.*

Ousmane qui les fréquentait au Caire souligne leur pédigrée exemplaire à ses yeux :

> *Les gens partis en 2012, c'étaient les plus sérieux.*

Arabophones pour la plupart, ils disposaient préalablement de contacts au sein des organisations combattantes, ce qui a facilité leur intégration. Longtemps dans l'ombre de son frère Fabien, Jean-Michel Clain connaît à Tell Abyad, ville-frontière et principal point de passage avec la Turquie, une promotion fulgurante. Dès son arrivée en Syrie, il se voit conférer le titre d'émir de *katiba* (phalange) et est accompagné par des gardes du corps. Son ascension s'explique par les nombreux liens tissés autrefois. Marie évoque cet aspect :

> *Dans les années 2000, Jean-Michel a toujours été en lien avec nous, mais aussi avec l'État islamique en Irak.*

Sa connaissance de l'arabe et de la culture jihadiste moyen-orientale acquise au cours des années passées dans les milieux salafistes du Caire lui garantit l'accès à des postes à responsabilité.

En outre, ces protagonistes peuvent compter sur leurs

relais en France, notamment dans les quartiers dont ils étaient originaires et où ils avaient mis en route les machines de prédication locales. Ainsi les supérieurs de Jean-Michel Clain ne souhaitent pas le voir participer aux combats. Ils attendent de lui qu'il supervise la venue d'autres volontaires qui prendront les armes à sa place. Il est valorisé pour sa capacité d'influence et l'étendue de ses connexions dans la mouvance européenne. L'aîné de la fratrie s'appuie sur son cadet, Fabien, tout juste sorti de prison et qui ne rejoindra la Syrie qu'en 2014. Ensemble, ils redirigent les membres de leurs réseaux communs en France, en Belgique, en Égypte et ailleurs, vers le Châm. Selon ce modèle, un pionnier est intégré dans la hiérarchie de l'organisation syrienne avec laquelle il était en contact au préalable. Il interagit avec ses subordonnés restés en France qui réorientent vers lui un maximum de candidats au jihad. Ils ont inauguré de la sorte un mouvement de balancier à l'origine du succès du phénomène. Tous les départs des Français par la suite se construiront selon cet archétype que Daech récupérera à son profit et institutionnalisera à partir de 2014.

Ce rôle pivot explique la remarquable durée de vie des pionniers. Contrairement à leurs successeurs, abondamment exposés aux combats, ils ont été choyés par les dirigeants de Daech qui voyaient en eux les pièces maîtresses de leur approvisionnement en chair à canon, décisif pour la conquête du Moyen-Orient. Nombreux ont été les jihadistes qui ont multiplié les allers-retours en 2012. Contrairement aux autres territoires en guerre à la même époque, tels l'Afghanistan, le Mali ou la Libye, les fronts syriens sont d'autant plus attractifs qu'ils sont aisément accessibles. Abdel, le geek, insiste sur la portée de la proximité géographique dans l'organisation des filières :

> *La Syrie, c'était facile, la frontière est grande ouverte, avec la Turquie tu pouvais faire des allers-retours. [...] Y avait aucun problème, les gars passaient de l'un à l'autre, c'était irréaliste. C'est tellement gros que je me demande pourquoi personne ne l'a vu avant !*

Or, les éclaireurs européens connaissaient les routes du Levant, par la Turquie. Certains les avaient foulées dix ans plus tôt, lorsqu'ils cherchaient à se battre en Irak, comme en attestent le beau-frère de Merah, Sabri Essid, et ses proches qui emprunteront en 2014 les mêmes chemins qu'en 2006, via la Bulgarie.

Hicham, recruteur de trente ans, explique comment les machines de prédication locales ont concrètement basculé vers le jihad en Syrie :

> *À Lunel, il y a eu beaucoup de départs. Le premier à partir, c'est Fatih qui tenait un kebab* [snack] *en face du lycée de Lunel, c'était un ami. Quand il est arrivé en Turquie, il m'a appelé parce qu'il s'est aperçu que, si les gens n'avaient pas de contact en Syrie, ils « disparaissaient » en cours de route. Moi j'ai pas bougé de Lunel, mais je suivais des gens et des pages Facebook liées à la Syrie. Il m'a demandé si je pouvais le connecter directement avec des gens là-bas. [...] Je lui ai donné le numéro de Bassel,* [un célèbre rabatteur français, alors présent en Syrie], *et Fatih est passé en Syrie avec trois autres amis de Lunel.*

Soucieux de sécuriser une route vers le Châm, Hicham et Fatih ont tracé une voie que d'autres allaient employer :

> *Fatih a ouvert la porte, c'est lui qui a fait rentrer en Syrie tous les gens de Lunel, y compris mes deux frères et Bastien qui sont partis en 2014. Ils ont rejoint Daech et ils sont morts là-bas. C'est ce qui explique pourquoi y a eu autant de départs dans cette ville* [une vingtaine pour vingt-cinq mille habitants].

Contrairement à une idée reçue, les milieux jihadistes français ne se « vident » pas en Syrie. Les pionniers installés au Moyen-Orient ne coupent pas les liens avec l'Hexagone. Ils ne s'y rendaient pas pour « se faire tuer », mais pour ouvrir la voie aux suivants. Les « viviers » ne se déversaient pas, tels des réservoirs percés, de la France vers le Levant. À l'inverse, à l'image des cellules souches, enclaves et phalanstères européens ont pu se scinder afin de croître parallèlement de part et d'autre de l'Europe et du Moyen-Orient. Selon ce schéma, plus les pionniers s'envolaient pour la Syrie et plus la dynamique prenait de l'ampleur en Europe…

En 2012, les premiers de cordée du jihad viennent d'installer des passerelles qui vont être exploitées dans les deux sens : en vue des départs pour le Châm, mais aussi des « retours ». Fort mal comprise, cette impulsion initiale permettra ultérieurement à Daech de faire grandir son « califat » tout en planifiant simultanément des attaques terroristes en Europe.

LE JIHAD ET LA VIE

De la même façon qu'en France le jihadisme n'est pas réductible aux attentats et recoupe des dynamiques collectives, les départs ne peuvent être réduits au cliché d'hommes en quête d'aventure. En prolongement du militantisme salafo-jihadiste dans les quartiers, « violents » et « bâtisseurs » se projettent à l'identique en Syrie.

Ainsi, d'aucuns parmi les pionniers considèrent qu'il leur revient en premier lieu de participer au « combat sacré » pour aider les « frères ». Khaled, surveillant dans un collège du Gard et « revenant » interviewé en prison, entre dans cette catégorie. Âgé de vingt-cinq ans, il maîtrisait le dialecte syrien, connaissait les lieux et savait manier les armes. À l'occasion des vacances estivales de 2012, il part dans l'intention de « défendre les sunnites ». Il sera blessé quelques mois plus tard dans un bombardement. Un autre enquêté rencontré en détention correspond à ce type. Il propose sa définition du jihadisme :

— *Le jihad, c'est quoi pour toi ?*
— *C'est d'aller combattre… c'est d'aller combattre !*

Abdel, le geek, évoque la figure de ces précurseurs qui entendaient avant tout répondre à l'appel du jihad :

> *Ces gars, ils partaient pas pour faire de l'humanitaire, c'est des conneries ça ! Ils partaient pour le combat. Ils s'étaient équipés pour ça : de bonnes baskets, des jumelles de nuit et des couteaux de chasse […] ils savaient où ils mettaient les pieds.*

Mais les pionniers brûlent également d'instaurer la loi d'Allah sur les territoires qu'ils vont défendre, conformément à l'utopie originelle du salafisme. Au-delà de la participation à la guerre « sainte » (jihad), l'élaboration d'un lieu de vie islamique « parfait » (hijra) est au cœur des motivations des meneurs. Abdel insiste sur cette double dimension :

> *Parmi les premiers à partir, y avait ceux qui voulaient combattre, mais aussi ceux qui voulaient construire quelque chose là-bas, qui y allaient pour s'installer et en faire venir d'autres.*

Les « pionniers » seront tout autant des fantassins prêts à servir en première ligne qu'une « avant-garde » religieuse et morale, des bâtisseurs voire des colonisateurs de terres « nouvelles ». À l'été 2012, ces éclaireurs jihadistes français arrivent au Levant porteurs de leur propre logique qu'ils vont surimposer à la crise syrienne.

De fait, ces militants ne rejouaient aucunement la « guerre d'Espagne » des années 1930 où des volontaires communistes du monde entier s'élançaient dans les Brigades internationales contre la barbarie d'un régime fasciste. La référence commune des pionniers était l'État islamique d'Irak (2006-2010), dont le Front al-Nosra était alors perçu comme l'héritier en Syrie. Si la restauration du « califat » n'est pas encore spécifiée – Daech l'invoquera seulement à partir de l'été 2013 –, l'exploitation du chaos syrien pour y fonder un « État » jihadiste transparaissait dans le propos des plus déterminés. Marie revient sur les conversations qui animaient son entourage :

> *L'idée à l'époque, c'était de bâtir quelque chose au Châm. Même si y avait pas encore le Califat... En fait, tous les gars de l'Irak* [comprendre : impliqués dans le jihad en Irak] *sont passés en Syrie. Et les gens de l'État islamique d'Irak, ils avaient déjà ce projet pour eux.*

À cet égard, elle ne fait aucun cas du sort des Syriens. Son entourage et elle sont à l'inverse obsédés par un espace fantasmé, le « Châm », antinomie de la France « mécréante » :

> *Jean-Michel* [Clain] *disait qu'il fallait quitter ce pays* [la France] *et qu'il fallait rejoindre l'État musulman qui allait se lever pour nous. On n'est pas partis pour l'injustice. On est partis pour le Châm. On a voulu élever nos enfants là-bas. Mon mari travaille dans le BTP, on pouvait construire ce pays !* [...] *Moi je voulais pas y aller pour la guerre, j'aime pas ça, mais pour l'islam, et pour notre responsabilité vis-à-vis de l'humanité.*

La décision de se rendre dans le nord de la Syrie est le vecteur d'un idéal religieux. Dans l'esprit de ses proches, Jean-Michel Clain ne porte pas tant secours à la rébellion syrienne qu'il s'élance vers une terre « bénie ». Son initiative les culpabilise ; ils résident dans un environnement impie et se satisfont d'une foi imparfaite, il exécute quant à lui son devoir sacré, l'exode vers le monde de l'islam « authentique » :

> *Son départ revenait à dire : « Les musulmans sont pas bien en France : ils ont besoin de partir* [sic]. » [...] *Fabien s'est senti, il me l'a dit, « un sous-homme ».* [...] *Parce que eux, ils sont en France, en terre de mécréance, alors que Jean-Michel, il est en Syrie et il accomplit son islam.*

Que le pays soit une zone de guerre sous les bombes ne ternit pas l'image idéalisée d'un paradis tangible. Un an plus tard, le « déménagement » d'une des filles de Marie, à peine majeure, depuis Le Caire vers le Nord syrien soumis à la violence, est perçu favorablement par sa génitrice :

> *Ma fille était en Égypte en 2013 au moment du renversement* [du président Frère musulman élu en juillet 2012, Mohamed] *Morsi et de l'arrivée* [au pouvoir du général] *Sissi. Ça chauffait pas mal pour les musulmans* [sic] *alors, elle a rejoint* [le Front] *al-Nosra avec son mari.*

La mère conçoit cette initiative comme l'aboutissement d'une ascension socio-religieuse, un progrès de sa condition de croyante. À ses yeux, elle quitte en effet un pays dirigé par un tyran (*taghout*), le général qui réprime des islamistes, pour une terre dont la sainteté est attestée par la présence de groupes jihadistes.

Ces représentations ne sont pas le fruit de la folie d'une personne isolée, mais des convictions forgées par l'approche littérale de la révélation coranique qui imprègne l'idéologie salafo-jihadiste. Pareilles considérations étaient partagées par tous ceux qui convergèrent vers le Châm et contribueraient au succès de Daech à partir de 2013. L'exode de Jean-Michel Clain souligne le sens sublime dont le jihad en Syrie est investi par les figures de proue de la mouvance en France. Par-delà la lutte pour la « défense de la religion », le pays s'impose comme la Terre sainte que la survenue des « purs » doit permettre de sanctuariser afin d'y vivre selon les principes inviolables du salafisme. Dans leur perception fantasmée, la guerre au Châm est l'occasion de conquérir un espace qui s'ouvre aux « musulmans ». De la même façon que la Palestine promise s'offrait dans la foulée de Moïse aux enfants d'Israël, aux

Croisés à l'approche de Jérusalem, ou l'Amérique aux dévots à bord du *Mayflower*, la Syrie en proie au chaos, devenue le Châm au prisme de l'eschatologie musulmane, incarne l'idéal de vie en ce bas monde. Se référant à la prophétie de Mahomet, Marie précise l'absolu que les jihadistes espéraient atteindre en prenant la route de l'Orient :

> *Pour nous ça représentait tout : le Châm, l'émigration en terre d'islam quoi ! Le hadith qui en parle,* Châm ard mubaraka [« le Châm est une terre bénie », elle prononce ces mots arabes avec l'accent toulousain], *il concrétisait pour nous l'envie de vouloir partir.*

En 2012, « émigrer » au Levant, combattre les « ennemis de l'islam » et y instaurer les lois d'Allah constituent une fin en soi : la réalisation de l'utopie originelle du salafo-jihadisme. Les pionniers traduisent en acte, à l'échelle d'un « État » et d'un territoire, les projets millénaristes qu'ils poursuivaient en France, lorsqu'ils s'affairaient à forger des « bulles de pureté » dans leur voisinage. Cette projection censée résoudre les contradictions du salafisme européen forme le socle de la motivation des départs de milliers d'individus que personne n'attendait aussi nombreux. Selon Abdel :

> *Les premiers à être arrivés en Syrie ne pensaient pas attirer autant de monde. Personne ne pouvait imaginer que ça marche à ce point-là.*

Ainsi, dès 2012, les Français se rendaient en Syrie pour y chercher bien autre chose que le « jihad et la mort » pour reprendre le titre d'un ouvrage qui tentera d'interpréter le phénomène en 2016. Contrairement à cette thèse alors dominante, cet exode ne s'apparentait pas à un accès de fièvre. Les Européens poursuivaient au Levant la même œuvre utopique qu'en France dont les premiers jalons avaient été la redéfinition religieuse d'un territoire, sa sanctuarisation et son investissement par des militants.

Prendre en considération cette quête permet d'éviter de réduire un phénomène aussi complexe que le jihadisme à des « pulsions nihilistes » et d'interpréter l'enchaînement des faits qui devaient conduire aux attentats en Europe de 2014, 2015 et 2016.

2
Illusion et désillusions du jihad syrien (2013)

À l'été 2013, les ultimes espoirs de transition politique se dissipent, la Syrie est en proie à la guerre civile la plus violente. Le gouvernement de Damas doit sa survie au monopole aérien qui lui permet de faire régner la terreur par les bombardements et à l'action au sol des milices du Hezbollah libanais. Après deux ans d'affrontements et de désertions, le commandement de l'armée syrienne se résout à se replier sur ce qu'il désigne comme la Syrie utile (*Souriya al-moufida*). Elle est composée de la capitale et de la région côtière où se concentrent 70 % de la population et l'essentiel des productions agricoles. Le reste, notamment les steppes désertiques de l'Est qui abritent les ressources pétrolifères et certains des plus beaux joyaux du patrimoine culturel syrien et mondial (Palmyre, Doura Europos, etc.), mais aussi la moitié de la métropole économique, Alep, est progressivement abandonné à la prédation jihadiste.

LA DEUXIÈME VAGUE : LES CADRES

Cet été-là, le Front al-Nosra s'est imposé comme principal groupe rebelle au détriment de ce qui était appelé l'« opposition ». Les estimations évoquent désormais six mille combattants internationaux sur place, ce qui distingue le Levant en qualité de première terre d'accueil de jihadistes – devant l'Afghanistan.

Les germes de la discorde

Al-Nosra, devenu le principal point de ralliement, accueille des mouvements qui investissent le conflit de significations différentes, voire antagoniques. À cet égard, les étrangers, nombreux et visibles, font l'objet d'un quiproquo entre deux tendances rivales. Pour les tenants d'une vision « classique » du jihad, à l'image de la plupart des Syriens qui ont rejoint ce groupe, les allochtones seront remerciés pour leur aide et amenés à quitter le Levant dès qu'elle ne sera plus nécessaire. Mais pour la composante « absolutiste », incarnée par l'immense majorité des allogènes et des combattants irakiens passés en Syrie, les « émigrés » (*muhajirin*) ont vocation à peupler et soutenir le futur État auquel ils donnent corps au Châm.

L'internationalisation des rangs d'al-Nosra renforce donc son influence, mais compromet la stratégie de « syrianisation » que poursuivent ses chefs indigènes. La mécanique de son succès est ainsi porteuse des germes de la discorde. Plus la branche syrienne d'al-Qaida s'impose au Levant, plus elle attire de volontaires originaires du monde entier, et plus la base s'oriente vers l'affirmation d'un « État » islamique contre le souhait de son commandement. Au printemps 2013, les rangs des jihadistes se fissurent selon cette ligne de faille.

L'acte de naissance de Daech

Le 9 avril, Abou Bakr al-Baghdadi, chef de l'État islamique d'Irak, sort de l'ombre. Il annonce officiellement depuis Mossoul que le commandement et les troupes de la branche syrienne d'al-Qaida lui sont inféodés et vont intégrer un nouveau groupe : l'État islamique *en Irak et au Levant* (EIIL, dont l'acronyme arabe est Daech). Dès le lendemain, l'information est démentie solennellement depuis Alep par l'émir d'al-Nosra, le Syrien Abou Mohamed al-Joulani. Il affirme son indépendance envers Baghdadi dont il avait jadis été un lieutenant. L'imbroglio apparaît total.

Au-delà des rivalités personnelles, la ligne de fracture est avant tout doctrinale. Elle recoupe l'opposition entre jihadistes de tendance « salafo-frériste » – pragmatique, celle d'al-Qaida « canal historique » – et « wahhabo-exclusiviste » – absolutiste, défendue par l'État islamique d'Irak en 2006-2010. Pour Joulani, tenant de la première approche, les aspirations territoriales de Daech détournent les forces vives du combat contre Bachar al-Assad. Ses ambitions affaiblissent le « jihad » et la « défense des sunnites », qui est la première des obligations religieuses. Outre qu'il est illégitime à ses yeux, le projet de l'EI conduirait tout droit à la division et donc favoriserait le régime de Damas.

Les partisans de Daech entendent le jihad dans un registre absolutiste : l'obéissance à la lettre de la doctrine. Ainsi, l'« État islamique » (*dawla islamiyya* en arabe) a vocation à soumettre l'ensemble de la planète, conformément à la Prophétie coranique. Réduire le jihad à une primauté « syrienne » ou « irakienne » représenterait une hérésie, puisque cela invaliderait l'ontologie universaliste de cette religion. Celle-ci ne reconnaît aucune frontière à l'intérieur des terres musulmanes (*dar al-islam*) que les combattants se doivent de « libérer » et d'unifier par la charia. Les seules limites sont temporaires, celles qu'impose encore la mécréance (*dar al-koufr*), autant de territoires qu'il convient de déstabiliser – par des razzias – et d'ouvrir à l'islam – par des conquêtes. Dès lors, la prétention « syrienne » d'al-Nosra reposerait sur une conception « nationaliste » et donc « impie » du monde. Un péché d'autant plus grave pour les partisans de la seconde tendance que le tracé de la frontière irako-syrienne est un héritage des accords Sykes-Picot entre colonialistes français et britanniques le 16 mai 1916. Daech ne voit sur ces terres que des musulmans, artificiellement divisés en « nations » par les mécréants, qu'il faut avant tout réunir au sein du même État islamique.

Si al-Nosra se prévaut du pragmatisme et du réalisme, les adeptes de Daech mettent en avant des conceptions idéalisées et se parent d'une plus grande pureté « islamique ». Les étrangers se montrent dans l'ensemble favorables aux positions de l'EI. Le groupe leur propose de s'installer au « Châm » et la plupart d'entre eux partagent les thèses d'Abou Moussab al-Zarqaoui, ancien chef de l'État islamique d'Irak dont Daech poursuit l'œuvre au Moyen-Orient.

Telle est la crise interne qui s'ouvre avec la création de cette organisation au printemps 2013. Dans l'immédiat, les deux factions s'accordent à solliciter la médiation de l'autorité morale toute relative d'Ayman al-Zawahiri, l'émir sexagénaire d'al-Qaida basé au Pakistan. Avant même que son avis ne soit rendu, à la fin de mai 2013, al-Nosra et l'EI se préparent à une scission inévitable. Dans ce contexte de tensions exacerbées, une « deuxième vague » d'Européens fait son apparition au Levant.

Été 2013 : l'arrivée des cadres

Leurs parcours mettent en lumière un moment charnière de la crise syrienne dont l'importance pour la suite des événements en Europe a été sous-estimée. En 2013, les départs vers la Syrie se produisent dans l'entourage élargi des pionniers : les cercles du jihad s'étendent et s'ouvrent à de nouveaux individus. Par rapport à leurs aînés, les voyageurs de cette deuxième vague sont plus jeunes, entre vingt et vingt-cinq ans. Moins chevronnés, ils représentent plutôt des cadres de la mouvance en France, non des meneurs. Ils disposent rarement de contacts au sein des milieux jihadistes syriens ou irakiens et dépendent de l'entremise de leurs prédécesseurs. Les profils se font plus hétérogènes, à l'instar des femmes jusqu'alors absentes sur les fronts étrangers et qui se retrouvent désormais près d'une cinquantaine en Syrie.

Si cela n'est pas encore notifié dans le débat public, les départs s'imposent comme un phénomène inédit par son ampleur : trois cent cinquante individus venus de France sont présents dans le nord du pays. Ils s'y sont rendus quatre fois plus nombreux pendant l'année qui sépare les étés 2012 et 2013 que les quatre-vingts personnes parties en Irak durant toute la décennie 2000.

JIHADISTES EUROPÉENS CONTRE REBELLES SYRIENS

À la suite des pionniers, ils projettent en Syrie leur fantasme salafiste construit dans l'Hexagone. Le peuple syrien est réduit à une foule de figurants qui attendraient d'être délivrés pour mieux servir la gloire des héros venus d'Occident. Par contraste, leur arrivée sur place apparaît aux yeux de beaucoup de locaux fuyant le pays par centaines de milliers, ou victimes des bombardements du régime de Bachar al-Assad, comme une aberration voire un fardeau supplémentaire parmi les malheurs de la guerre.

Le « Châm » : terra incognita

À la fin de mai 2013, un passeur dépose Djibril, le jeune lycéen de Toulouse qui avait découvert le jihad lors des tueries de Mohamed Merah, en compagnie d'un ami d'origine africaine comme lui, dans une zone rurale au nord d'Alep. Il est âgé de dix-neuf ans, et ses premiers pas dans le nord de la Syrie se font en terre inconnue.

Il se représente l'endroit comme une « banlieue », terme qui le renvoie à son univers français, mais se prête mal à la géographie et à l'urbanisme de cette région agreste du Proche-Orient :

> *On s'est retrouvés dans un coin d'Alep, à la campagne, genre dans la banlieue d'Alep. [...] Moi, le seul groupe que je connaissais c'était al-Nosra. Comme la plupart des Français, je n'étais pas au courant des divisions et des différences dogmatiques.*

Peu au fait de la réalité locale, Djibril est d'abord frappé par l'intensité des rivalités qui règnent entre les factions rebelles, dont il peine à discerner les enjeux. À part quelques syntagmes salafistes usités dans son entourage, il ne parle pas l'arabe et ne maîtrise rien de la culture locale. Venu « aider les frères », il est surpris de rencontrer des Syriens, qu'il perçoit comme « des réfugiés ». En retour, il fait l'objet de curiosité teintée de racisme, les Noirs n'étant pas légion dans les parages et sujets aux préjugés :

> *Quand on est arrivés dans la campagne d'Alep, il y avait des réfugiés syriens* [sic]. *Les gens ont halluciné de voir des Noirs… surtout les femmes. Ils* [sic] *nous regardaient de travers parce qu'ils avaient jamais vu ça, deux Noirs…*

La présence de Djibril et de son ami est rapidement signalée au groupe militaire le plus proche, l'Armée syrienne libre. Les soldats évoluent dans une atmosphère de paranoïa, résultat d'une situation volatile sur le terrain, et se montrent incrédules devant l'incompréhension dont témoigne Djibril. Elle leur apparaît trop grotesque pour être sincère et ils craignent d'avoir affaire à des espions français ou à la solde de Bachar al-Assad. Il est inconcevable pour les rebelles que ces curieux leur fassent la guerre quelques semaines plus tard. L'arrivée régulière de salafistes français dans le nord de la Syrie leur semble suspecte, et les deux compagnons sont remis à une brigade d'al-Nosra chargée de l'accueil des étrangers :

> *On dit qu'on est là pour aider. Les soldats de l'ASL sont méfiants.* […] [*Ils*] *nous ont demandé de les suivre, ils étaient*

armés, pas menaçants, mais voilà... Ils nous ont mis dans un groupe affilié à al-Nosra.

De nombreux autres jihadistes de la deuxième vague évoquent la défiance des Syriens à leur égard. Un Lunellois qui a passé plusieurs mois en 2013 à Azaz dans le nord du pays au sein d'une organisation salafiste combattante fait part de son amertume :

> *Mon intention en premier lieu, c'était de m'opposer au régime de Bachar [...]. Mais bon, déjà, les Syriens nous ont mal reçus. Y a peut-être des gens qui disent qu'ils ont été très bien accueillis par les Syriens, mais honnêtement, c'est pas vrai ! Les Syriens étaient fermés ou froids envers nous. Ils nous suspectaient de travailler avec les services secrets et d'être là pour les espionner. C'est la première réalité qu'on voit quand on arrive en Syrie.*

Même lorsqu'ils sont d'ascendance arabe, les Français, pour la plupart issus de familles maghrébines, découvrent le gouffre mental qui les sépare des Levantins. Ce Lunellois de lignée marocaine revient sur l'impossibilité première d'établir un lien à travers le langage :

> *— Tu comprenais le dialecte syrien ?*
> *— Non, je ne comprenais pas quand ils parlaient, on se parlait avec la langue des signes.*

Le malentendu culturel et linguistique renforce l'idée chez les locaux que les Européens n'ont pas leur place dans le conflit. Alex, vingt-trois ans et originaire de Paris, se plaint de l'hostilité qu'il ressent jusque dans les rangs d'al-Nosra et dont il ne perçoit pas la cause. Symbole des tensions grandissantes au sein du groupe jihadiste, à la fin de mai 2013, ses interlocuteurs lui indiquent qu'ils préféreraient bénéficier de médicaments plutôt que d'avoir à s'occuper de lui. Alex, qui aspire à les aider, leur reproche en retour de se montrer favorables… aux Syriens :

> *Le gros problème, c'est qu'il y avait beaucoup de Syriens à Jabhat al-Nosra, ils sont restés très nationalistes. Ils disaient par exemple qu'ils voulaient pas de* mouhajirin [d'émigrés], *uniquement qu'on leur livre des médicaments.*

Un autre point de discorde est relatif à la sexualité.

« On est des hommes. On veut se marier. »

Alex désigne les mariages comme objet d'une bataille « culturelle » entre combattants indigènes et volontaires :

> *Chez al-Nosra y avait un choc des cultures !* Les mouhajirin [les étrangers qui émigrent religieusement], *ils voulaient par exemple se marier. Ils voulaient imposer leur culture. C'était pas acceptable pour les Syriens. Et du côté des jihadistes syriens, il y avait un élément de fierté : ils ne voulaient pas d'aide. C'est tout ça qui a créé des tensions au sein d'al-Nosra.*

À travers les épousailles s'exprime l'enjeu de l'accès aux femmes pour des jeunes mâles enrégimentés. Le Lunellois fait part de sa désillusion en la matière. Lui qui s'imaginait évoluer au Levant dans la peau d'un libérateur à qui tout serait accordé se retrouve maltraité par des supérieurs syriens qui le méprisent et le confinent à un environnement entièrement masculin :

> *La première chose, on est des hommes, on veut se marier quand on arrive. Et nous les Français, quand on demandait ça, on n'était pas crédibles […]. Les Syriens ne voulaient pas qu'on épouse les Syriennes. Ça, c'est humiliant, on va pas rester soumis non plus !*

La nuptialité représente une aspiration récurrente dans les motivations des candidats au jihad. La frustration que ressent ce Français qui refuse d'être « soumis » témoigne du statut de « dominant » qu'il pensait acquérir comme « immigrant » en Syrie, et dont la possession de femmes devait être un attribut. À partir de l'été 2014, la réduction en esclavage sexuel des femmes yézidies servira de palliatif partiel à ce problème.

« Sortir les Syriens du coma religieux »

Les propos d'Ousmane, vingt-trois ans et originaire du Val-de-Marne, éclairent un aspect complémentaire des tensions entre jihadistes que les Européens attisent lorsqu'ils parviennent en Syrie. À Alep, où il a passé une dizaine de jours à l'été 2013, il se souvient de la « mission civilisatrice » dont se sentaient investis les Français pour faire appliquer la charia :

> *J'ai rencontré des gens pleins de sagesse en Syrie. Je pense à une personne, lui, il expliquait aux jeunes Français qui brutalisaient un peu les gens : « Les Syriens, ça fait mille ans qu'ils sont dans le coma au niveau de l'islam [sic], tu peux pas juste arriver et les réveiller d'un coup ! Faut y aller progressivement. » Un vieux fume une cigarette, tu peux pas juste le battre [sic],*

> *faut lui apprendre pour pas qu'il recommence. Une Syrienne a un voile mal mis ? Tu dois lui expliquer comment le mettre, pas la maltraiter* [sic]. *Tu n'es pas que la puissance armée en Syrie, il faut éduquer la population avant de la contraindre.* [...] *Parce que le but pour ces Français, c'était d'appliquer la charia.*

À l'image des pionniers, les intentions des cadres sont claires. Ils prétendent incarner une nouvelle autorité morale, celle des compagnons du Prophète et des « pieux ancêtres » (*al-salaf al-salih*). Leur venue sur la terre « bénie » justifie de contraindre les locaux restés sourds à l'islam « authentique » (ils sont dans le « coma ») et inaptes à recevoir leur message (il faut les « éduquer »). À l'été 2013, les Français n'ont pas la capacité d'exercer une emprise durable, Daech ne disposant pas encore d'une entité territoriale propre, ce que souligne Djibril :

> *À l'époque, tu n'avais pas plus de charia dans les rues d'Alep que de Paris, Dawla* [Daech] *était hyper minoritaire, il n'avait pas d'autorité.*

Un an plus tard, le « califat » leur donnera les moyens de leur ambition législatrice, à travers l'administration quotidienne des châtiments physiques – sanctions islamiques ou *hodoud* – à l'encontre des récalcitrants.

Entre le printemps et l'été 2013, les dynamiques contradictoires s'amplifient de façon paroxystique. L'arrivée de nouveaux volontaires facilite le projet d'État islamique que les dirigeants d'al-Nosra cherchent encore à contenir. Fin mai, la composante étrangère représente le tiers des combattants de ce groupe, le point de rupture s'approche.

Le 23 mai, Ayman al-Zawahiri, émir d'al-Qaida, rend son arbitrage religieux (*fatwa*) en défaveur de Daech :

> [Al-Baghdadi] *a eu tort d'annoncer la création de l'État islamique en Irak et au Levant* [al-Châm] *sans demander la permission ni recevoir de conseil de notre part et sans même nous en avertir.*

Il invalide les prétentions de l'EI en Syrie et invite son chef à rappeler ses hommes en Irak.

Ce dernier refuse, dénonce un « jugement vicié » et promet de faire « couler le sang des musulmans ». Censée résoudre la crise qui ronge le jihad global depuis la décennie 2010, la fatwa de Zawahiri débouche sur « la plus grande rupture dans les rangs de celui-ci » selon l'islamologue et arabisant américain Will McCants. Les milliers de soldats d'Allah présents dans le Nord syrien doivent choisir leur camp et se préparer à des luttes fratricides.

DE L'UTOPIE AU CAUCHEMAR

La proclamation de Daech en Syrie en 2013 se déroule par étapes.

Immédiatement après la scission, le groupe manque de tout et se montre soucieux de s'assurer la loyauté des membres qui basculent de son côté. Ultérieurement, l'organisation, stabilisée, engage le combat contre les mouvements rebelles pour préparer l'avènement de son « État ».

Les propos de Djibril, d'Ousmane et d'Alex qui ont en commun d'avoir vécu cette crise depuis son épicentre, la région d'Alep, rendent compte de cette période dense.

Prémices de l'État islamique

À l'issue de l'arbitrage de Zawahiri, les dirigeants du Front al-Nosra décident de conserver leurs armes et de transférer la plupart des combattants étrangers vers Daech. Les Européens à l'instar de Djibril font partie des premiers « débarqués », ce qui souligne le rejet dont ils font l'objet :

> *Après le communiqué d'al-Zawahiri, 90 % des* mouhajir [sic, des « émigrés » ; il devrait dire des « mouhajirin », au pluriel] *passent du côté de Dawla* [Daech]. *Chez al-Nosra, il reste surtout des Syriens.*

Tous les volontaires arrivant après cette date seront conduits directement chez Daech.

Alex, barbe fournie et cheveux longs pris dans un serre-tête, revient sur son parcours levantin, depuis la maison d'arrêt de Fleury-Mérogis où il a été incarcéré après son retour.

Sa plongée dans la réalité du Nord syrien à l'été 2013 lui a fait l'effet d'une douche froide :

> *Je suis arrivé sur place au moment de l'arbitrage de Zawahiri entre al-Nosra et l'État islamique* [fin mai 2013]. *C'était la merde... J'ai rien compris à ce qui s'est passé. J'arrive, c'est hyper tendu, tout le monde se regarde dans le blanc des yeux, on me dit :* « *Ça peut péter à n'importe quel moment, tu peux pas aller ici ou là !* »

Pourtant, quelques semaines plus tôt, le Proche-Orient s'imposait encore à lui comme un Far West jihadiste, antithèse de l'Occident détesté. Ses motivations étaient typiques des Européens qui s'imaginaient résoudre les contradictions auxquelles leur croyance les avait conduits dans le Vieux Continent. Converti à l'islam à dix-huit ans au contact d'amis d'enfance, il a grandi entre Paris et sa banlieue sud, au gré de placements dans des familles d'accueil de la Direction départementale des Affaires sanitaires et sociales (DDASS). Son discours rappelle par plusieurs aspects celui de Kévin, le Niçois empêché de se rendre au Châm en 2015. Comme ce dernier, la voie de plus en plus rigoriste que suit Alex le met d'abord en porte-à-faux avec ses collègues de travail. Dans l'administration où il signe son premier contrat à durée indéterminée (CDI) à vingt et un ans, les normes salafistes qu'il observe contreviennent aux interactions les plus banales et produisent un rejet, dont il s'estime la victime :

> *Moi, je fais pas la bise, ils la font tous au boulot, donc déjà ça jase... Après, tout le monde va au resto le midi, là je dis que je mange halal, et ça devient : « Moi, j'ai un ami musulman qui mange pas halal, et c'est un "bon musulman". » [...] Ensuite, ils font 4-5 pauses clopes par jour... déjà que je trouve qu'on bosse pas beaucoup... Bref, [...] je descendais dans une pièce pour faire ma prière, ma boss l'a découvert. La confiance a été rompue petit à petit. Il y avait des réunions, on ne me prévenait plus.*

La Syrie surgit dans son esprit au détour d'une discussion avec un camarade qui s'avère un « pionnier » impliqué dans le jihad en Irak depuis plusieurs années. Il lui présente le Levant comme le lieu de résolution de ses paradoxes existentiels :

> *Je suis diplômé, je travaille, j'ai une approche plutôt favorable des gens, j'ai pas une gueule bizarre avec une balafre et je m'appelle Alex. Donc quoi ? Il faut aller voir ailleurs ? Y a un ami d'enfance qui me dit :* « Khouyya [littéralement : « Frère » en arabe maghrébin], *ici, ils aiment pas ta gueule,* [...] *en Syrie, tu peux apporter ta pierre à l'édifice, on a besoin de toi.* »

Alex se décide à démissionner et exerce pendant un mois le métier de livreur de pizzas, le temps d'amasser un pécule suffisant pour financer le voyage. En mai 2013, il s'envole pour le Châm, via la Turquie. Il foule le sol syrien pour la première fois et prend alors conscience qu'il s'y déroule une guerre civile d'une extrême violence :

> *J'arrive en Syrie qu'on me présente comme un eldorado, la solution à mes problèmes en France... et là, c'est méga-fratricide ! J'ai des problèmes avec les gens sur place, je me casse, et en France on me dit que je suis un terroriste. Voilà, mes trois dernières années !*

En Syrie, Alex passe en effet de Charybde en Scylla. L'image fantasmée construite depuis la banlieue parisienne se transforme en une dystopie :

> *Je fais une semaine à Atma* [bourg du nord de la Syrie]. *J'ai pas d'électricité... c'est la galère.* [...] *C'était juste du grand n'importe quoi. Ils* [Daech] *voulaient établir une structure, mais y avait même pas l'indispensable ! Y avait pas d'armes à cause de la scission, y avait des vieux, des bébés, des Albanais* [sic] *et pas d'approvisionnement. Mon contact sur place ne savait même pas où j'étais !*

Il refuse de prendre part aux activités militaires, ce qui amène les émirs à lui confier des responsabilités subalternes. Au milieu de l'été, il devient logisticien pour Daech et occupe, peu ou prou, sa fonction d'autrefois : chauffeur-livreur. À défaut de pizzas, il dépose du matériel pour les combattants sur le front, tâche pour laquelle il n'est guère payé. Il épuise vite ses modestes économies grâce auxquelles il souhaitait que son épouse le rejoigne :

> *Je dis au mec* [l'émir] *: « J'ai fait un truc pourri pendant un mois, du coup je fais quoi maintenant ? » Et là, le mec essaye de m'endormir... Je devais prendre un poids lourd et distribuer des matelas et des vêtements pour des katiba. Moi je cherchais un rôle régulier, et même là-dedans, j'étais pas utile.*

Il souhaite désespérément trouver sa place dans le désordre ambiant et se voit incité à faire acte d'allégeance (*bay'a*), serment auquel il se plie sans en saisir l'enjeu :

> *On m'a amené vers un mec* [sic, un émir de Daech]. *Il était dans une voiture. Il me parle en arabe, on me traduit, je fais l'allégeance, et je lui serre la main, et voilà...*

À l'issue de quoi, l'engrenage de Daech s'enclenche autour de lui, il est pris dans l'étau du jihad :

> *Les frères [...] voulaient absolument que je combatte et avaient du ressentiment contre moi. Ils me disaient des trucs comme : « Tu crois que c'est le Club Med' ici ? » Ils ne me voyaient pas comme l'un des leurs.*

À la suite d'une blessure légère, Alex se retrouve au dispensaire. Il saisit la première occasion pour s'enfuir :

> *Le premier jour de Ramadan* [11 juillet 2013] *à l'hôpital, j'ai rencontré un Tunisien francophone qui avait lui aussi des problèmes avec l'EI. Il m'a amené jusqu'à la frontière, je suis parti comme un voleur, j'ai même pas dit « au revoir »* [sic].

Après un périple de retour plus difficile qu'à l'aller, Alex regagne Paris, en juillet 2013.

Comme lui, Djibril est rentré en France après plusieurs mois en Syrie, mais son expérience sous l'EI a été autre. Contrairement à Alex, le jeune Occitan fasciné par Mohamed Merah ne voit aucun empêchement à « jouer le jeu » que l'organisation et les « frères » attendent de lui :

> *Après la scission, on a été amenés chez Dawla* [Daech]. [...] [les agents de l'EI] *nous ont posé plein de questions. On leur a dit qu'on veut pas combattre, qu'on est pas entraînés, mais ils nous ont répondu : « Vous avez pas trop le choix »... Donc on a joué le jeu. On a fait comprendre qu'on était comme tout le monde.*

L'EI le mobilise pour inciter ses « frères » français et africains à venir le rejoindre. Arrivé deux mois plus tôt en Syrie sans disposer du moindre repère, Djibril n'avait connu qu'un régime de surveillance rapprochée au sein des trois organisations qu'il a traversées (ASL, al-Nosra, Daech). Pour autant, il vante désormais les mérites de l'émigration au « Châm » depuis les cybercafés d'Alep. Il échange avec des relais de la cause en Europe et est à ce titre contacté par le Sénégalais de Nice Omar Omsen, très actif sur la Toile, alors l'un des plus grands recruteurs jihadistes en France. Un an avant la proclamation du « califat », Daech prépare, grâce à ses cybervolontaires comme Djibril, les départs massifs de 2014 pour garnir les rangs du groupe. En récompense, celui-ci est autorisé à épouser une Française d'origine algérienne présente sur place. Mais, à la fin de l'été, le climat de tension s'intensifie : « J'ai vu des choses horribles, tu as les explosions. Tu es choqué. » Lorsque la situation dégénère à Alep dans les derniers jours d'août 2013, il rentre en France avec sa nouvelle femme, via la Turquie, dans des circonstances troubles.

Le séjour d'Ousmane a été plus bref. Ce jeune homme de vingt-trois ans est né dans la banlieue sud de Paris, issu d'une famille mixte : son père est polygame musulman, sa mère catholique, tous deux originaires du même pays d'Afrique de l'Ouest. Il déclare s'être rendu en Syrie pour prendre « sa part du jihad » durant quelques semaines, à la manière de certains Turcs limitrophes qui gagnaient les fronts syriens le week-end avant de retrouver leur activité professionnelle. À Alep, où il arrive début juin 2013, il rejoint des pionniers du Val-de-Marne qui viennent de basculer chez l'EI. Parvenu à destination, ce cadre averti de la mouvance fait face à l'imprévu :

> *On était d'accord avec mes frères en Syrie* [ses amis d'enfance], *je venais pour aider* [combattre] *et pour repartir. Mais quand je suis arrivé à Alep, ils ont voulu me forcer à faire allégeance. [...] Genre l'émir est venu, il m'a dit :* « Prêter allégeance est une obligation religieuse. » *Après, mes potes m'ont*

douché [passé un savon] : « *Faut que tu prêtes allégeance, ils vont te prendre pour un espion !* » *Et moi, j'étais là* : « *Mais comment ça ? C'est vous qui m'avez fait venir ! On est du même quartier !* »

Contrairement à Alex, Ousmane comprend la signification de cet acte, par lequel le croyant se soumet à la volonté des émirs et à leur emprise sur l'individu.

En dépit des assurances de son entourage, Ousmane refuse de se soumettre à l'autorité d'un chef inconnu :

> *Je suis rentré* [en France] *parce que les conditions n'étaient pas respectées ! L'allégeance, j'ai compris : tu leur donnes le doigt et eux, ils te prennent le bras. Et si tu refuses ? Ils te disent :* « *OK, pas de problème, va là-bas* », *et tu te retrouves dans une embuscade... Après t'as plus le choix ! C'est arrivé à Karim.*

Après dix jours, Ousmane quitte la Syrie à la faveur du désordre causé par la scission :

> *Je suis arrivé le dernier au sein de mon groupe d'amis et parti le premier, au final je leur ai dit :* « *OK, j'ai compris où vous voulez en venir, on reste frères.* »

Malgré son retour en France, il demeure proche de ses camarades au Châm et reste un cadre convaincu du jihad.

Les premiers « revenants »

L'atmosphère éprouvante du Nord syrien à l'été 2013 provoque le premier mouvement de retours de jihadistes en France, cependant que d'autres continuent d'affluer.

Les militants à l'image d'Alex, Djibril et Ousmane ont fait demi-tour pour des raisons différentes, mais ces défilades seront de moins en moins envisageables par la suite. Car Daech commence à asseoir son pouvoir, et sa première manifestation est d'empêcher les désertions, ce que constate Djibril : « C'était l'anarchie à l'époque, c'était pas encore cadré. »

En France, les revenants ne sont pas systématiquement arrêtés, ce qui changera à partir des attentats contre l'hebdomadaire *Charlie Hebdo* du 7 janvier 2015.

Ainsi, à son retour, Alex revient à sa routine quotidienne et évolue dans l'insouciance :

> *Pour moi, j'ai rien fait de mal. Je voulais mettre ma pierre à l'édifice [le projet d'État islamique]. J'ai pris la température et je suis rentré. Ça n'a rien à voir avec le terrorisme. Quand je suis rentré, j'ai revu ma femme, j'ai fait mon stage de rattrapage de points de permis [de conduire] [...] j'ai repris ma vie comme avant.*

Il est interpellé quatre mois après son retour, à la suite d'une ultime provocation :

> *Ça allait jusqu'en novembre 2013. [...] Un jour, j'avais un rendez-vous avec un ami et j'ai vu que deux mecs des RG me suivaient en bagnole sur le parking. Du coup je suis allé les voir,*

c'était un reubeu et un Chinois [sic] *et je leur ai dit :* « *Dites à vos supérieurs que la Syrie j'en ai rien à foutre, et que je ne suis pas là pour un attentat !* » *Une semaine après, ils m'ont pété...* [interpellé]*.*

Fin août 2013, Djibril rentre à Toulouse avec sa femme française pourvue par l'EI. Ils s'installent au cœur des quartiers du Mirail. Les policiers l'arrêtent en décembre, à la suite d'un braquage. Les perquisitions subséquentes révèlent l'étendue de son prosélytisme jihadiste, dont il se glorifie.

Après son expérience syrienne, Ousmane se rend dans l'État africain dont sa famille est originaire. Au printemps 2014, il revient en France et, par le biais de ses amis du Val-de-Marne, eux-mêmes en lien avec ses « frères » présents en Syrie, il apprend qu'une enquête le visant a été ouverte. Par un froid matin, il est appréhendé spectaculairement au bord d'une piste d'athlétisme du sud parisien :

Je suis rentré fin mars 2014 [...] *et je flippais qu'ils* [les policiers] *viennent me chercher. Je logeais chez ma sœur et je me réveillais vers 5-6 heures du matin, je m'attendais à ce qu'ils défoncent sa porte. Après quelques jours, rien. Je commence à me dire que ça va aller. Du coup, j'allais à un petit stade à côté pour courir. Et un matin, vers 9 heures, y a un mec qui court en sens inverse sur la piste d'athlétisme, je le croise à tous les tours mais je le calcule pas. À un moment, je fais une pause, je suis essoufflé, j'ai les mains sur mes genoux et mes écouteurs sur les oreilles et j'entends :* « *Go ! Go ! Go !* » *Le type que je croisais depuis un quart d'heure me saute dessus, ils sortent de partout avec des mitraillettes. Ils me tombent dessus. J'ai perdu connaissance. C'était impressionnant, ils avaient l'air d'être du RAID.*

Ousmane est suspecté par la justice d'avoir été en lien avec des partisans du groupe Boko Haram en Afrique, ce qu'il dément. Il lui est reproché sa proximité avec l'un de ses « frères » auxquels il faisait référence : Salim Benghalem, célèbre pionnier du Val-de-Marne, l'un des pires tortionnaires français de l'EI, qui figurerait sur la fameuse « kill list » de la CIA :

> *Les auditions portaient surtout sur Salim* [Benghalem], *c'est lui qui les intéressait. Y avait même un mec du Département d'État américain qui posait des questions sur lui.*

Le parcours de ces premiers revenants éclaire l'évolution des dynamiques jihadistes françaises, en partie déconnectées de la situation syrienne.

Ceux qui voyaient dans le Levant le remède à leurs problèmes, à l'instar d'Alex, reconnaissent s'y être perdus. Ce dernier n'a pu trouver sa place dans la « Terre promise » et tient l'organisation pour responsable de son retour, de même qu'il blâmait « la France ultra-laïque et catholique [sic] » pour son départ en Syrie. Malgré son expérience calamiteuse, il demeure convaincu du bienfait de son action. Amer envers l'EI, il conserve intact l'idéal du jihad. À Fleury-Mérogis où il est désormais incarcéré, il est considéré comme un vrai jihadiste et s'en félicite :

> *J'ai pris des risques pour me rendre là-bas, donc ici* [en prison] *je fais partie de la famille.*

Ceux qui s'en sortent le mieux, comme Djibril, adoptent sans condition la logique de Daech. Ils « jouent le jeu » en appliquant les ordres et en épousant les orientations doctrinales absolutistes. Ils incarnent la capacité de ce groupe à transformer des primo-arrivants en agents au service de sa cause. Son parcours en Syrie n'était qu'une étape. Il a suivi l'évolution des affrontements internes depuis Toulouse et en a gardé une haine vivace contre les Français d'al-Nosra qu'il intimide désormais à la prison de Fresnes où il est respecté en tant que militant.

Quant à la désillusion syrienne d'Ousmane, elle n'a pas mis à mal ses convictions qu'il assume pleinement depuis sa cellule. Alors que son discours le rapproche doctrinalement d'al-Qaida, il va continuer de prêter main-forte à ses amis de quartier restés au sein de Daech. Sa trajectoire illustre la façon dont les fidélités entre revenants « déçus » et agents de l'organisation en Syrie peuvent se maintenir et même s'approfondir au détour d'une expérience ratée.

La conquête de l'Est syrien

À l'issue du Ramadan 1434, 10 août 2013, l'EI met en place son projet d'expansion territoriale dans le Nord et l'Est syrien. Il est fondé sur un constat : les groupes rebelles et al-Nosra sont trop occupés dans les affrontements contre le régime pour se mobiliser sur un second front. La stratégie repose sur le recrutement d'un minimum d'indigènes et d'un maximum d'étrangers. Depuis le début de l'été, Daech a rassemblé la plupart des deux mille sept cents combattants internationaux décomptés dans le seul gouvernorat d'Alep. Ils sont tunisiens – pour un tiers du total –, saoudiens, turcs, marocains et égyptiens. Dans une moindre mesure, ils proviennent du Caucase, d'Europe (les Français étant les plus nombreux) et d'Asie du Sud-Est, notamment d'Indonésie.

Dans toutes les provinces du Nord, l'EI active des cellules dormantes que des jihadistes originaires du Moyen-Orient avaient installées. Elles s'apparentaient à des « bureaux de prosélytisme » (*Makatib al-dawa*), d'apparence inoffensive, tenus par des « étudiants » étrangers dans le centre des villes syriennes qui intéressaient le commandement de Daech. Le journaliste allemand Christoph Reuter en donne un aperçu dans son long reportage pour l'hebdomadaire *Der Spiegel* intitulé « Le stratège de la terreur », rappelant certains dispositifs en Europe :

> *L'expansion de l'EI a commencé de façon discrète. Les bureaux de prosélytisme qui ont ouvert dans de nombreuses agglomérations en Syrie septentrionale au printemps 2013 avaient tous l'air d'innocentes officines de prêcheurs, pas si différentes de celles de beaucoup d'ONG islamiques à travers le monde [...]. Dès que l'EI identifiait suffisamment d'« étudiants » qui pouvaient être recrutés en qualité d'espions, le groupe étendait sa présence.*

À la fin d'août 2013, l'EI entrevoit une fenêtre pour lancer sa conquête du Nord. Les États-Unis, la Grande-Bretagne et la France, après avoir annoncé une riposte contre Bachar al-Assad à la suite de l'utilisation d'armes chimiques, font marche arrière. Youssef, originaire du Val-de-Marne, y perçoit le coup d'envoi du projet califal :

> *Avant le refus d'intervention américaine, y avait déjà l'État islamique en Irak et au Levant* [Daech] *qui œuvrait pour proclamer le Califat, mais après ça, en septembre 2013, ils se sont dit : « Mais en fait, pourquoi pas le faire tout de suite ? » Et cette question est venue quand ils ont vu que les Américains*

n'intervenaient toujours pas alors qu'ils avaient dit qu'ils le feraient.

Daech part en guerre contre les rebelles syriens et les mouvances rivales, tous accusés d'« apostasie ». Les adeptes qui avaient infiltré al-Nosra à différents niveaux de commandement orchestrent des assassinats spectaculaires contre les chefs de cette organisation. Des combats éclatent dans les régions d'Alep, d'Idlib et d'Al-Bab. Les idéologues jihadistes de par le monde s'émeuvent et appellent à mettre fin à la « discorde » (*fitna*). Les étrangers sont directement pointés du doigt et à travers eux, l'EI est tenu pour responsable. Un an après avoir redonné toute sa vigueur au jihadisme, le chaos syrien l'engloutit à son tour.

Les Européens continuent pourtant d'accourir. Ceux qui ont rejoint la Syrie pour défendre les « sunnites » s'évertuent à exterminer les militants qui les avaient accueillis quelques semaines plus tôt. Abdel évoque la situation de certains cadres :

Les mecs se disaient : « Je suis venu bâcher [tuer] du chi'a [des chiites], pas des mecs avec qui je rompais le jeûne de Ramadan y a dix jours. » La fitna [discorde], ça en a dégoûté plus d'un. Moi le premier.

En sens inverse, des Français subissent la vengeance des groupes excédés par les exactions de l'EI.

Les affrontements conduisent Daech à abandonner l'ouest de la Syrie. Chassée d'Alep, l'organisation se concentre sur la conquête de l'Est où les rebelles sont moins implantés. Début janvier 2014, Raqqa, siège d'une préfecture sur l'Euphrate, est prise à l'ASL, les soldats vaincus y sont décapités publiquement. Le 10 juin, Mossoul tombe sans combat, l'armée irakienne ayant fui devant les pick-up surmontés du drapeau de Daech. Dans ce trou noir sont jetées les fondations d'un « califat » à cheval sur l'Irak et le Levant.

3

Le « califat » éphémère (2014-2016)

À l'été 2014, la Syrie est en proie à la désintégration. À l'échelle internationale, les perspectives de règlement sont paralysées par le veto russe au Conseil de sécurité de l'ONU. La crise touche à son paroxysme.

LA TROISIÈME VAGUE : LES OPPORTUNISTES

Le 29 juin, Abou Mohamed al-Adnani, porte-parole officiel de Daech, formule une prétention qui aurait semblé grotesque, n'eussent été ses conséquences planétaires. L'« État islamique », organisation jihadiste la plus radicale au monde, n'annonce rien de moins que le rétablissement du Califat universel de l'islam, quatre-vingt-dix ans après la disparition du Califat ottoman à Istanbul.

29 juin 2014 : la proclamation du « califat »

Dans sa déclaration *urbi et orbi*, al-Adnani adresse deux injonctions à la communauté des musulmans – ou *oumma*. Il exhorte les croyants à s'installer sous la protection du

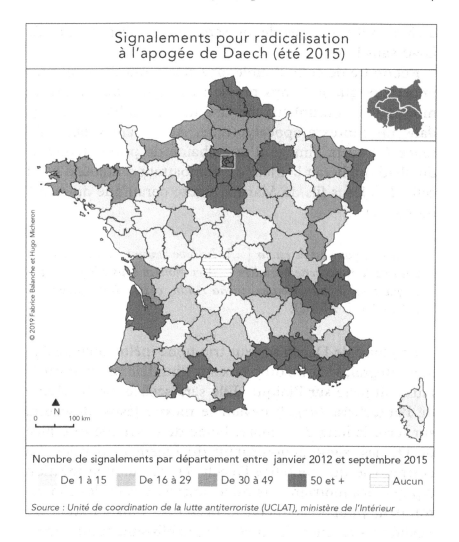

nouveau « califat », à y accomplir la hijra, l'exode. Et il les appelle à enclencher le jihad contre les « mécréants » et les « apostats » partout dans le monde. Le lendemain, la première livraison du magazine de propagande de l'EI en anglais, *Dabiq*, fournit l'exégèse de cette « promesse » divine : « Il n'y a pas de vie sans jihad et il n'y a pas de jihad sans hijra. »

Répondre de cette double exigence serait d'autant plus impérieux que le temps presse : les signes de « la fin du monde » se multiplient au Châm. Le « califat » émerge dans un contexte apocalyptique. Al-Adnani y fait référence à travers l'image d'une chaîne de porte-étendards du jihad qui lierait la main du combattant d'aujourd'hui à celle de « Jésus fils de Marie », figure coranique du *mahdi* ou messie :

> Le « *califat* » *est de retour* [...]. *Le rêve devient réalité.* [...] *à vous de hausser cette bannière* [...] *et mourez sous elle jusqu'à ce que vous la transmettiez, inchâ Allah, à Issa Ibn Maryam (Jésus fils de Marie).*

La gloire de Daech se veut triomphe inéluctable de l'islam intégral, victoire du pieux sur l'infidèle, du vrai sur le faux, du juste sur l'inique. Elle sera scellée par la défaite de l'antéchrist (*dajjal*) devant le messie Jésus, descendu sur terre le long du minaret blanc de la grande mosquée de Damas, signe annonciateur du Jugement dernier. La cosmologie que mobilise Daech repose sur une idéation typique des mouvements millénaristes. Les cycles s'interrompent pour fusionner : le présent – l'instauration du « califat » – régénère le passé – le rétablissement du dogme originel et le retour de la société « islamique » parfaite de l'ère mahométane – et déclenche la fin du monde – l'Apocalypse / l'achèvement de la prophétie.

Les époques se confondent, au même titre que le proche et le lointain, le virtuel et le réel. Le « califat » dispose d'un territoire, mais l'ennemi demeure partout, à l'intérieur et à l'extérieur de celui-ci. Le télescopage universel irrigue l'ensemble de la propagande que diffusent les pléthoriques supports en ligne. L'unité de temps et de lieu est transcendée par les technologies numériques pour donner corps au premier grand récit millénariste 2.0 de l'Histoire de l'humanité. Le flou qui en résulte produit de la « distinction » : les partisans qui s'identifient par leur allégeance au « califat » sont des « frères » et des « sœurs », les autres sont complices de l'ordre impie et donc des « ennemis » apostats ou infidèles. Toute nuance est oblitérée au nom d'un *clash* qui rappelle autant le « choc des civilisations » du politologue américain Samuel Huntington que les joutes adolescentes sur les réseaux sociaux qui se parent du même lexique.

Après le 11 septembre 2001 qui avait annoncé l'avènement du « jihad global », puis les attentats de Mohamed Merah en mars 2012 qui en signalaient l'affirmation en Europe, la création du « califat » de Daech entérine le troisième et ultime bouleversement majeur, comme le confirme Ousmane :

> *C'est après la proclamation du « califat »* [été 2014] *que les gens sont allés en masse vers la Syrie. Parce que tu as un territoire qui est tenu par des frères, dans la tête des gens, ça signifie le nombre !* […] *Les gens se disent :* « *C'est le début du Califat ! C'est la fin des temps !* », *et de fil en aiguille…*

Le jihad s'incarne en une entité spatiale, annonciatrice d'un ordre cosmique et planétaire nouveau.

Le jihad pour tous

Jusqu'à la déclaration d'al-Adnani, le socle le plus solide du recrutement jihadiste reposait sur la sélection rigoureuse des membres. Les organisations qui s'en réclamaient, à l'image d'al-Qaida, avaient établi un système de filtrage des volontaires en amont, dit des « recommandations » (*tazkiya*). La cooptation produisait une forte cohésion interne qui explique les succès d'al-Qaida, mais aussi ses échecs. Youssef, vingt-sept ans, s'en souvient :

> *Quand on se mariait avec une « sœur » qui partageait nos idées, il suffisait qu'il y ait un mec des RG* [renseignements généraux] *au mariage et il avait les photos de toutes les têtes du jihadisme.*

En s'instituant comme un « califat » vers lequel obligation est faite d'émigrer, Daech prend *de facto* le contrepied du système des recommandations et change de paradigme. L'organisation fait le pari des grands nombres et ouvre les portes à un public que le recrutement sélectif d'al-Qaida avait pour objectif de laisser de côté : les femmes, les enfants et les personnes âgées, mais aussi les convertis récents, les opportunistes et les instables.

L'accessibilité du territoire de l'EI lui permet de présenter son utopie rétrograde dans les termes mêmes de la postmodernité. Le détournement sur les réseaux sociaux d'un slogan bien connu de la chaîne de restauration rapide McDonald's, symbole de l'impérialisme capitaliste américain, par un militant emprisonné en fournit un exemple : « Venez comme vous êtes ! »

Mais l'horizontalité apparente du modèle de l'EI n'a nullement supprimé le besoin de sélection inhérent aux activités combattantes d'une organisation qui entend soumettre le monde entier. Ce filtrage aura bien lieu, mais sur le territoire « califal ». Al-Qaida identifiait les candidats en amont, Daech procède au tri et au « calibrage » en son sein grâce à un procédé imparable : le pouvoir total sur l'individu.

Les « nouveaux venus »

L'annonce du « califat » par al-Adnani, diffusée sur Twitter, démultiplie les dynamiques de départs. À l'été 2014, sept cents Français étaient décomptés au Levant. Un an plus tard, ils sont mille cinq cents au sein de Daech. Telle est l'ampleur de la troisième vague, aboutissement des précédentes par progression géométrique. Certains pionniers restés « à l'arrière » dans les premiers temps du travail de structuration considèrent que leur mission y est accomplie. Ils rejoignent à leur tour ce qu'ils nomment désormais par ellipse l'« État » (*Dawla*, i.e. : Daech), à l'instar de Fabien Clain qui retrouve ses proches sur place – une trentaine de membres de sa famille vivent sous l'autorité de l'EI.

D'autre part, des cadres qui n'avaient pas osé sauter le pas, à l'instar de Mohamed, originaire d'Orléans, se décident également à « émigrer » :

> *En 2013, y avait beaucoup de fitna* [de discorde] *entre al-Nosra et Dawla, j'étais mal, je voulais pas participer à ça. [...] Mais la proclamation du Califat, ça a été difficile d'y résister.*

Enfin, la diversification des profils observée en 2013 s'exacerbe. La morphologie du jihadisme évolue, les rangs sont de plus en plus féminisés (un quart de l'ensemble), significativement plus jeunes (dix-huit-vingt-cinq ans) et marqués par une proportion élevée de convertis (20 %).

Comme pour les contingents antérieurs, la quasi-totalité des individus quittant la France après l'été 2014 a rejoint des proches, soulignant le lien généalogique entre les différentes phases.

Jihadistes « Facebook »,
prototypes de l'Homme nouveau

Nombre des volontaires qui s'engagent après cette date sont moins expérimentés dans le jihadisme que leurs prédécesseurs. Abdel, le geek, souligne ce point :

> *La proclamation de l'EI, c'est hors norme parce que pour la première fois, des gens qui n'ont rien à voir avec le jihad en ont entendu parler. On voit des gens qui sont à peine convertis et qui partent.*

La couverture médiatique peu flatteuse dont font l'objet ces nouveaux venus, présentés comme victimes, « paumés », voire « bras cassés », ignore la réalité du phénomène.

Ils forment en effet une catégorie propre, que les militants eux-mêmes distinguent comme telle, souvent avec dédain. Ils sont ainsi qualifiés par leurs aînés de jihadistes « Facebook » ou « vidéo », pointant la superficialité de leur conviction qui serait tributaire d'un réseau social. Ousmane en fournit un condensé :

> *Y en a, ils croivent* [sic] *que le jihad c'est un peu « on va se faire un Call of Duty* [Jeu vidéo de guerre écoulé à plus de 250 millions d'exemplaires] *dans la réalité »* [...]. *Y a beaucoup de rigolos parmi ceux qui sont partis après le Califat.*

L'extravagance de ces nouveaux venus trivialise la cause, ce dont les nostalgiques de l'ordre clos d'al-Qaida tiennent Daech pour responsable. Cela déprécierait selon eux l'image du combat sacré auprès des médias internationaux qui font leurs choux gras de ces « rigolos » : « Aujourd'hui, c'est la foire, c'est le tourisme du jihad ! » poursuit ainsi Ousmane.

Pourtant, le surgissement des novices sur les fronts levantins constitue l'aboutissement logique de la dynamique jihadiste. Ils sont les fruits du basculement des machines de prédication en France vers la Syrie et l'Irak et couronnent le travail des pionniers de part et d'autre du Levant. Abdel, le geek, témoigne en ce sens :

> *Y a la génération « vidéo », les jihadistes de 2014-2015. Elle ne s'est pas faite dans les caves, ni dans les livres, ni dans les microcosmes du jihadisme, elle s'est faite sur le qui-vive.*

Selon lui, ces débutants suivaient les mêmes logiques d'initiation et d'endoctrinement collectif qui avaient conduit leurs aînés en Égypte ou au Yémen durant la décennie 2000 :

> *On voit les quinze-seize ans entrer en Syrie. Ils connaissent pas grand-chose mais ils pensent qu'ils vont apprendre leur religion directement sur place.*

Pour Mamadou, incarcéré depuis 2012, ces néophytes font montre d'immaturité, mais ils ont saisi les « valeurs » fondamentales :

> *Ces jeunes ont compris le sens général de la* aqida [du credo salafo-jihadiste]. *Ils sont peut-être attirés par le Califat, peut-être par le combat contre les kouffar* [mécréants]. *Les valeurs du jihad, ils ont compris au moins ça.*

En cela, ces nouveaux venus ne se différencieraient guère de Sabri Essid et Fabien Clain à la fin des années 1990, désireux d'apprendre les fondements du dogme en Orient pour pouvoir se livrer à leurs premiers prêches au Mirail et se mettre au service de la cause. La prépondérance de tels profils au sein de la troisième vague révèle l'ampleur de la progression de cette idéologie dans certains territoires en France, ce qui les rend si perméables à l'appel d'al-Adnani.

Ce à quoi Mamadou se résout en prison – reprendre en main l'« éducation » de jeunes zélés –, Daech l'a intégré au cœur de sa stratégie de ressources humaines. Prototypes d'une potentielle massification du jihadisme, ces apprentis ébauchent les « hommes nouveaux » qu'entend faire advenir l'EI sur le champ de bataille. Ils vont fournir, aux côtés d'une partie des membres de la deuxième vague, le carburant à l'expansion territoriale du « califat ».

L'INSTAURATION DE L'ÉTAT ISLAMIQUE : LA COLONISATION JIHADISTE (2014)

La brève période entre les étés 2014 et 2015 est cardinale pour l'État islamique. En juin 2014, la conquête sans coup férir de Mossoul par Daech initie un *Blitzkrieg* en Irak et en Syrie qui conduit l'organisation à son apogée territorial et militaire.

En août 2014, les jihadistes s'emparent des monts Sinjar, peuplés en majorité de Yézidis. Ces adeptes d'une croyance syncrétique ancienne sont accusés de « polythéisme ». Des dizaines de milliers d'entre eux sont massacrés, en application du verset 5 de la sourate coranique *At-Tawbah* (le Repentir), dit « verset de l'épée » :

> *Quand les mois sacrés ont passé, tuez les* mushrikîn [ceux qui associent d'autres divinités à Dieu] *où que vous les trouviez, faites-les prisonniers, et montez des embuscades contre eux.*

Leurs corps sont entassés dans d'immenses charniers. Les rescapés qui ont fui dans des voitures surchargées à la faveur d'une tempête de sable et que nous avons pu rencontrer à la fin de 2014 au Kurdistan irakien évoquent des atrocités d'une rare barbarie. La revue *Dabiq* (n° 4, pp. 14-17), qui consacre un article à justifier le traitement infligé aux Yézidis, précise en outre que « leurs femmes et enfants ont été réduits en servitude après capture, puis divisés selon la charia parmi les combattants de l'État islamique [...] », conformément aux versets 4/5 de la sourate *Al-Muminoun* (les Croyants) :

> *Oui, ils sont gagnants les croyants qui [...] réservent leur sexe à leurs épouses et aux esclaves que leur dextre possède, car là assurément ils sont hors de blâme.*

De manière plus prosaïque, cet « approvisionnement en femmes » – comme le qualifie Rédoine depuis sa cellule de Fresnes – faisait également fonction de régulateur dans l'économie genrée du « califat », où, comme on a vu plus haut, les étrangers se plaignaient amèrement de ne pas avoir accès aux Syriennes. En outre, les monts Sinjar étaient considérés comme prioritaires, car les routes les traversant permettaient à l'EI de relier la Syrie et l'Irak.

Après sa conquête, les troupes poursuivent leur élan : à la fin d'août 2014, la capitale du Kurdistan irakien autonome, Erbil, est sauvée *in extremis* par les frappes de l'US Air Force. Daech a entre-temps pillé la banque centrale de Mossoul et exploite désormais une partie des réserves pétrolifères de l'Est syrien, devenant l'entité terroriste la mieux financée au monde. En parallèle, celle-ci étanchéifie les territoires soumis et met en œuvre un contrôle absolu sur ses habitants. Le groupe prend le contrepied de l'utopie califale qu'il prétend incarner.

Le « califat » est ordonné comme une prison

Entre 2014 et 2015, l'EI se dote d'une « administration » dont l'objectif premier est d'acheminer les volontaires de la troisième vague. Ils font l'objet d'une prise en charge semi-professionnelle depuis l'Europe jusqu'aux fronts irako-syriens.

Le niveau d'organisation des voyages des jihadistes de la troisième vague et leur accueil sur place contrastent fortement avec le « chaos » et l'« anarchie » que relataient ceux de 2013. Entre ces deux périodes, l'EI a employé des interlocuteurs relais sur Internet servant d'aiguilleurs du ciel « virtuels » aux convois de volontaires. Présents sur les réseaux sociaux sous pseudonyme et facilement accessibles aux internautes du monde entier, ces jihadistes, mi-fonctionnaires de l'EI, mi-employés de centrales d'appel, jouent depuis la Syrie le rôle de « conseillers en hijra ». Ils procurent les éléments de langage de la propagande « califale », et aident à contourner les obstacles que les autorités européennes cherchent à dresser pour éviter que l'entité territoriale, désormais considérée comme un petit Afghanistan aux portes de l'Europe, ne s'étende.

Parmi eux, AbaMouslim, pseudonyme d'un jeune converti de vingt et un ans, originaire de Wattrelos (Nord) qui a rejoint l'EI à l'été 2014. Entre cette date et 2015, il administre une page sur ask.fm, plate-forme Internet au principe simple : des inconnus posent des questions visibles de tous sur le mur virtuel d'un compte donné, à charge pour son propriétaire d'y répondre ou d'ignorer le message.

Nombreux, utilisant un vocabulaire aisément intelligible, les agents de Daech comme AbaMouslim ont su surpasser al-Qaida quantitativement et désarçonner les contradicteurs avec des slogans simples qu'évoque Abdel :

> *Y a pas de secret, hein… C'est juste une question d'effectifs sur le Net. Les argumentaires d'al-Qaida sont trop longs et trop complexes pour les réseaux sociaux. Ils sont là, à faire de longs posts que personne ne lisait. En face, le mec arrive avec deux phrases pro-Daech et c'est réglé.*

Aperçu de la page ask.fm d'AbaMouslim,
agent-conseiller de la hijra au sein de Daech
2 octobre 2015

enfaite t'aide pour la Hijra via facebook c sa ? mais c'est sécurisé ?

over 1 year ago

Je facilite les frères et soeurs qui ne savent pas comment s'y prendre, répondre aux questions... De nombreux frères et soeurs pas de soucis suffit d'être discret un minimum et pas écrire en majuscule en public

Source : capture d'écran réalisée le 2 octobre 2015 https://ask.fm/Musulman001

Outre la quantité de militants en ligne, il est probable qu'une partie de la propagande était imputable à des robots (ou « bots ») programmés pour inonder la Toile de messages pré-calibrés, permettant ainsi une communication virale de l'EI.

Abdel en explique le mode opératoire :

> *En 2014, il n'y avait plus que des contenus pro-EI. Daech sur le Web et les réseaux sociaux, c'est super organisé. Les mecs sur place qui tweetent à mort, ils avaient leur fan-base en France qui relayait à mort, tous les mecs qui veulent partir ou qui recrutent. Lorsqu'il y a quelqu'un qui critique l'EI, l'argument fatal sur Internet c'était : « Viens ici, tu verras comment c'est vraiment. » Qu'est-ce que tu peux répondre à ça ?*

À l'été, l'EI contrôle la quasi-totalité des routes balisées préalablement par les pionniers. Via Internet, les « conseillers de la hijra » entrent directement en contact avec les sympathisants identifiés en amont de leur départ. Ces canaux permettent également aux jihadistes en Syrie de « fixer » certains volontaires sur le territoire européen et de les charger de coordonner des actions terroristes sur place. Car dans les faits, les aiguilleurs ne racolent pas autant qu'ils guident, informent et conseillent ceux qui en formulent la demande. Rédoine a occupé ces fonctions à Raqqa et évoque les sollicitations dont il faisait l'objet :

> *Quand tu es là-bas, tu es tout le temps ajouté sur Facebook par des gens en France qui cherchent à venir, ça n'existe pas les recruteurs.*

Ce schéma permet d'expliquer la corrélation entre le nombre de ressortissants engagés en Syrie et celui des tentatives d'attentats contre les pays d'origine. À partir de 2014, la France, l'Allemagne, la Grande-Bretagne et la Belgique qui concentrent près de 80 % des départs de toute l'UE sont ainsi les États les plus concernés par le terrorisme.

L'administration de la mort

Une fois parvenus aux portes du « califat », les Européens sont placés dans des centres de primo-arrivants. Ils y sont fichés, triés et envoyés vers les camps d'entraînement dans les différentes *wilayat* [provinces].

Rédoine, qui est né et a grandi dans une famille marocaine du Loiret, est typique des nouveaux venus. Il est à peine majeur lorsqu'il se rend en Syrie, et non arabophone malgré ses origines maghrébines. Il n'avait guère fréquenté les milieux jihadistes avant 2014 bien que son frère aîné, parti en 2013 et représentatif de la deuxième vague, l'eût toujours exposé à un discours pétri de morale salafiste. Rédoine, demeuré dix mois au sein de l'EI, parvient dans le Nord syrien une semaine avant la proclamation du « califat », à la fin juin 2014. Il décrit le traitement des « immigrants » par les agents de l'EI qui n'a plus rien à voir avec l'« anarchie » de 2013 :

> *Je passe quelques jours dans un premier* maaqar [quartier de primo-arrivants] *à Suluk* [village contrôlé par l'organisation]. *Il fait très chaud. Les gars de la Dawla* [« l'État », Daech] *nous prennent toutes nos affaires, nos cartes d'identité et nous demandent des informations : ce qu'on fait dans la vie, pourquoi on est venus, ils font des fiches individuelles pour chacun de nous. Ils nous demandent de noter un seul numéro d'un membre de notre famille à prévenir en cas de mort. Nos téléphones et nos affaires nous sont ensuite rendus.*

Le document ci-dessous, édité par la Direction générale des frontières de l'État islamique intitulé « Déclaration des jihadistes », appartient au registre confidentiel que les agents de sécurité de Daech remplissaient pour chaque nouvel entrant. Enregistrée à l'été 2013, cette fiche concerne Thomas, enfant adopté d'origine asiatique âgé de vingt-deux ans, issu de la deuxième vague et ancien combattant d'al-Nosra passé chez Daech. Rédoine et lui se rencontreront à Raqqa et deviendront proches.

Fiche d'enregistrement des étrangers établie
à leur arrivée au sein de l'État islamique
par la « Direction générale des frontières »

1	الإسم واللقب	
2	الكنية	أبو •
3	إسم الأم	
4	فصيلة الدم	
5	تاريخ الولادة و الجنسية	198•م – كر
6	الحالة الإجتماعية	أعزب (*) متزوج ( ) عدد الأطفال ( )
7	العنوان و مكان الإقامة	فرنسا – باريس
8	التحصيل الدراسي	
9	المستوى الشرعي	طالب علم ( ) متوسط ( ) بسيط ( )
10	ماهي مهنتك قبل المجيء ؟	
11	البلدان التي سافرت إليها وكم لبثت بها؟	
12	المنفذ الذي دخلت منه ؟ والواسطة ؟	جرابلس – أبو مـ
13	هل لديك تزكية ومن من ؟	أبو عبدا
14	تاريخ الدخول ؟	1435/9/23هـ
15	هل سبق لك الجهاد ؟ وأين ؟	نعم – الشام
16	مقاتل أم إستشهادي أم إنغماسي ؟	مقاتل
17	الإختصاص ؟	مقاتل ( ) شرعي ( ) أمني ( ) إداري ( )
18	مكان العمل الحالي	
19	الأصناف التي تركلها ؟	هوية –
20	مستوى السمع والطاعة ؟	
21	العنوان الذي تتواصل معه ؟	
22	تاريخ القتل والمكان	
23	ملاحظات	

Traduction par nos soins de la fiche d'enregistrement des étrangers

	Au nom d'Allah le tout Miséricordieux le très Miséricordieux L'État islamique en Irak et au Levant La Direction générales des frontières Les déclarations de jihadistes	
M...	Nom, prénom	1
Abou...	Kunya [gentilé jihadiste]	2
198...	Nom de la mère	3
	Groupe sanguin	4
	Date, lieu de naissance et nationalité	5
Célibataire – Marié – nombre d'enfants	Statut marital	6
Paris – France	Adresse et lieu de résidence	7
	Accomplissement scolaire [niveau d'études]	8
Basique – intermédiaire – avancé [étudiant en science]	Niveau de charia [connaissance religieuse]	9
	Quel était ton précédent travail ?	10
	Les pays dans lesquels tu as voyagé et combien de temps y es-tu resté ?	11
Jarablus - Abou M...	Le point de passage par lequel tu es entré ? Et le contact [ton piston] ?	12
Abou Abd...	Disposes-tu d'une recommandation [*tazkiyya*] et de qui ?	13
23 *noumoz al-ithnan* 1435 [21 juillet 2014]	Date d'entrée	14
Oui – au Levant [Châm]	As-tu pris part au jihad auparavant ? où ?	15
Combattant	Combattant ou istichhadi ou inghimassi ?	16
Combattant – Religieux – sécurité – administrateur	La spécialité ?	17
	Lieu de travail actuel	18
Identité [carte d'identité]	Le document avec lequel tu voyages	19
	Niveau d'audition et d'obéissance	20
	L'adresse pour communiquer avec lui	21
	Date de mort et lieu	22
	Remarque [additionnelle]	23

L'État islamique en Irak et au Levant – Confidentiel – Agent-responsable des frontières

La nomenclature ci-dessus révèle la typologie qu'utilisent les fonctionnaires de l'EI pour trier les étrangers à leur arrivée et les « administrer ».

Ces derniers sont désignés à travers le seul vocable de *moudjahidin* (combattants du jihad). Dans le formulaire, la rubrique « émigrés » (muhajirin, ceux qui auraient accompli la hijra, l'exode vers la terre d'islam) n'existe pas. Le « califat » se pense comme une instance militaire (et non un lieu de vie), qui répartit les nouveaux venus en quatre catégories : les combattants, les religieux, les membres des services secrets et les administrateurs.

À mille lieues de l'exaltante utopie, les éléments recueillis témoignent du processus de déshumanisation au cœur de la machine jihadiste au Levant. La mention « groupe sanguin », dès la quatrième ligne (avant même la nationalité), laisse entrevoir le destin qui attend le volontaire, confirmé par la dernière case : « date de mort et lieu ». À l'image du traçage des animaux à l'abattoir, la mort au front constitue l'horizon administratif de tout nouvel émigré au sein de l'État islamique. Seules les conditions de celle-ci, en qualité de combattant, d'*inghimassi* ou d'*istichhadi*, diffèrent.

L'État islamique distingue le simple *moqatil* (combattant) de l'*istichhadi* (celui qui souhaite le martyre) et de l'*inghimassi* (celui qui est immergé dans les rangs ennemis).

L'*istichhadi* se sacrifie à bord d'un véhicule piégé lancé sur des positions retranchées de l'adversaire. L'*inghimassi* désigne un commando bardé d'explosifs. S'il ne recherche pas systématiquement la mort, il est entendu qu'à plus ou moins brève échéance il aura à actionner sa ceinture de TATP (peroxyde d'acétone). *Istichhadi* ou *inghimassi* remplissent la fonction attribuée dans les armées traditionnelles aux missiles : ce sont des bombes « intelligentes ». Les détails qu'apporte Abdel sur les « suicidaires » en dit long sur l'atrocité des méthodes de combat :

> *L'inghimassi, c'est celui qui a la ceinture explosive. Son but est d'en tuer un max. Tu pars en courant avec ta kalach' et tu te fais péter au milieu de l'ennemi pour faire un maximum de dégâts, c'est surtout pratique pour reprendre les bâtiments. Il te nettoie un nid de snipers ou un immeuble à lui tout seul. L'istichhadi, il monte dans les voitures piégées, c'est utilisé contre les postes avancés. Tu défonces les positions ennemies et tu sèmes la panique pour préparer l'attaque.*

Le piège de Daech

Après que l'étranger est entré sur le territoire de l'EI, tout est fait pour qu'il ne puisse faire demi-tour. Les agents des frontières décident de qui pénètre et de qui sort. Mais personne, sauf volonté expresse de l'administration califale, ne peut franchir à rebours le rideau de fer jihadiste.

À la fin du printemps 2014, Jocelyn, un Albigeois qui retrouve de nombreuses connaissances en Syrie, se rend compte que la porte du retour lui a claqué dans le dos :

> *On est passés sans nos femmes, car on voulait d'abord voir ce que ça donnait sur place. On arrive à Jarablus et je comprends vite que ça va être délicat... je suis à Dawla* [Dans « l'État » – Daech].

Les va-et-vient entre la Syrie et la Turquie sont désormais interdits. Seules sont permises – et étroitement surveillées – les évacuations des blessés graves, et les traversées des passeurs « professionnels » de Daech, habituellement syriens ou irakiens, et des membres assermentés des services secrets de l'organisation. Jocelyn décrit l'attraction de l'EI comme un piège qui se refermerait sur ses proies :

— Les allers-retours avec la Turquie étaient possibles en 2014 ?
— C'était un moyen au début pour attirer les gens. Quand le volume des personnes a commencé à être important sur place, il y a eu une restriction de mouvement de plus en plus forte pour qu'ils ne puissent pas repartir.

Toute velléité individuelle de sortie du « califat » est prohibée et lourdement sanctionnée comme une trahison. Le territoire de l'EI fonctionne à la manière des nasses à nuisibles dans les greniers bourguignons : une trappe fait basculer l'imprudent rongeur dans une cage dont il lui est impossible de s'évader. Il est saisi vivant et s'expose à la volonté du piégeur.

Califat « genré » et contrôle de la chair

La venue des femmes constitue l'adjuvant nécessaire à la massification du jihadisme enclenchée par Daech. Leur installation durable est indispensable, car elle prépare l'autosuffisance en combattants futurs, denrée essentielle à l'expansion du groupe.

En tant qu'épouses de jihadistes, leur présence permet de prévenir les tensions qui avaient déstabilisé al-Nosra en 2013 et d'attirer de nouveaux adeptes. Edwyn, un recruteur de Créteil de vingt-six ans, en donne un aperçu :

> *Si* [les volontaires] *partent pas avec leur femme, en avoir une qui les attend sur place* [en Syrie], *c'est presque une condition pour eux.*

En tant que génitrices, elles doivent enfanter un maximum de « lionceaux » (*achbal*), futurs soldats à élever dans l'amour du jihad et la haine du mécréant. Toutefois, l'insuffisance persistante du nombre de reproductrices a été palliée en 2014 par l'approvisionnement en esclaves sexuelles, lors de la razzia sur les Yézidis des monts Sinjar : les captives aussi doivent faire naître des combattants. De manière générale, l'arrivée des étrangères permet également de banaliser le projet jihadiste. Si des mères et leur progéniture se rendent au Levant, cela signifie qu'une certaine « normalité » prévaut, que la hijra est un horizon crédible (même si cette rubrique n'existe pas dans la fiche de police frontalière de l'EI, comme on l'a vu). Elles ont ainsi un rôle central dans la propagande que véhicule l'organisation : cela représente le point d'équilibre paradoxal du « califat ». Pour cette raison, les étrangères doivent être maintenues en vie, loin du champ de bataille. Djibril se montrait très sensible sur ce sujet :

> *J'entends souvent une bêtise à la télévision :* « *les femmes jihadistes* ». *Mais aucune ne fait le jihad en Syrie, elles font la hijra ! C'est les hommes qui le font !*

Leur présence dans les cercles combattants ferait d'elles les égales de ceux-ci, ce qui transgresse les canons du salafisme tels que les perçoit naïvement Djibril. Parmi les militantes rencontrées en détention, Jennifer, vingt et un ans, revient sur les leçons que lui assénait son ancien mari, un « revenant » condamné en Belgique :

> *Mon ex, il me parlait de cette Belge-là* [Muriel Degauque, seule Européenne à avoir commis un attentat-suicide à Bagdad le 9 novembre 2005], *il disait qu'il fallait pas faire ça, que si les femmes commençaient à faire ce genre de trucs, y aurait plus d'hommes dans le jihad.*

Dès lors, sous l'EI, la gent féminine est encore plus étroitement encadrée que les mâles. Cependant, à la différence de ces derniers, confrontés à la guerre, tout est fait pour que leurs épouses demeurent le plus longtemps possible dans l'illusion de la hijra. En premier lieu, les femmes sont confinées au sein des régions les moins troublées. On distingue en effet le front, où sont envoyées en priorité les recrues masculines, de l'arrière composé des zones « familiales », « sécurisées » ou « pacifiées » selon les propos des jihadistes rencontrés. Les Occidentales et leurs enfants sont dirigés vers celles-ci.

La doctrine salafiste, socle juridique du « califat » de Daech, offre une deuxième série d'arguments pour enfermer les femmes : elles n'ont pas d'existence légale propre et doivent disposer d'un tuteur (*mahram* – le mari, frère ou père) responsable de chaque aspect de leur vie et de la « pureté » de leur comportement. Concrètement, dès leur arrivée, elles sont convoyées vers des centres de regroupement (*maaqar*). Les épouses doivent y attendre que leur conjoint détienne une assignation et un logement avant de pouvoir le rejoindre. Les célibataires sont placées sous la surveillance d'une gouvernante (*amira*) et y restent confinées jusqu'au mariage. Rédoine nous précise ainsi :

> *Si elle est pas mariée, une femme peut pas sortir du* maaqar.

De la sorte, toute volontaire a été, est ou sera, « épouse de » jihadiste.

En ménage, la situation s'améliore modestement. Les épouses évoluent dans un confort précaire et des conditions sanitaires souvent désastreuses. Plusieurs revenants interviewés mentionnent les problèmes rencontrés par leurs compagnes, notamment durant la grossesse.

En tout état de cause, elles sont invisibles dans la communauté des « émigrés », comme en souffrait un Français de trente-cinq ans, Tarek, un revenant rencontré à la prison de Fresnes :

> *En France, je suis habitué à la présence des femmes. Là-bas, rien. Impossible même de les voir ! Même pas une !*

Les propos d'Edwyn, recruteur pour les groupes syriens originaire de Créteil, soulignent la marchandisation des femmes en vigueur sous l'EI, tentation à laquelle il ne cède pas en raison du charme jugé douteux de ses promises :

> *Il y a énormément de choses qui m'ont retenu en France... J'aime bien les filles [...] et je savais que là-bas, le changement de vie serait radical [...] Je vais pas te mentir, celles qui partent en Syrie, c'est pas les plus jolies... Les musulmans vont préférer la piété au physique, pas de problème. Moi, je me suis habitué à une certaine catégorie de nanas on va dire [sic]. Quand j'avais le projet de partir en Syrie, on m'a présenté une dizaine de femmes par Internet, et franchement elles me plaisaient pas.*

Rédoine confirme le statut de défouloir pulsionnel auquel sont réduites certaines épouses du « califat » :

> *Quand je vois comment certains frères se comportent avec leur femme, moi je voulais pas que la mienne se sente comme un morceau de viande* [sic].

De la sorte, Daech organise son pouvoir autour du contrôle de la « chair ». Selon une distribution mortifère et genrée des rôles, les hommes servent de chair à canon au front, et les femmes à la jouissance charnelle de ceux-ci.

Confinées dans des « bulles », les épouses sont moins exposées aux atrocités du champ de bataille et tendent ainsi à développer une expérience au Châm dissonante. Si les revenants choisissent de faire demi-tour pour fuir la violence du jihad, les revenantes, elles, ont davantage tendance à évoquer l'ennui et l'enfermement. Jennifer relate le désœuvrement qui envahit ses « sœurs » :

> *Là-bas, être juste des « femmes », c'est dur à vivre, les maris sont très peu présents, ils sont tout le temps au front.*

Cette frustration se traduit par la virulence chez d'autres, moins désillusionnées. Jennifer poursuit :

> *Nous, on se disait entre filles que si Abou Bakr al-Baghdadi acceptait qu'on aille au combat, y aurait beaucoup plus de femmes dans l'EI. C'est sûr.*

Malgré de multiples mécanismes de contrôle, Daech a rencontré des difficultés à décourager certaines militantes convaincues de participer à la lutte armée. Jennifer évoque les pressions que les « sœurs » formulaient en ce sens :

> *On veut pas être prises pour des connes. On veut montrer qu'on est aussi capables qu'eux* [les hommes]. *La moitié des filles de l'EI connaissent par cœur l'histoire d'Oum Amarat, Nusayba Ibn Ka'ab* [en réalité Nusayba Bint Ka'ab, l'une des premières converties à l'islam qui s'illustra lors de la bataille d'Ohoud le 23 mars 625 après J.-C.]. *Il y a un hadith où il est dit que le Prophète se tournait à gauche et Oum Amarat combattait, qu'il se tournait à droite et qu'Oum Amarat combattait. En Syrie, les femmes prennent cette* kunya [ce gentilé] *pour signifier qu'elles souhaiteraient combattre. C'est un moyen de faire pression en fait ! Moi, j'ai vu des filles qui me disaient qu'elles voulaient faire des attentats en France, c'est clair et net.*

Pierre angulaire de l'équilibre interne du « califat », la question du « genre » dans l'organisation jihadiste crée des tensions difficiles à juguler. Elles seront exacerbées par le commando féminin passant à l'action terroriste à Paris le 4 septembre 2016, comme on le verra plus loin.

À l'opposé, les volontaires masculins, sitôt fichés et

triés, reçoivent une formation militaro-religieuse de trois semaines, à l'issue de laquelle ils prennent pour la plupart la route du champ de bataille. Ils y occupent des fonctions de surveillance dans le cadre du *ribat* (ligne de front) ou participent au jihad armé. Rédoine s'en souvient :

> *À la fin du camp, ils nous ont classés par langue : les Français avec les Belges, les Anglais entre eux. À ce moment, il y a deux fronts qui s'ouvrent, un à Homs, et un à Al-Boukamal* [à la frontière avec l'Irak] *et ils proposent aux volontaires d'y aller s'ils veulent. Sinon, on est envoyés dans un autre* moaskar [camp militaire].

Ceux qui ne sont pas assignés à des responsabilités sont dirigés vers l'arrière où ils demeurent en attente d'affectations, dans un espace censé incarner une vie idéale au sein d'un ordre islamique « parfait ».

La transplantation des enclaves et des phalanstères

Dans les campagnes syriennes, les zones sécurisées vers lesquelles les fonctionnaires du « califat » dirigent les familles d'Occidentaux sont établies « hors-sol ». Seul le commandement qui supervise l'implantation des étrangers dispose d'une vue d'ensemble sur les différentes communautés placées sous son joug. Rédoine, qui a résidé à l'arrière et au front, compare son existence confinée au Châm à la cellule de sa prison :

> *C'est n'importe quoi ! Je sors d'une bulle en Syrie, vous me remettez dans une bulle* [en détention] *!*

En 2015, certaines villes sont étroitement associées à des communautés spécifiques de Français, créant des jumelages étonnants. Les Lunellois étaient ainsi concentrés à Deir ez-Zor sur l'Euphrate. Les Nîmois sont regroupés à Manbij dans le Nord et plus encore à al-Chaddadi, dans le grand Est syrien.

Raqqa, anciennement préfecture syrienne devenue capitale « administrative » du « califat », a accueilli des « émigrés » de plusieurs horizons. L'EI y regroupe les Français dans des villas ou appartements communautaires qu'ils partagent à plusieurs familles dans le quartier d'al-Thakana (la « caserne ») où Rédoine habitait :

> *Les Syriens* [de l'EI] *nous ont trouvé un appartement dans le quartier de Thakana, c'est le quartier le plus bourge* [...] *y a beaucoup d'Européens, de Français.*

Il a dessiné dans notre carnet de notes ce logement (p. 213) en rez-de-chaussée, séquestré par Daech et aménagé de façon à accueillir un maximum d'étrangers. Bien que situé dans un environnement cossu, les conditions de confort évoquent davantage un squat qu'une vie de nabab.

Les communautés de Français fonctionnent en endogamie, à l'écart des Syriens. De fait, les codes propres au monde des enclaves et phalanstères salafistes de l'Hexagone se perpétuent et s'approfondissent au Châm. Hicham explique :

> *À Lunel, tous les jeunes qui sont partis en Syrie se connaissent depuis qu'ils sont tout petits. Ça a fait un effet boule de neige : après les premiers départs, les gens se suivent...*

Croquis produit par Rédoine durant l'entretien, représentant la maison qu'il partageait avec d'autres Français à Raqqa en 2015.

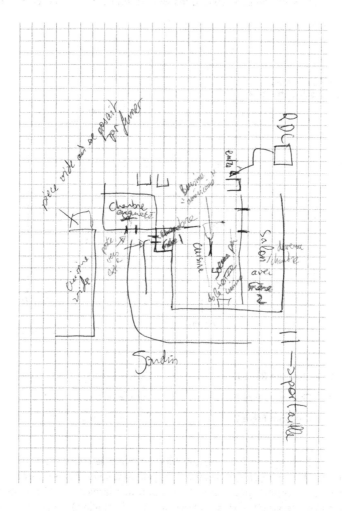

Rédoine et son épouse disposaient d'une chambre (1). Un deuxième couple résidait dans une pièce voisine (2) et le salon avait été transformé pour en accueillir un troisième (3). Lorsque les hommes partaient durant la journée, les « sœurs » devaient s'enfermer dans la cuisine (4). Rédoine précise que les W-C donnaient sur celle-ci. Si bien

« RDC »

Entrée

« Pièce vide où se posait pr fumer »

Jardin

« Portaille »

1 : « Chambre Rédoine » 4 : « Cuisine soeurs »
2 : « Chambre Frère 1 » 5 : « Cuisine vide »
3 : « Chambre Frère 2 »

qu'avant de s'y rendre il devait crier à travers le mur : « Je vais aux toilettes ! » de façon que les femmes puissent se couvrir entièrement, éviter son regard, préservant leur « pureté islamique ». Outre cette contrainte, le système des portes (triangle « Portaille ») est pensé pour empêcher tout manquement à la morale religieuse. NB : la reproduction p. 213 est celle de l'auteur, les descriptions, les abréviations et les fautes d'orthographe de Rédoine ont été restituées à l'identique.

Le « califat » éphémère

Rédoine décrit quant à lui l'atmosphère qui régnait en Syrie : « Y a complètement une ambiance de cités entre jeunes Français. » Il raconte comment, à son arrivée, son apparence a permis son identification :

> *J'étais habillé comme en France, avec l'ensemble du « Real »* [le survêtement du club de football de Madrid], *mon sac à dos Eastpak... Je suis reconnu direct par les Français à mon look « ghettos ».*

Les mécanismes forgés sur le territoire européen opèrent en Syrie où les jihadistes se félicitent de vivre *comme* en France. Jocelyn, l'Albigeois, qui a passé quatre mois à Tabqa, décrit son existence quotidienne avec un terme désignant le désœuvrement caractéristique des « cités » : la « zone ».

> *Les deux premiers mois, j'ai bien zoné à Tabqa, [...] j'avais mes habitudes, ça m'arrivait de me prendre un petit kebab* [il s'agit probablement d'un *chawarma*, un sandwich syrien dont l'équivalent turc, le *döner*, est prisé des jeunes Français].

Ces exemples, parmi de nombreux autres, témoignent d'une projection au Châm d'un *habitus* construit dans les banlieues populaires. Rédoine raconte ainsi les discrètes parties de FIFA, jeu de simulation sur console vidéo de rencontres de football mondialement connu (interdit par Daech au nom du *chirk*, ou le fait d'associer des idoles à Dieu), auquel il s'adonnait chez Thomas, le jihadiste dont nous avons analysé la fiche de renseignement (voir *supra*). Jocelyn, qui participait jadis à des trafics dans le sud de la

France, a mis en place un système de contrebande sous Daech qui a failli lui valoir une condamnation à mort.

Loin de la transcendance promise, la vie au « califat » perpétue les occupations antérieures.

La domination coloniale jihadiste au Levant

Préserver les environnements nationaux d'origine des immigrés et encourager l'endogamie a permis de coaliser des populations qui n'auraient pu évoluer ensemble au quotidien, voire communiquer. De même, les unions entre ressortissants d'une même ère culturelle et linguistique (Français et Belges, par exemple) prévenaient les tensions observées en 2013, qui se cristallisaient notamment avec les locaux autour des mariages.

Le « califat » a ainsi sédentarisé les étrangers en instaurant un ordre colonial jihadiste au Levant. La ségrégation de l'espace autour de la dichotomie entre « immigrés » et autochtones en a été la première expression. Les Français croient évoluer au sein de « leur » État et se méfient des locaux, comme l'indique Rédoine :

— *De toute façon, les Syriens là-bas, ils sont pas aimés.*
— *Où ça, là-bas ?*
— *En Syrie* [comprendre : sous le « califat »] *!*

Les inégalités de statut favorisent les étrangers au détriment des indigènes. Les premiers sont des *mouhajirin* (originellement : Mecquois convertis à l'islam ayant suivi le Prophète dans son hégire à Médine) tandis que les seconds sont divisés en deux catégories. Les Syriens qui ont prêté allégeance au « calife » et servent Daech de leur plein gré sont désignés par le terme islamique de *ansar* (Médinois s'étant convertis après l'arrivée de Mahomet dans cette ville). Les locaux ne l'ayant pas fait sont perçus défavorablement et définis par le vocable profane – donc dépréciatif – de « civil » (*madani*, plur. : *madaniyyin*). Les « émigrés » comme Rédoine s'estiment supérieurs aux premiers : ils ont parcouru de longues distances pour instituer l'« ordre islamique » :

> *Même les* ansar, *ils sont pas trop aimés. Un* ansar, *c'est pas comme celui qui a fait 4 000 km pour venir combattre, tu vois ?*

Quant aux « civils », ils représentent au mieux une masse d'ignares à éduquer au « vrai islam » et au pire des apostats ou des comploteurs contre le « califat ». Ancien vendeur dans un magasin de prêt-à-porter, Rédoine décrit les habitants de Raqqa comme des nécessiteux qui bénéficient de ses largesses :

> *Les* madaniyyin [les civils] *m'aimaient beaucoup, je leur avais distribué de l'argent et des sacs de riz au moment de la* eid [fête islamique].

Le témoignage en sens contraire d'un Syrien corrobore l'asymétrie des relations. Abou Abbas est né et a grandi à Raqqa, qu'il a fui après l'arrivée de l'EI. Dans un entretien réalisé en arabe à Tripoli, au Liban, à l'été 2015, l'homme d'une cinquantaine d'années exprimait dans un accent lourd caractéristique de l'Est syrien la piètre estime et la crainte que lui inspiraient les Européens de Daech :

> — *Quelles sont les interactions* [tafa'ul] *entre les Occidentaux présents à Raqqa et les locaux ?*

> *— Les interactions ?! Il n'y en a pas ! La compréhension mutuelle [tafahum] repose sur des mensonges ! Tout est faux ! Au fond de moi, je me moque de leurs mensonges, mais eux, ils peuvent te tuer quand ils le souhaitent... !*

En sus des vexations, les « émigrés » jouissent de nombreux avantages sur les civils avec lesquels ils ne se mêlent guère et qui évitent leur contact. Ils sont mieux payés, prioritairement approvisionnés en biens de consommation et privilégiés pour l'obtention des logements saisis. Entre deux bouffées de cigarette, Abou Abbas décrivait l'explosion du prix des denrées courantes après la conquête jihadiste de la ville :

> *Les gens n'ont plus de quoi acheter le nécessaire ! Le sachet de pain est aujourd'hui à cinquante livres syriennes, avant Daech, on l'avait à cinq livres ! Le litre de mazout est à cent soixante livres, il coûtait sept livres !*

La transposition des phalanstères et enclaves européens en Syrie reproduit la domination coloniale (inégalité de statut, sentiment de supériorité, ségrégation culturelle, etc.). Abdel, le geek, construit une analogie paradoxale :

> *Le jihad, la fin des temps, l'importance du « califat », c'est difficile à comprendre pour quelqu'un de laïque, mais dès qu'on sort de ce carcan, tout fait sens. Les jihadistes, c'est un peu comme les colons israéliens, [...] ils sont eux aussi dans une quête de retour aux sources, ils sont complètement décomplexés par rapport à ça. Dans un documentaire [de la chaîne de télévision] Arte, y en avait un, j'ai cru que c'était un jihadiste ! Il avait les cheveux longs, les yeux bleus, et une bête de beubar [une grande barbe (en verlan)] : ça aurait pu être un converti !*

En forçant la comparaison, le mode de regroupement des étrangers sous l'EI rappellerait les implantations israéliennes dans les territoires occupés en Palestine après la guerre de juin 1967. Mais, outre les divergences de visées religieuses, une différence essentielle réside dans l'identité du détenteur du pouvoir. Dans l'État hébreu, comme dans les *settlements* américains du XVIIe siècle, ou même dans les Empires français et britannique, le colon demeure, *in fine*, l'organisateur principal du mouvement d'expansion. Sous Daech, à l'inverse, les émigrés ne sont pas les réels dépositaires de l'autorité. Ils agissent sous la férule des dirigeants du « califat » qui les confinent dans un ordre totalitaire comparable au système carcéral. Les enclaves et les phalanstères construits dans les sociétés européennes démocratiques par lesquelles les salafistes français se sentent opprimés se sont transposés au sein d'un territoire fermé régi par les lois inflexibles des jihadistes. Encadrés par d'anciens membres des services secrets irakiens, ils n'ont qu'une marge de liberté restreinte. Tant qu'ils participent à la consolidation du pouvoir, ils bénéficient d'une situation de supériorité par rapport aux Syriens. S'ils refusent de se plier « au jeu » ou si leurs écarts menacent la discipline d'airain qu'imposent les émirs, ils subissent à leur tour la violence implacable qui s'abat ordinairement sur les civils (« *madaniyyin* »).

Jusqu'à l'été 2015, les Français demeurent relativement préservés des dispositifs les plus coercitifs. Ils croient évoluer dans la peau des « dominants », éradiquer l'impérialisme occidental « croisé », et rétablir les lois de l'islam. Daech les maintient dans un monde mi-réel, mi-virtuel délocalisé, inchangé des quartiers salafo-jihadistes en France aux confins du Nord syrien. Ces Européens ne doivent pas prendre conscience qu'ils ont déménagé au milieu des bombes, et que leur liberté de mouvement et leur espérance de vie se sont considérablement réduites. Comme sur Internet, l'enfermement cognitif et idéologique altère leur perception de l'univers. Cela permet à la « machine » de l'EI de continuer ses recrutements en Europe et à l'illusion de la hijra au Châm de s'y diffuser. Marie fait part d'un échange avec un membre de sa fratrie habitant en 2015 dans une zone familiale du nord de la Syrie à quelques kilomètres du front :

> *On voyait pas la guerre, on se fermait les yeux, je crois... Notre sœur à qui on parlait, qui était là-bas, nous disait qu'il y avait une bombe qui explosait de temps en temps, que ça faisait comme un « petit feu d'artifice », mais que tout allait bien, que tout était normal.*

ATTENTATS EN EUROPE ET IMPLOSION DE DAECH (2015-2016)

À l'été 2015, Daech a atteint son apothéose. Entre quinze mille et vingt-cinq mille volontaires ont rejoint son territoire. Toutefois, la défaite de Kobané face aux forces kurdes soutenues par l'aviation occidentale en janvier a donné un coup d'arrêt au mythe de la victoire perpétuelle et prive le groupe d'un point de passage majeur le long de la frontière turque. En mai, ses positions sont stabilisées en Irak par la conquête de Ramadi, et en Syrie par celle de Palmyre. Le « califat » a atteint son expansion maximale, avec une superficie égale à celle de la Grande-Bretagne – bien qu'en grande partie désertique – et il exerce son pouvoir sur huit millions d'habitants.

Ces conquêtes ont été menées au prix de pertes humaines colossales et d'une existence quotidienne entièrement consacrée à la guerre. Un peshmerga de quarante ans, combattant face à l'EI à Kirkouk et rencontré au Kurdistan irakien en décembre 2014, nous avait confié : « Daech est la seule armée au monde qui ne cherche pas à préserver la vie de ses soldats. » Ces méthodes qui avaient fait au départ la force du « califat » vont progressivement fragiliser l'édifice.

L'étau du jihad : marche ou crève

Les pionniers, acteurs clés des connexions entre l'Europe et le Moyen-Orient, ont souvent accédé aux postes à responsabilité dans les services secrets (*amniyyin*). Cette place privilégiée dans l'organisation leur a valu la vie sauve. Il en va différemment pour les cadres et les néophytes des deuxième et troisième vagues, comme le décrit Abdel :

> *La majorité sont arrivés en Syrie et ils sont partis ouvrir le front en Irak en 2014. Ils ont combattu sans arrêt…*

La guerre, tel un tamis, filtre les recrues. Les moins agiles ou les plus exposés tombent rapidement. Les survivants qui adhèrent à la logique absolutiste s'y distinguent, les autres cherchent à fuir l'organisation :

> *La plupart des mecs partis en 2013-2014 sont morts là-bas. Les rescapés, soit ils sont montés dans la hiérarchie et main-*

> *tenant ce sont des pontes, soit ils sont rentrés* [comprendre : incarcérés].

Contrecoup de l'expansion tous azimuts de Daech, la mort sature l'horizon des Français du « califat », au point de dévaloriser le martyre aux yeux de certains. Pourtant, ce glorieux trépas constitue l'acte de foi absolu, susceptible de « revigorer la croyance » des coreligionnaires. En tant que dévouement apothéotique, il prouve qu'une fin dans « les sentiers d'Allah » est préférable à une existence « dans le péché ». Or son omniprésence dissout le fantasme exaltant dans la trivialité. Confrontés à des sacrifices permanents autant qu'inutiles, des volontaires zélés en viennent à le démystifier. Hicham, recruteur :

> *Les Lunellois, ils ont été envoyés à Deir ez-Zor, la durée de vie là-bas à l'automne 2014 était d'une heure...*

Le recours systématique au martyre finit par témoigner d'un mépris excessif du destin terrestre : « Au front, la vie humaine, je trouve, n'a plus de valeur. On a l'impression d'avoir affaire à des morts-vivants », déclare un revenant de vingt-trois ans issu de la banlieue parisienne.

Selon Abdel, les volontaires des opérations kamikazes sont pour la plupart anéantis par la réalité insupportable du champ de bataille :

> *Il n'y a pas ou peu de pression* [sic] *pour s'inscrire sur la liste des* istichhadiyyin [candidats à un attentat-suicide]. *Souvent, c'est des gens qui ne trouvent plus de saveur à la vie et qui veulent se hâter de rencontrer leur Seigneur.*

Le « califat » éphémère

Les innombrables offensives en Syrie et en Irak ont été possibles grâce à ces stocks d'émigrés désenchantés par le morne horizon que leur offre la terre « bénie » de l'islam. Loin d'être réductibles à des nihilistes ou à des êtres manipulés, la plupart composaient les forces vives du jihad, rattrapés par l'ampleur du décalage entre leur chimère initiale et la réalité du « califat » :

> *Il faut imaginer ce que c'est... tous les amis avec qui ils sont partis ont été tués, et je vous parle d'une époque où les mecs partaient à quinze ! Quand ils survivaient à ça, ils n'avaient plus qu'une envie c'était de finir en* istichhadi...

Après quelques mois au front, un martyre rapide ou un séjour prolongé dans les détentions européennes représentent, aux yeux de jihadistes convaincus, des destins plus souhaitables que le carcan étroit de leur « État ». Khaled, un pionnier de Nîmes appartenant à la vague de 2012, fait référence à Sofiane, parti de Toulouse et ancien ami de Sabri Essid :

> *Sofiane, quand il était à Fleury-Mérogis avec moi, il me disait : « Tu n'imagines pas ce que c'est là-bas »... Il était traumatisé un peu...*

Tarek s'est rendu au Châm afin de participer au jihad, mais justifie son retour par la dureté des exigences :

> *Je suis rentré à cause de beaucoup de facteurs... au niveau de la religion, c'était trop. On dort pas là-bas. [...] Sans vous mentir, c'était neuf à dix heures de* din [religion] *par jour ! Tu es tout le temps dedans, la* dounia [la vie mondaine] *finit par te manquer !*

Rédoine, qui considère les partisans de Daech comme les « meilleurs musulmans », fait part du sentiment d'oppression qui l'habitait :

> *J'ai eu du mal. Surtout en Irak, j'arrivais plus à respirer. Je suis resté dix mois, je me sentais enfermé.*

D'autres, ayant saisi préalablement la nature des contraintes sur place, ont préféré servir de recruteurs pour la cause en France, à l'instar d'Edwyn, vingt-six ans :

> *Il faut arrêter de fumer, il faut jeûner et prier à l'heure. Y a beaucoup de « radicaux » dans mon cas qui fumaient du shit et qui ont eu du mal là-bas. Je pense que j'aurais pas tenu le coup.*

Pour certains, la découverte de la vie quotidienne au sein d'une organisation jihadiste donne lieu à d'inimaginables déconvenues. Quelques semaines après son arrivée, Tarek est rattrapé par ses problèmes de santé. Son niveau d'anxiété monte et il fait de l'épilepsie faute de pouvoir suivre son traitement. L'émir religieux ne veut rien entendre à ses explications médicales et considère que le garçon est habité par de très nombreux *djinns* (esprits maléfiques) qui se manifestent à travers ses crises. Il lui prescrit des désenvoûtements (*Roqia*) qui prennent la forme de séances de torture :

> *Un* raqi [un exorciste] *est arrivé, il m'a dit : tu as dix djinns en toi ! Ils m'ont fait dix exorcismes. C'était très dur. Ça n'a servi à rien. Aujourd'hui, je fais des exercices respiratoires pour calmer ça...*

De nombreux revenants, loin d'être des jeunes facilement « déradicalisables », vont ainsi remplir les prisons françaises dès 2014, comme on le verra ci-dessous. Ils ont été les plus sensibles à la dévalorisation du martyre et à l'ultra-violence qu'instaurait l'EI en modèle régulateur des tensions, car elle contrevenait à leur conception du jihad. Jocelyn, l'Albigeois, a été l'élève de l'idéologue Thomas Barnouin qu'il nomme, des trémolos dans la voix et avec un fort accent occitan, « mon Professeur ». Il s'est rendu en Syrie peu après la proclamation du « califat », accompagné d'amis. Pourtant, après quelques mois, il a fait demi-tour et s'est livré aux autorités françaises, prévenues de son arrivée par l'intermédiaire de son avocat. Les raisons tiennent à la mauvaise mise en œuvre des principes salafistes auxquels il croit :

> *Dawla* [« L'État » – Daech], *ils sont trop extrêmes, ils sont trop durs, ils ont mélangé la passion avec l'obligation religieuse, et ça crée des injustices.*

Il présente une série d'arguments :

> *Si on applique la charia avec justesse, on peut savourer. Par exemple, l'adultère en islam est puni par lapidation. Si la personne reconnaît les faits, on va pas se choquer de l'avoir lapidée* [sic]. *Mais il faut vraiment pas avoir de cœur pour être heureux quand quelqu'un se fait lapider. Là-bas, les gens jubilent.*

Il justifie son retour en France sur la base de considérations dogmatiques, se référant à des cheikhs jihadistes opposés à l'EI :

> *Alors oui, on est contents que la loi de Dieu soit supérieure aux autres, pour moi c'est ce que tout musulman doit rechercher. Mais qu'on s'extasie devant des trucs durs, je comprends pas. [...] Pour moi, c'est le passage de l'humain à l'inhumain. La gestion de Dawla est teintée de ça : la passion a pris le dessus. [...] Moi j'ai été déçu par l'injustice là-bas et les grands cheikhs, les savants, ils disent tous de fuir devant l'injustice.*

Pareil constat est communément partagé par les jihadistes rencontrés : si l'EI en tant que groupe peut être critiqué, la doctrine et ses idéaux sont hors de cause.

Ces revenants sont les plus « débrouillards » puisqu'ils ont été capables de quitter le territoire du « califat ». Ils ont déjoué les mécanismes d'entraves de l'EI pour prévenir l'hémorragie de ses volontaires. Jocelyn relate la difficulté à s'échapper :

> *C'est très compliqué de fuir. La plupart le font par ruse. Ceux qui disent qu'ils veulent partir sont assassinés de façon camouflée* [par les services de Daech]. *[...] Ils disent que tu es mort en* chahid [martyr] *dans un attentat à Homs, alors que tu es mort dans une prison de Deir ez-Zor* [entre leurs mains].

Quand ils ne sont pas exécutés sur-le-champ ou ne disparaissent pas au fond d'une geôle, les déserteurs rattrapés par l'EI sont envoyés au front. Rédoine décrit ce fonctionnement qui rappelle les pratiques en vigueur sous l'Armée rouge pendant la Seconde Guerre mondiale :

> *Si tu fuis et que tu es récupéré par Dawla, généralement, ils te mettent en première ligne comme ça tu peux plus fuir.*

Signe de la terreur au « royaume des purs », Jocelyn parle de « tabou du retour » :

> *Il faut du courage pour partir en Syrie, mais il en faut encore plus pour faire le voyage en sens inverse… Dans le Sud-Ouest d'où je viens, on dirait qu'il faut des* cojones [« couilles » en espagnol]. […] *En France, il y a le tabou du jihad, là-bas il y a le tabou de la* ghourba [l'émigration en terre d'impiété occidentale], *il est même plus fort…*

Le jihad est ainsi un étau d'obéissance et de brutalité dont l'individu, une fois entré, ne peut plus sortir. Ce système totalitaire qui favorise les opportunistes violents peut être interprété comme l'échec de l'organisation à massifier l'adhésion à son modèle. La « violence » exacerbée est érigée en projet politique, ne sert qu'une élite restreinte et contraint tous les autres dans le silence, le mensonge, ou la mort.

L'apogée des « exagérateurs »

La fin du système des *tazkiya* (ou « recommandations ») permettant la sélection en amont des départs a eu pour conséquence que celle-ci s'effectue directement au front. Ceux qui en reviennent vivants et pleins de zèle sont dès lors entraînés dans l'engrenage mortifère de l'EI.

À cet égard, l'une des trajectoires les plus significatives est celle de Barou, un Strasbourgeois massif (deux mètres pour cent vingt kilos), d'origine subsaharienne, qui a grandi dans les quartiers sensibles de La Meinau et auteur de la vidéo des deux jeunes adolescents à Raqqa évoqués en première partie. Ancien détenu à la maison d'arrêt de Fleury-Mérogis pour des faits de droit commun, il prend le chemin de la Syrie à l'été 2014 durant la troisième vague. Rétif à la discipline, il manifeste son insubordination dès son arrivée dans le camp d'entraînement. Rédoine qui a fait ses classes à ses côtés en donne le récit :

> *Barou, il était pas possible, il s'embrouillait avec l'entraîneur* [sic : l'instructeur militaire], *il parlait trop mal aux gens et il comprenait pas du tout l'arabe, ça l'énervait. Il est parti en prison parce qu'il supportait pas l'autorité de l'émir.*

Son séjour dans les geôles de l'EI ne l'impressionne guère et les surveillants finissent par reconsidérer son cas. Un tel colosse, qui après tout a pris le parti de rejoindre l'organisation, pourrait leur être utile. Ils lui proposent de mettre sa carrure à leur service. Rédoine poursuit :

> *En prison, il se laissait pas faire, et comme il est mastoc* [costaud], *ils l'ont passé maton à la place.*

À l'instar de la trajectoire de Mehdi Nemmouche, lui-même incarcéré en France et devenu cerbère de Daech, l'arbitraire de l'EI permet à d'anciens détenus de se muer en tortionnaires. Dans un geste qui en dit long sur sa violence intrinsèque, Barou assassine la première personne qu'il devait interroger :

> *Les gars de la Dawla lui ont amené un officier de l'armée syrienne. Il fallait le faire parler... Barou lui met un coup de*

genou dans la nuque d'entrée de jeu... il le tue direct... l'émir le voulait vivant, c'est un problème.

Le meurtre du militaire est camouflé mais Barou est jugé irrécupérable. Il est envoyé en première ligne, aux côtés des surveillants responsables de lui avoir fait confiance, dans l'assaut contre la base de Tabqa. Promis à l'hécatombe, il revient sain et sauf :

> *La bataille pour prendre l'aéroport au régime* [septembre 2014]*, c'était horrible. L'armée syrienne bombardait la katiba au barmil* [des bidons d'essence remplis de napalm]*. [...] Sur cent cinquante personnes dans cette katiba, il n'y a eu que quelques survivants, dont Barou.*

Convaincu de son endurance, l'EI va désormais éprouver ce trompe-la-mort en l'envoyant sur les fronts les plus exposés. Barou est une des nombreuses incarnations des opportunistes de la troisième vague qui ont trouvé leurs marques au sein d'un système érigeant la violence exacerbée en projet politique.

Lorsqu'ils n'ont pas été happés par la guerre, ils ont connu les ascensions les plus rapides. Promis à croupir en détention à cause de son indiscipline, il a grimpé quatre à quatre l'échelle du pouvoir des jihadistes étrangers, comme s'en amuse Rédoine :

> *Barou ne supportait pas l'autorité, au final, ils l'ont nommé émir.*

Courant 2015, le Strasbourgeois est intégré dans les services de sécurité (*amniyyin*). Il s'affiche désormais comme un Français en vue. Il n'est pas exclu qu'il ait une responsabilité dans les attentats du 13 novembre 2015 auxquels prend part un autre Alsacien, Foued Mohamed-Aggad, assaillant du Bataclan. Un an plus tard, une frappe aérienne dont il était la cible détruit le toit de sa planque ; écrasé par les décombres, Barou ne s'en relève pas.

Les opportunistes brutaux comme lui incarnaient l'« homme nouveau » que Daech entendait faire émerger du « califat ». Il est la figure aboutie des « néophytes » du jihad souvent moqués et apparus en grand nombre à l'été 2014. Une certaine culture de la violence issue des cités françaises et du banditisme les transmue en agents par excellence de la « purification ». Dans un inversement sadien de l'ordre moral où le prisonnier s'érige en gardien de la foi, la cruauté devient le zèle de la rédemption. Exercée au nom du jihad, elle rachète tous les péchés d'antan et une vie entière passée dans l'impiété. Tel est le sens que Barou donnait au hadith très utilisé par les partisans de l'EI.

Les fronts sont ainsi autant de centres de formation accélérée de Daech. L'organisation peut y précipiter en masse les novices et identifier ceux qui s'y distinguent. La capacité à tuer devient l'un des principaux moyens d'affirmation et d'adhésion. La création du « califat » a transcendé les dynamiques que nous observions localement à Toulouse où le jihadisme se déployait autour d'une double polarité criminelle et religieuse. Daech regroupe dans un même vivier les salafistes les plus dogmatiques et les opportunistes les plus violents. Après avoir fait leurs preuves en Syrie, certains de ces derniers sont affectés aux opérations extérieures.

La débilitation de l'EI : les attentats en Europe

La déstabilisation des sociétés européennes se décline sur le même registre que la construction du « califat ». Toutes deux entérinent le changement de temporalité ouvert par la proclamation du 29 juin 2014, à savoir le passage de la période « mecquoise » de l'activisme « jihadiste » à la phase « médinoise ». Concrètement, il revient aux nouveaux émigrés regroupés au sein de l'État islamique d'éradiquer le monde de l'ignorance (*juhl*) et de la mécréance (*kufr*), à l'imitation du prophète Mahomet après son hégire à Médine en 632 après J.-C. (l'an zéro du calendrier musulman), s'en retournant à La Mecque en vainqueur pour y détruire les idoles et y instaurer l'islam.

Dans l'économie politique de Daech, les attaques contre l'Occident ont vocation à y créer les conditions d'une guerre civile se transformant en insurrection communautaire dont l'EI pensait pouvoir tirer parti. Nous allons voir au contraire comment les vagues successives d'attentats vont accélérer ses dérives extrémistes, l'isoler et en précipiter le déclin.

Janvier 2015 : de Charlie Hebdo *à l'*Hyper Cacher

Le 24 mai 2014, Mehdi Nemmouche « ouvre » le front européen. Parti d'Alep, il a rejoint Bruxelles en passant par l'Asie pour déjouer la surveillance. Son profil est celui des opportunistes violents valorisés par l'EI et dont Merah, à qui il dédiera ses massacres, fut le précurseur. Après avoir séjourné à Molenbeek, il pénètre en milieu d'après-midi dans le Musée juif de Belgique, assassine quatre personnes et prend la fuite. Six jours plus tard, il est arrêté à la sortie d'un autocar en provenance de la capitale belge, à Marseille, les bagages pleins d'armes.

Durant le deuxième semestre 2014, les menaces de ce type se précisent en France, à travers plusieurs tentatives qui n'aboutissent pas toutes, telle l'attaque terroriste au commissariat de Joué-lès-Tours le 20 décembre, dont l'auteur est abattu par la police.

Le 7 janvier 2015, Saïd et Chérif Kouachi font irruption dans la salle de rédaction de l'hebdomadaire satirique *Charlie Hebdo* et tirent sur les journalistes présents, leurs invités et gardes du corps, tuant douze personnes et en blessant onze autres. Les deux frères, impliqués dès la fin des années 2000 dans la filière jihadiste des Buttes-Chaumont à Paris, étaient proches de la branche yéménite d'al-Qaida (AQPA). Toutefois, ils esquissaient ce projet depuis 2012 en lien notamment avec Salim Benghalem et peut-être Boubakeur el-Hakim, devenus entre-temps responsables des services d'opérations extérieures de Daech. Surtout, les Kouachi s'étaient coordonnés avec un ancien compagnon de cellule à Fleury-Mérogis, Amedy Coulibaly. Ce dernier profite de leur traque pour passer à l'acte. Il tue une policière à Montrouge le 8 janvier et le lendemain prend en otages les clients d'un supermarché confessionnel, l'Hyper Cacher de la Porte de Vincennes à Paris. Il trouve la mort dans l'assaut des forces de l'ordre après avoir exécuté quatre personnes. Plus tôt dans la journée, les frères Kouachi ont été abattus par la gendarmerie alors qu'ils s'étaient retranchés dans une imprimerie de Dammartin-en-Goële (Seine-et-Marne). Une vidéo d'allégeance d'Amedy Coulibaly au « califat » est diffusée sur le Web deux jours plus tard par les réseaux de Daech en Syrie. L'intéressé voulait réaliser la hijra au Levant, avant de décider de commettre un acte jihadiste dans l'Hexagone. Signe de la continuité entre les deux dynamiques, son épouse Hayat Boumeddiene qui vient de parvenir au Châm est honorée du statut de « femme de martyr » par l'EI et célébrée à ce titre dans *Dabiq*, son magazine en ligne.

La séquence des attentats de janvier 2015 provoque une prise de conscience des retards accumulés en matière de lutte contre le jihadisme et un changement de politique de l'ensemble des gouvernements européens, comme nous l'observerons ci-après. Le 11 janvier se déroulent les plus grandes manifestations depuis la libération de Paris, plus d'un million et demi de personnes marchent à travers la capitale. Les départs vers le Levant sont désormais systématiquement entravés, les revenants interpellés quand ils ne l'avaient pas été et placés en détention provisoire dans l'attente de leur procès. Trois ans après l'initiative des « pionniers », la lutte contre les réseaux des organisations jihadistes dans l'Hexagone et au Levant devient une priorité politique absolue.

13 novembre 2015 :
du Stade de France au Bataclan

À l'automne, Daech atteint le sommet de ses capacités logistiques et militaires et décide de lancer des opérations complexes qui ciblent particulièrement la France. Fin janvier 2015, le contre-terrorisme belge débusque une cellule à Verviers. Les individus, lourdement armés, projetaient une série d'attentats en lien avec l'équipe qui, depuis la

Syrie, prépare ceux du 13 Novembre. Molenbeek s'impose comme le point de coordination de leurs activités dans la capitale de l'Europe. Entre le printemps et l'été, les attaques se multiplient : le 19 avril, un étudiant algérien tue une professeure d'aérobic à Villejuif puis se tire accidentellement une balle dans la jambe, l'empêchant de mitrailler la sortie d'une messe, toujours à Villejuif (Val-de-Marne). Le 26 juin, un employé d'une usine de production de gaz à Saint-Quentin-Fallavier (Isère) décapite son patron au nom de Daech. Le 21 août, un Franco-Belge d'origine marocaine prend le train Thalys de Bruxelles à Paris. Il est débusqué fortuitement et maîtrisé par deux marines américains en vacances avant d'avoir pu utiliser sa kalachnikov. C'est à la fin de cet été que les membres du commando du 13 Novembre empruntent le chemin de l'Europe. Ce sont presque tous des Français et des Belges appartenant aux deuxième et troisième vagues : ils se mêlent à la foule des migrants que les jihadistes, partageant cette responsabilité avec le régime de Bachar al-Assad, poussent à l'exil par millions pour fuir les combats.

Le soir fatidique, aux abords du Stade de France où se déroule une rencontre amicale de football entre la France et l'Allemagne, un premier kamikaze, de nationalité irakienne, actionne sa ceinture explosive après s'être vu refuser l'accès aux gradins. S'il ne cause pas d'autres victimes que lui-même, ce geste représente le premier attentat-suicide jihadiste sur le sol hexagonal. Puis le trio composé notamment des frères Abdeslam mitraille les terrasses et les restaurants des Xe et XIe arrondissements, bondés en cette veille de week-end. Au même moment, trois complices pénètrent à l'intérieur du Bataclan, salle de spectacle où étaient réunies près de mille cinq cents personnes pour assister au concert du groupe de rock Eagles of Death Metal. Ils ouvrent le feu sur le public qu'ils terrorisent jusqu'à ce que la police les abatte à leur tour. Cette série d'attaques cause cent trente et un morts et plus de quatre cents blessés : ce sont les attentats les plus meurtriers que la France ait jamais connus.

Le chef de l'État François Hollande déclare l'état d'urgence sur l'ensemble du territoire national, une première depuis la guerre d'Algérie. À l'occasion des émeutes dans les banlieues populaires de l'automne 2005, le président Jacques Chirac l'avait également décrété, mais celui-ci ne s'appliquait que dans vingt agglomérations et la totalité de l'Île-de-France. La traque des responsables commence alors. Salah Abdeslam, qui a raté une cible dans le XVIIIe arrondissement, parvient à gagner Molenbeek dans la nuit grâce à l'aide de deux acolytes venus le chercher à Paris. Il y sera interpellé à quelques centaines de mètres de la maison où il a grandi, après quatre mois de fuite. Le 17 novembre au soir, le meneur des opérations, Abdelhamid Abaaoud, est localisé dans une planque louée à Saint-Denis en périphérie parisienne. Il est tué dans l'assaut qui s'ensuit alors qu'il avait prévu de commettre un ultime attentat dans le quartier de La Défense.

L'implication des hauts responsables de Daech dans la préparation, comme la composition des équipes, témoigne de l'influence de la ligne des zélotes au sein du « califat ». La trajectoire d'Abaaoud est emblématique. Ancien militant des réseaux de Sharia4Belgium qu'il rejoint en 2012 à Bruxelles, il est le symbole des volontaires de la deuxième vague qui seront promus par Daech. Comme la plupart d'entre eux, il a combattu dans les rangs d'al-Nosra avant d'incorporer l'EI au moment de la scission de l'été 2013. Le délinquant de Molenbeek ne rechigne pas à la torture et s'impose comme un homme de main de premier plan sous le gentilé d'Abou Omar al-Soussi ou Abou Omar al-Beljiki (Abou Omar « du Sousse » – au sud du Maroc, ou « le Belge », le patronyme Abaaoud signifiant « tique » en langue berbère). En août 2014, Rédoine l'a croisé à Raqqa, dans l'un des bureaux de la nouvelle administration de l'EI. Il se remémore les atrocités qui lui avaient valu sa réputation :

> *Il était dans la katiba al-battar* [littéralement : brigade du sabre tranchant], *c'était la plus cruelle. [...] Ils ont passé les Yézidis à la quatorze et demie* [mitrailleuse de calibre 14,5 mm]. *Baghdadi a donné l'ordre d'arrêter cette katiba parce qu'elle était trop barbare.*

En sus d'ouvrir le feu sur des prisonniers avec des armes conçues pour percer la carrosserie de véhicules blindés, il faisait preuve d'un zèle de chaque instant :

> *Abaaoud voulait faire que du front, il adorait ça... Le front, c'est comme une drogue, tu fuis la mort tout le temps. Tu as envie d'y retourner.*

La responsabilité de conduire les attentats de Paris est une « récompense » décernée au Belge par la hiérarchie. Tous les membres du commando bénéficieront d'articles hagiographiques dans les magazines de propagande. Abaaoud est le produit de Daech, mais non le « cerveau » du 13 Novembre. Les organisateurs qui ont planifié ces attaques n'y ont pas participé. Ils font partie de la génération des pionniers et composent les rangs des officiers supérieurs des renseignements (*amniyyin*). En 2019, l'enquête judiciaire française incrimine les frères Clain, qui ont du reste revendiqué les attentats dès le 14 novembre 2015 dans un enregistrement audio. Les concepteurs n'ont pas été envoyés en « martyrs », ils ont été préservés pour préparer des opérations ultérieures.

Ces attentats sont les plus meurtriers commis en France et les plus spectaculaires en Occident depuis le 11 septembre 2001. Mais leur atrocité, le nombre de victimes, les lieux emblématiques de la vie parisienne visés (le Bataclan, les quartiers jeunes et ethniquement mêlés des Xe et XIe arrondissements, le Stade de France) vont avoir de profondes répercussions négatives pour Daech.

En premier lieu, ils produisent un séisme sur la scène internationale : les positions russe, américaine et française qui divergeaient depuis plus de quatre ans autour du dossier syrien s'alignent en moins de vingt-quatre heures. L'ensemble des acteurs s'accorde pour coordonner leurs stratégies contre Daech en Syrie. Le mandat de l'ONU confié à la coalition internationale en Irak est étendu de façon à autoriser les frappes de celle-ci contre Daech en Syrie et notamment à Raqqa. Désormais, les Français et les Américains pourront appuyer par les airs les forces arabo-kurdes au sol.

En second lieu, les départs pour le Châm, systématiquement entravés depuis janvier 2015, font désormais l'objet d'une surveillance harmonisée par les États-membres de l'UE. En outre, la France engage des pourparlers avec les autorités turques pour rendre étanche la frontière syrienne.

Ces réactions entraînent l'interruption des flux humains

externes qui alimentaient la machine de mort. Désormais privé de ces apports, Daech doit fonctionner en autarcie. Pour maintenir l'ordre, les dirigeants renforcent leur emprise totalitaire et le verrouillage du califat-prison, prenant le parti d'étouffer la population. Début 2016, le système administratif, jusqu'alors orienté vers l'acheminement des combattants sur les fronts et l'extension de ceux-ci, sert dorénavant des objectifs de contre-insurrection. Il empêche toute velléité de retour, resserre l'étau du jihad, contrôle les habitants. Les puits de pétrole clandestins étant méthodiquement détruits par les bombardements, seule la prédation instaurée le long des axes routiers permet au groupe de bénéficier de revenus qui diminuent à mesure que l'EI perd du terrain.

2016 : fuite en avant dans l'extrémisme

Dans ce cadre défavorable, l'EI redoute l'asphyxie et cherche à se donner de l'air en ouvrant un nouveau front européen. Il se lance en urgence dans une nouvelle campagne d'attentats en France, en Belgique, en Grande-Bretagne et en Allemagne. Le déroulé de cette ultime tentative de déstabilisation de l'Europe témoigne de la déréliction interne de la « Dawla ».

Les attaques contre le métro de Bruxelles et l'aéroport de Zaventem du 22 mars 2016 qui causent la mort de quarante-huit personnes s'inscrivent dans la lignée de ceux du 13 novembre 2015. Ils sont le fruit du même réseau franco-belge et ont lieu trois jours après l'arrestation à Molenbeek de Salah Abdeslam, seul survivant du commando de Paris. Ils s'apparentent à l'exécution d'un plan B, précipité par l'imminence de l'interpellation des membres restants, les cibles initiales se trouvant en France durant l'Euro 2016 de football (10 juin au 10 juillet).

Après ces attaques, l'EI ne dispose plus de l'infrastructure logistique nécessaire pour renouveler des opérations de pareille ampleur. Les routes de la hijra sont coupées par l'intervention turque « Bouclier de l'Euphrate », le 24 août 2016. L'armée d'Ankara entre dans le nord de la Syrie et l'EI perd des villes frontalières stratégiques, à l'instar d'al-Raï et surtout Jarablus.

Le porte-parole de l'organisation, Abou Mohamed al-Adnani, anticipe la défaite et le retour programmé à la clandestinité. Il n'est plus question de *demeurer et de s'étendre*, comme le proclamait la devise du « califat », ni d'évoquer la fin des temps. La chute de Dabiq affecte sa crédibilité. La bourgade est stratégiquement inutile mais située symboliquement au cœur de la propagande du groupe comme lieu-dit de la bataille ultime contre les mécréants ; elle avait donné son titre au principal magazine de propagande en ligne. La rhétorique apocalyptique en usage jusqu'alors est mise en veilleuse, tandis que le village est repris par les rebelles syriens en octobre 2016, presque sans combat. En conséquence, les méthodes jihadistes visent désormais à pousser les volontaires en Europe à la multiplication d'attentats sur place.

La France est la cible des réseaux mobilisés depuis Raqqa par le Franco-Algérien Rachid Kassim. La campagne débute le 13 juin 2016 lorsque l'ex-détenu Larossi Abballa, condamné pour son départ au jihad vers le Pakistan, assassine un couple de policiers à leur domicile de Magnanville dans les Yvelines sous les yeux de leur enfant. Il condamne à mort un universitaire, des journalistes ainsi que les surveillants de prison.

Un mois plus tard, le 14 juillet 2016, Mohamed Lahouaiej Bouhlel, un déséquilibré tunisien typique des opportunistes de Daech, loue un camion de dix-huit tonnes et fonce sur la foule réunie pour les festivités nationales à Nice. Parmi les quatre-vingt-six personnes tuées devant la baie des Anges et les quatre cent cinquante-huit blessés figurent deux des plus jeunes victimes d'un acte jihadiste dans l'Hexagone. Outre Gabriel Sandler, trois ans, tué par Merah en 2012, Yanis et Kylan, quatre ans, trouvent la mort ce soir-là à Nice. Le père de ce dernier, Tahar Mejri, ne se remettra jamais du drame et mourra de chagrin à l'été 2019.

Douze jours plus tard, Rachid Kassim téléguide, toujours depuis Raqqa, deux jeunes meurtriers, Abdelmalik Petitjean et Adel Kermiche qui entrent dans une église de Saint-Étienne-du-Rouvray (Seine-Maritime). Ils assassinent le prêtre Jacques Hamel, quatre-vingt-deux ans, en plein office, victime la plus âgée d'un acte jihadiste en France.

Enfin, le 4 septembre 2016, Kassim mobilise le premier commando féminin de l'histoire pour faire exploser une voiture à proximité de la cathédrale Notre-Dame-de-Paris. L'attentat n'a pas lieu, les jeunes filles ont rempli les jerricanes de diesel, moins inflammable que l'essence… « Le gazole, c'était moins cher », nous confia une proche des intéressées, rencontrée en prison le 7 décembre 2016, pour justifier leur échec.

Cette dernière tentative clôt la fuite en avant de Daech. Le recours à cette nouvelle main-d'œuvre pointe les difficultés que rencontre l'EI pour recruter des volontaires prêts à passer à l'acte au moment où l'organisation entend faire « basculer » l'Hexagone dans la guerre civile. Jennifer, une jihadiste de vingt et un ans interviewée à Fleury-Mérogis, s'en fait l'écho : « C'est plus facile de manipuler une fille de dix-sept ans qu'un mec de trente ans. »

À travers la composition de ce commando, Kassim enfreint l'une des rares limites que Daech fixe à l'organisation d'attentats. Alors que tout l'édifice interne de Daech repose sur le contrôle de la gent féminine, il manque de produire un précédent dont l'EI aurait du mal à contenir les effets. Jennifer évoque le rejet des méthodes de l'EI jusque dans les rangs des sympathisants jihadistes :

> *Depuis les attentats de novembre 2015, déjà, c'est une certitude que l'EI a perdu en crédibilité. Ça l'était encore plus après l'attaque de Nice. Moi sur le coup, j'étais consciente, mais mon ex-mari non, il est encore à fond... Même en taule, on dit de lui que c'est un* ghoulat [zélote] *! c'est dire.*

Le groupe est alors en proie à la débandade, et ses espaces « sécurisés » ne sont plus. Rédoine, un revenant, donnait un aperçu de la situation sur place :

> *Quand Dawla* [Daech] *a perdu ses grandes villes frontalières, ils ont eu peur à Raqqa. C'étaient des points de contrôle importants et après, c'est une autoroute : c'est tout droit jusqu'à Raqqa, les gens sur place étaient stressés.*

À la fin de 2017, les zones d'implantation des familles se sont transformées en d'immenses camps de prisonniers de guerre à l'orée de petits villages syriens. Essentiellement composés de femmes, les rares hommes ayant fui, ces cantonnements étaient surveillés par les forces de libération arabo-kurdes. Devant les télévisions internationales qui s'y rendront, certaines ressortissantes françaises entourées de bébés nés sur place réclameront leur droit au retour dans l'Hexagone, exigeant la « protection consulaire » de leurs pays d'origine et le conseil d'un avocat. Elles estiment plus propice d'être jugées sous les règles de la démocratie « impie » qu'elles avaient « désavouée » et dont elles prônaient la destruction par le jihad, plutôt que de passer devant les cours martiales irakiennes ou kurdes.

La mort des pionniers

Le destin de Rachid Kassim au sein de l'EI est emblématique des dynamiques analysées jusqu'ici. Né à Roanne dans la région lyonnaise à la fin des années 1980 et d'ascendance algérienne, il s'adonne un temps au rap sous le nom de scène de « L'Oranais » (métathèse de « Roannais »). Entre 2010 et 2012, il est éducateur auprès des mineurs d'un centre social de sa ville, le Moulin à vent. À l'été 2011, il s'affirme à son retour de vacances en Algérie en salafiste vindicatif, au point qu'il est dénoncé aux autorités par les responsables locaux du culte musulman. À l'été 2012, il quitte son quartier pour les instituts salafistes du Caire avant de réapparaître trois ans plus tard au sein de Daech où il appelle désormais enfants et adolescents à rejoindre le « califat » depuis Facebook. Sous le pseudonyme d'Ansar at-Tawhid (les « Partisans de l'unicité divine »), il multiplie les invitations à dissimuler tout projet de hijra au Levant et adresse des recommandations spécifiques aux femmes, nombreuses parmi les trois cent vingt abonnés de ses publications en ligne. Après la fermeture de son compte en mars 2016, les coudées franches lui sont accordées par les *amniyyin* pour pousser à l'action l'ensemble de ses contacts hexagonaux. Représentant emblématique des zélotes qui ont accédé aux postes à responsabilité, il investit la plate-forme Telegram depuis laquelle il téléguidera la série d'attaques précitées de 2016. Kassim s'impose alors comme la principale interface virtuelle entre le Levant et les réseaux militants dans l'Hexagone au détriment des conseillers de la hijra qui ont perdu leur emploi dans le « califat » devenu inaccessible. Peu avant le meurtre du père Hamel dans l'église de Saint-Étienne-du-Rouvray, il indique à ses interlocuteurs sur Telegram :

> *Si tu veux aller au Châm, c'est assez compliqué vu que les frontières sont fermées. Autant attaquer ici* [en France]. *Tu prends un couteau, tu vas dans une église, tu fais un carnage, bim !*

La fuite en avant de cet homme de confiance, jusqu'alors parfaitement dans la ligne de Daech, prend donc forme le 4 septembre 2016 avec la tentative ratée qui signe le passage à l'activisme féminin et donc la dislocation de l'ordre interne de l'EI. Dans la foulée, Kassim se fait l'écho de la déréliction de Daech, sans saisir la portée de son constat :

> *Des femmes, des sœurs passent à l'attaque. Où sont les frères ?* [...] *où sont les hommes ? Pourquoi attendez-vous autant, au point que des femmes vous ont dépassés dans l'honneur !*

Celui qui était jusqu'alors l'incarnation de l'« homme nouveau » qu'a promu l'EI a poussé la logique des *ghoulat* à son paroxysme et, ce faisant, a déstabilisé l'équilibre fragile sur lequel reposait l'édifice califal. En guise de punition, il est envoyé au front où il sera rapidement blessé. Il se servira de sa notoriété pour diffuser un faux testament en ligne – que nous avons écouté sur Internet le 18 novembre 2016 – dans le double objectif de tromper le commandement de la coalition qui cherche à le neutraliser et de se venger des émirs responsables de son déclassement :

> *Je laisse cet audio afin de laisser un dernier message.* [...] *Le premier message est adressé aux responsables de l'État islamique.* [...] *Parmi ces gens, il y a des gens qui sont hypocrites, qui ont de l'envie, de la jalousie et qui ont des maladies au cœur* [...]. *Donc mon message il est clair : ô mes frères qui avez une responsabilité au sein de l'État islamique* [...] *: si vous voyez que vous ne pouvez pas assumer cette responsabilité, que vous n'avez pas cette compétence-là, alors faites preuve d'humilité, faites preuve de sincérité et laissez un frère qui saura mieux que vous porter cette responsabilité.* [...] *Un message adressé plus particulièrement aux émirs des katibas* [brigade combattante], *et ils sont nombreux. Mes frères : craignez Allah,* [...] *vous devez combattre en première ligne,* [...] *il est très important que vous combattiez en première ligne.* [...] *Ce que je veux dire par là c'est que quand on est émir d'une katiba et qu'on commet des erreurs, ce sont des erreurs qui peuvent entraîner de graves conséquences.* [...]
>
> *Un message pour les femmes de* mujahid [jihadistes, sic, il devrait dire *mujahidin*, au pluriel en arabe]. *Prenez soin de vos femmes comme vous prenez soin de vos mères* [sic]. *Y a-t-il quelque chose de plus dangereux au jour de la rétribution* [jour du Jugement dernier] *que de mal se comporter avec la femme d'un* mujahid *?* [...] *N'oubliez pas que ces femmes-là sont les lionnes de la oumma, que ces femmes là* bi-idnillah [par la permission d'Allah] *vont éduquer ceux qui vont ouvrir Rome, insha' Allah ! Leur importance, vous ne pourrez jamais la saisir. Vous n'avez pas la capacité cérébrale* [sic] *de saisir l'importance des femmes des* mujahid, *alors agissez avec eux* [sic, il devrait dire « elles »] [...] *comme vous voudriez qu'on agisse avec votre propre mère, car ce sont les mères de la oumma.*

Le « califat » éphémère

La mise à l'écart dont Kassim fait l'objet et les accusations de ce pur produit de Daech à l'égard de son commandement préfigurent les règlements de comptes qui rongent désormais l'EI. Entre mai et juin 2017, le groupe entre dans une profonde crise idéologique qui se traduit par le remaniement de son « Comité délégué ». Les jusqu'au-boutistes français, pourtant en adéquation avec les absolutistes au pouvoir depuis le début, en pâtiront.

Rachid Kassim, ostracisé, se protégeait des drones de la coalition en vivant entouré de femmes et d'enfants. Il est abattu le 15 février 2017 alors qu'il quittait sa planque de Mossoul. D'autres, à sa suite, abandonneront leur famille pour mieux se cacher des différents services qui les traquent activement dans le Nord-Est syrien. Thomas Barnouin est interpellé le 27 décembre 2017 par le YPG kurde, peu après la chute de Raqqa, alors qu'il tentait de fuir. Signe que les purges internes s'intensifient au sein de Daech, il aurait été, selon ses dires, détenu pendant cent six jours par les *amniyyin*. En février 2018, le groupe tentera de camoufler la mort de son comparse de toujours, Sabri Essid, le faisant passer pour un « martyr » tué dans un bombardement alors que son compte a été réglé en interne. Le 20 février 2019, Fabien et Jean-Michel Clain sont abattus à Baghouz par une frappe de la coalition sur la tente qu'ils ne quittaient plus. Ils vivaient dans ce camp, entourés des civils que les derniers jihadistes empêchaient de s'échapper.

Les pionniers, jihadistes de la première heure, et les *ghoulat*, fers de lance de l'EI, ont été les seuls bénéficiaires de l'ordre instauré par Daech au Levant. Ils en sont à leur tour victimes.

Le « califat » s'est effondré.

III

PRISONS

Dimanche 4 septembre 2016, à la maison d'arrêt d'Osny, dans l'unité dédiée aux détenus radicalisés, l'heure de la promenade a sonné. Deux surveillants pénitentiaires franchissent le sas sécurisé de l'unité dédiée et pénètrent en coursive. Ils doivent escorter les écroués vers la cour extérieure. Le troisième agent en poste se souvient de la suite des événements :

> *Moi j'étais au rez-de-chaussée avec des détenus et mes deux collègues en faisaient sortir d'autres de leur cellule à l'étage. […] Dans ces cas-là, on ouvre porte par porte et on appelle les détenus qui s'avancent un à un.*

L'un d'entre eux, Bilal T., vingt-quatre ans, se présente une serviette à la main. Ce jeune homme a été condamné à cinq ans de prison pour avoir voulu rejoindre Daech peu après les attentats de *Charlie Hebdo*, lors de la troisième vague de départs. Issu d'une famille de sept enfants de la cité Paul-Langevin à Trappes, il avait pris la tête d'une petite équipée en direction du Châm. Le 21 janvier 2015, en Turquie, après un virage mal négocié, sa voiture s'envole et termine sa course sur le toit. Sa femme, leur nouveau-né, deux amis et sa propre personne en ressortent « miraculés », mais leur hijra vers le « califat » prend fin sur une route d'Anatolie.

Bilal T., qui souhaitait participer aux conquêtes de l'EI au Moyen-Orient, est arrêté par les autorités turques et renvoyé en France. Écroué à la prison de Bois-d'Arcy, il adopte des attitudes contraires à celles d'un « radicalisé ». Il fume, abandonne la prière, se déclare proche de détenus « non religieux ». Son prosélytisme n'échappe cependant pas à l'encadrement et, après sa condamnation en mai 2016, il est transféré dans l'unité dédiée d'Osny.

Le surveillant présent le 4 septembre 2016 poursuit le récit :

> *Mon collègue dit à Bilal de déposer sa serviette en cellule, c'est ce qu'ils utilisent quand ils veulent cacher des livres ou des objets interdits. Bilal a l'air d'hésiter.*

La description de la suite des événements provient de la visualisation des bandes de vidéosurveillance par cet agent :

> *On le voit sur l'enregistrement, il fait mine de déposer sa serviette, on ne comprend pas trop ce qu'il fait... ça se passe très vite : il sort un brin de barreau métallique de quinze centimètres qu'il a aiguisé, et il le plante dans le cou de mon collègue.*

Le second agent se précipite au secours de la victime qui essuie les coups de son agresseur et en pare la plupart. Le forcené recule et le gardien blessé gagne la porte du sas d'accès :

Ils ont enfermé Bilal dans le couloir. La scène dure moins d'une minute trente.

Le premier surveillant est évacué en urgence ; le pic est passé à deux centimètres de l'aorte. Le jihadiste profite quant à lui de sa présence en coursive pour braver les hommes en bleu de l'autre côté des barreaux. La vidéo le montre en proie à une grande agitation, il harangue les détenus restés en cellule, porte ses doigts tachés de sang sur le mur pour y dessiner un cœur rougeâtre, et lance des « Allah Akbar » enfiévrés. Il rejoue la scène à plusieurs reprises, mime son geste, « comme s'il avait fait une bêtise », ajoute le troisième surveillant en poste cet après-midi-là.
Les Équipes rapides d'intervention et de sécurisation (ÉRIS), les forces spéciales interrégionales de l'administration pénitentiaire, prennent position. Bilal T. s'imagine tomber en *chahid* (martyr) et se prépare à recevoir l'assaut du commando en se plaçant derrière un chariot. Il ignore sans doute que si les ÉRIS sont seules habilitées à porter des armes en prison, celles-ci sont non létales. Le revenant du jihad est neutralisé d'un tir de balle en caoutchouc. Privé de martyre, il est interpellé et remis une nouvelle fois à la justice.

1

Aux origines du jihadisme carcéral (2001-2015)

À la fin de l'été 2016, l'agression commise par Bilal T. constitue une tragédie dont les deux surveillants, malgré des blessures sérieuses, sortiront la vie sauve.

Premier attentat jihadiste en maison d'arrêt, cette tentative clôture une séquence durant laquelle l'appareil d'État a été confronté à un amoncellement de défis sécuritaires majeurs qui plaçaient la prison au cœur des dynamiques politiques de l'islamisme radical en France.

Quelques semaines plus tôt en effet, le 13 juin, Larossi Abballa qui a tué à Magnanville, dans les Yvelines, un membre des forces de l'ordre et son épouse à leur domicile, et qui était lui-même un ancien détenu, appelle sur Facebook Live au meurtre des « gardiens de prison » avant de désigner les policiers et diverses personnalités publiques. Le 10 août, une infographie, publiée en ligne depuis Raqqa par l'activiste franco-algérien Rachid Kassim, place également les surveillants pénitentiaires parmi les « cibles » à privilégier. Parallèlement, un complot d'une ampleur insoupçonnée organisé en lien avec l'extérieur était déjoué au sein de la maison d'arrêt de Fleury-Mérogis (voir ci-après). Enfin, le 4 septembre, le jour même où Bilal T. ratait sa tentative d'assassinat, le premier commando féminin manquait de faire exploser une voiture piégée près de la cathédrale Notre-Dame de Paris.

L'ensemble de ces manifestations témoigne de la superposition des temporalités jihadistes françaises et carcérales et de leurs liens étroits avec le Levant.

L'ENCLAVE TENTACULAIRE

Les deux « ratés » du 4 septembre 2016 clôturent une période charnière où a été portée au paroxysme la capacité opérationnelle de Daech tant en prison que sur le territoire national. La perte des relais qui en résulte au Châm comme en France « fige » la mouvance en détention, qui va devenir l'espace clé de sa recomposition.

La caisse de résonance du jihadisme hexagonal

La gestion des individus incarcérés pour leur lien avec la mouvance n'est pas une nouveauté en 2016. La Direction de l'administration pénitentiaire (DAP) a été confrontée à ce type de détenus militants depuis plus de deux décennies.

Dans les années 1990, leur présence est encore embryonnaire. La DAP a la responsabilité de quelques dizaines de prisonniers impliqués dans le jihad en Bosnie et les filières du GIA algérien. Parmi eux, figurent certains meneurs renommés comme Lionel « Abou Hamza » Dumont, émir du « gang de Roubaix » actif jusqu'en 1996, ou Smaïn Aït Ali Belkacem, cerveau des attentats contre le RER parisien de 1995.

Aux origines du jihadisme carcéral

Après la « double razzia bénie » du 11 septembre 2001 aux États-Unis, tandis que les premiers réseaux de prédication s'organisent dans les différents territoires, les membres d'al-Qaida font leur apparition en prison. Ils s'y emploient très vite à développer leur prosélytisme. Djamel Beghal, qui projetait une attaque contre l'ambassade américaine à Paris, est incarcéré à Fleury-Mérogis. Cet idéologue apprécié d'Oussama Ben Laden prend en main l'éducation religieuse de Chérif Kouachi et Amedy Coulibaly, alors délinquants de droit commun, encellulés à l'étage inférieur et avec lesquels il communique aisément. Ils seront les auteurs des tueries de *Charlie Hebdo* et de l'Hyper Cacher en janvier 2015. Ensuite, à la fin de la décennie 2000, sont écroués des individus liés aux réseaux de l'État islamique d'Irak, notamment après le démantèlement de la « filière d'Artigat ». À l'image de Sabri Essid, de Thomas Barnouin ou de Fabien Clain, ils vont jouer un rôle essentiel pour basculer la focale du jihad depuis le Moyen-Orient vers la France.

En mars 2012, les tueries de Mohamed Merah (lui-même détenu entre 2009 et 2010) en fournissent l'illustration. Deuxième bouleversement majeur du jihadisme en Europe après l'impact qu'avait eu le 11 Septembre, cet épisode tragique préfigure la vague terroriste à venir sur le Vieux Continent. Signe des liens entre les dynamiques territoriales, carcérales et levantines, l'activisme derrière les barreaux s'emballe au moment où s'enclenchent les premiers départs pour la Syrie. Entre 2012 et 2014, les requêtes de la Direction générale de la sécurité intérieure (DGSI) à l'administration pénitentiaire relatives à ce public doublent, passant de trois mille à six mille selon le Contrôleur général des lieux de privation de liberté (2015).

Après la proclamation du « califat » de Daech le 29 juin 2014, le phénomène prend une dimension exponentielle et inédite. Le troisième bouleversement majeur de l'histoire du jihadisme européen se traduit en effet par des départs massifs pour le Châm, mais ouvre aussi sur le retour de nombreux combattants. Les arrestations sur le territoire national au gré des tentatives d'attentats déjouées participent en conséquence à l'inflation des effectifs jihadistes derrière les barreaux. Ils passent de quatre-vingts détenus de ce type à la fin 2014 à cinq cents au début de 2020 : les prisons françaises sont devenues le premier réservoir humain de la mouvance, devant la Syrie. Cette situation, comparable à celle du Royaume-Uni, de la Belgique et de l'Allemagne, n'a jamais été éprouvée auparavant.

*Le bouleversement des détentions
depuis le 11 septembre 2001*

Indépendamment de la question jihadiste, l'univers pénitentiaire français a connu, depuis le début des années 2000, des transformations ayant bouleversé les équilibres. Trois d'entre elles se sont avérées particulièrement significatives dans les grandes détentions d'Île-de-France où ont été incarcérés la plupart des revenants du Châm à partir de 2014. Les magistrats du pôle antiterroriste, sis sur l'île de la Cité, ont en effet privilégié les placements au plus proche du centre de Paris pour faciliter les auditions et écourter l'acheminement des prévenus.

La première transformation tient à l'augmentation générale du nombre de détenus : le cadre dans lequel s'inscrit toute réflexion sur la prison est la surpopulation. Le taux d'occupation national moyen en maison d'arrêt est de 139 % et atteint des sommets en région parisienne. Les dix établissements franciliens accueillaient au début de 2018 quatorze mille écroués pour une capacité maximale de huit mille cinq cents personnes. Les centres d'Osny, de Fresnes et de Fleury-Mérogis qui se sont vu confier l'instauration des unités dédiées pour les jihadistes en 2015-2016 fonctionnent avec des ratios de 140 %, 150 % et 180 %. La maison d'arrêt de Villepinte (Seine-Saint-Denis), où nous avons également rencontré quelques revenants des fronts syriens, atteint, quant à elle, 200 %. À l'été 2016, le manque de place était tel que l'administration prit le parti d'y ouvrir les portes pour que les détenus organisent leur couchage en coursives. Laissée sans solution, la directrice signala aux juges en avril 2017 qu'elle n'était plus en mesure de gérer de nouvelles arrivées et qu'elle s'y refusait tant que la décongestion n'était pas mise en œuvre.

De ce fait, la norme d'encellulement est de deux ou trois individus dans des espaces de huit mètres carrés, vingt heures sur vingt-quatre, ce qui rétroagit négativement sur le climat général, les conditions de vie des reclus et la sécurité du personnel. À Fleury-Mérogis dans l'Essonne (91), il n'est pas rare de compter en coursive un surveillant pour cent soixante détenus – le rapport est de un à quatre-vingts dans les autres établissements de région parisienne. À de tels niveaux, les agents n'ont guère la possibilité de contrôler l'ordre parallèle. Ils décrivent en entretien un métier qui se limite à « tourner les clés » et une existence quotidienne « au pas de course » pour remplir les obligations légales et conduire les incarcérés à leurs activités. Le labeur est fréquemment mené sous les quolibets. La violence se manifeste de manière routinière entre écroués et avec les surveillants. La profession affiche le taux de suicide et d'alcoolisme le plus élevé de la fonction publique. La stabilité des équipes est également affaiblie par les nombreuses démissions (*turn-over*). Le sous-effectif trahit aussi la difficulté à recruter. Cela est une conséquence des campagnes d'engagement dans l'armée, la gendarmerie, la police, qui offrent des grilles de salaire et des perspectives de carrière beaucoup plus attrayantes. La DAP est ainsi la seule administration qui embauche au-dessous des critères requis pour la catégorie C de la fonction publique. Un adage bien connu parmi ses membres veut qu'elle fasse plus souvent « avec ce qu'elle a » que comme « elle le voudrait ».

La deuxième transformation, qui caractérise particulièrement l'Île-de-France, tient à l'affirmation d'un groupe de détenus identifiés comme « jeunes de cités ».

Absente en tant que telle dans les années 1980, cette catégorie concerne jusqu'à 80 % des effectifs. Les motifs d'incarcération varient, mais on y retrouve la plupart des délinquants ou criminels dits de « droit commun » – des vols à main armée (braquages) au trafic de drogue et agressions violentes, etc.

Depuis le début des années 2000, ce public forme une classe spécifique aussi bien pour les intervenants pénitentiaires que pour les écroués dont ils façonnent la culture dominante. Les individus concernés se définissent eux-mêmes comme issus du monde des « banlieues », « téssis » (« cités » en verlan) ou « ghettos ». Les Français originaires de l'immigration nord-africaine ou subsaharienne sont surreprésentés en leur sein, parmi lesquels la plupart sont musulmans, de naissance ou convertis avant ou durant l'emprisonnement. L'agrégation de ces éléments ne produit pas une identité singulière mais forge des repères collectifs : un ensemble de vécus, de connaissances, de valeurs, qui ne sont pas toujours lisibles pour qui y est étranger. Ainsi, un détenu quinquagénaire d'ascendance tunisienne, interpellé alors qu'il cherchait à rejoindre Daech et ayant passé toute son existence en province, faisait part de l'incompréhension qui l'envahissait devant cette réalité à Fleury-Mérogis :

> [Horrifié :] *Je viens de rentrer en prison, j'ai jamais vu ça de ma vie... Pour vous donner un exemple, ce matin, y en avait un qui faisait son jogging dans la cour* [de promenade] *et d'un coup, y en a vingt qui se jettent sur lui pour le tabasser. C'est grave ! Ici, c'est presque que des Noirs* [sic] *qui se frappent entre eux sans raison !*

Les rivalités entre « quartiers » ou les griefs anciens peuvent nourrir des épisodes d'affrontements aboutissant à une bagarre générale, ou de solidarité inattendue, exprimée par la création de « bandes » difficiles à déceler pour les agents pénitentiaires, rarement socialisés dans ces milieux. ==L'identification entre l'univers des banlieues parisiennes et les détentions se manifeste par l'architecture des bâtiments, similaire aux grands ensembles voisins.== Ainsi, Fleury-Mérogis, établissement ouvert en 1968 à l'époque où l'on construit de vastes barres de logements, s'organise en cinq longs immeubles articulés en « patte d'oie ». ==Les « blocs » reprennent le style et l'urbanisme de certaines cités de l'Essonne où ont passé leur jeunesse nombre d'incarcérés.== Certains récidivistes – ils représentent près de la moitié des effectifs en Île-de-France – font des allers-retours réguliers entre les deux « mondes », qui séquencent leur vie.

Les effets de symétrie entre univers des « quartiers » et des prisons dépassent de beaucoup le jeu des similitudes architecturales. Il s'opère de fait une superposition symbolique des deux espaces pour les individus concernés. En l'occurrence, l'uniforme bleu et les fonctions sécuritaires qui incombent aux surveillants sont d'emblée assimilés à ceux des forces de police envers qui les détenus éprouvent une détestation préalable – paroxystique parmi les « jeunes des cités ». Les conseillers d'insertion et de probation (CPIP) s'apparentent aux « éducateurs » rencontrés dans les quartiers, beaucoup de ces professionnels ayant du reste exercé ce métier avant de rejoindre la DAP. Les psychologues des prisons prolongent les « assistants sociaux » qui s'investissent dans l'aide et l'orientation des jeunes dans les zones difficiles.

Ainsi, l'urbanisme et la sociologie des établissements carcéraux franciliens produisent des effets de loupe qui favorisent leur télescopage dans le monde environnant. Les détentions se constituent en métonymie des « quartiers » – et cette figure, avec tous les biais subjectifs dont elle est porteuse, agit comme un révélateur pour rendre compte des succès importants du prosélytisme parmi les droits-communs.

La troisième transformation tient à la place prépondérante qu'occupe l'islam dans les prisons et, en son sein, à la diffusion croissante du salafisme depuis le début du XXIe siècle. La proportion de musulmans au sein de la société française est estimée – en l'absence de recensement légal – autour de 8 %, mais compose entre 40 et 60 % de la population carcérale (Khosrokhavar, 2016).

C'est la première religion derrière les barreaux. En région parisienne, un détenu sur deux formule des demandes d'alimentation spécifique pour les fêtes rituelles et déclare jeûner durant le mois de Ramadan. À Fresnes, les fidèles représenteraient sur cette base près de 70 % des encellulés.

L'augmentation des conversions et l'extension de la norme salafiste se déroulent en parallèle des mutations qui adviennent dans les territoires français décrits précédemment, mais les conditions et le contexte de l'emprisonnement exacerbent le phénomène. De même que, dans certains quartiers où la population est particulièrement sujette à l'incarcération, les militants islamistes et jihadistes autrefois déconsidérés jouissent d'une visibilité et d'une respectabilité nouvelle, cette évolution s'intensifie derrière les barreaux depuis les années 2000.

Lorsqu'ils forment un groupe, les « frères », comme ils sont souvent désignés, restructurent progressivement l'ordre pénitentiaire autour de leur propre conception du juste et de l'inique. Ils disqualifient et rendent périlleux les propos et pratiques jugés impies, comme la consommation de tabac, les attitudes « blasphématoires », l'absence de « pratique » religieuse, etc. Au-delà des modes de vie, ils peuvent influer sur certains enjeux, notamment la gestion du culte, voire empêcher la répression d'initiatives qu'ils impulsent, à l'image des prières collectives en cour de promenade.

Enclenchées dix ans plus tôt, les évolutions de ce type se sont accélérées durant la décennie 2010, au point que se pose la question d'une « homogénéisation » des comportements en détention par les salafistes. Un haut responsable de la direction interrégionale des services pénitentiaires de Paris, lui-même ancien chef d'établissement de la maison d'arrêt d'Osny, qualifie d'« énormes » « les rapports de domination en détention sur ces questions[1] ». Les individus qui suivent des régimes alimentaires prohibés en islam seraient désormais moins d'une centaine par prison en Île-de-France :

> *À Osny, la dernière unité qui demandait ce type de plats était celle des vulnérables, où l'on affecte les cas médiatiques et les affaires de mœurs, et est coupée du reste... Dans les grandes détentions parisiennes* [mille cinq cents à trois mille places], *il y a maximum soixante-dix à quatre-vingts personnes qui prennent encore des menus avec du porc.*

Ce responsable indiquait devant un conseiller du garde des Sceaux Jean-Jacques Urvoas, le 5 septembre 2016, que ces évolutions étaient le fruit de l'intériorisation des interdits alimentaires musulmans :

> *La majorité silencieuse a la trouille et suit le mode de vie « musulman », qui homogénéise les comportements de la détention générale.*

Ces éléments ne résument naturellement pas l'expression de l'islam carcéral, par définition pluriel et complexe (Béraud, Galembert, Rostaing, 2016). Mais cette dynamique, particulièrement affirmée dans les centres pénitentiaires de la région parisienne, ne se limite pas non plus à celle-ci. La prison de Clairvaux dans le grand Est est ainsi

---

1. Comité scientifique du groupe de pilotage du ministère de la Justice pour les questions pénitentiaires, réunion du 5 septembre 2016 à laquelle a participé l'auteur, place Vendôme à Paris.

souvent présentée par ceux qui y ont séjourné comme celle des « salafistes ». Deux ans de déplacements et d'échanges dans des établissements à travers la France nous ont permis de constater que cet état des lieux est valable partout.

PRISONNIERS DE FOUCAULT

Le défaut d'anticipation des conséquences sur la société française des attentats du 11 septembre 2001 a rendu illisibles les transformations qui se sont enclenchées en prison depuis lors. Ainsi, l'administration pénitentiaire, à l'instar de l'ensemble des institutions, n'a pas envisagé les contrecoups des trois bouleversements majeurs du jihadisme sur la population dont elle avait la responsabilité. En matière d'islamisme, les effets de distance artificiels entre l'univers carcéral et le reste du pays jouent pleinement. Ils empêchent de comprendre que les mêmes symptômes s'y manifestent et doivent donc être analysés conjointement. À l'origine de cette cécité collective réside l'incapacité à percevoir la prison comme un récepteur des évolutions ayant cours dans la société et comme un émetteur de nouvelles stimulations envers celle-ci.

Bien souvent, la prison se pense encore comme une « forteresse », un lieu coupé de son environnement.

Si cette vision biaisée est ancienne, elle a été portée et solidement élaborée théoriquement par Michel Foucault dans son livre paru en 1975 : *Surveiller et punir. Naissance de la prison*. Cette œuvre majeure a fait date dans le débat intellectuel, si bien qu'il est parfois difficile d'observer l'institution en y cherchant autre chose que la confirmation des intuitions du philosophe. Forts de ce constat, des spécialistes du sujet se demandaient ainsi en 2013 dans une discussion diffusée sur les ondes du service public : « A-t-on cessé de penser la prison après Michel Foucault ? » (France Culture, 15 février 2013).

Surveiller et punir ?

Pourtant, lorsque Foucault publie *Surveiller et punir*, son intention première n'est pas de proposer une grille d'analyse fidèle du système carcéral. Il entend émettre un *certain discours* sur une institution, qui a influencé la plupart des travaux ultérieurs. Cet héritage prend la forme d'un double legs conceptuel.

En premier lieu, sa démonstration établit une rupture inaugurale entre l'« extérieur » et l'« intérieur » de la prison. Selon l'auteur, cette dernière forme un quasi-huis clos.

En second lieu, il pose que les relations s'y organisent autour d'une asymétrie fondamentale entre vigiles dépositaires du pouvoir et détenus assujettis à leur autorité.

Pour Foucault, l'incarcéré est entièrement soumis à la machine punitive de l'État. Elle se pense à travers le modèle métaphorique du *panoptikon*, dispositif architectural imaginé au XVIIIe siècle par Jeremy Bentham. Il consiste à placer un garde dans une guérite centrale à partir de laquelle l'intérieur de chaque cellule lui est observable à tout instant. La possibilité d'être épié en permanence pousse le détenu à se comporter comme si la surveillance était constante et produit de l'autodiscipline. L'agent pénitentiaire, capable de « voir sans être vu », n'aurait plus besoin d'être actif dans ses fonctions pour maintenir un niveau de coercition maximal. Par ce truchement, l'emprise s'exerce selon Foucault sur les esprits et *jusque sur les corps* d'hommes réduits à des numéros.

Thème central de son œuvre, l'assujettissement des encellulés devient sous sa plume un reflet du potentiel tyrannique que recèle l'avènement civilisationnel de l'État moderne. Le philosophe construit théoriquement la prison en espace fermé et confiné, comme figure des dynamiques diffuses dans la société. Il identifie dans les relations de pouvoir qui s'y manifestent la dimension déshumanisante de l'action de l'appareil administratif sur l'individu. Ce serait l'institution totalitaire paradigmatique.

Cette conception séduisante demeure le fruit d'une modélisation qui pose problème lorsqu'on se trouve confronté empiriquement à la réalité carcérale. Michel Foucault l'a élaborée sans s'être jamais rendu en détention. Plusieurs chercheurs ont également fait remarquer que les règlements intérieurs dont le philosophe donnait lecture étaient tombés en désuétude depuis plusieurs décennies au moment où il y avait recours pour fonder son argumentation (Guyard, 2012). En réalité, l'approche généalogique dont se réclame Foucault a été confondue par nombre de ses épigones avec un état des lieux opérationnel et permanent – ce qu'il ne saurait être.

Or, l'héritage de l'auteur de sciences sociales le plus cité au monde imbibe encore profondément l'intellection contemporaine des prisons[1] – qui n'était pas véritablement

---

1. Selon Google Scholars, Foucault demeurait en 2019 l'auteur le plus cité en sciences sociales dans le monde, avec 884 907 références à ses travaux. https://michel-foucault.com/2019/05/01/highly-cited-researchers-h100-foucault-at-number-1-2019/ Il devançait Pierre Bourdieu et Jacques Derrida au rang des auteurs les plus valorisés par la recherche internationale.

son propos. Ainsi, la géographe britannique Jennifer Turner notait en 2016 :

> *Universitaires comme professionnels conçoivent souvent la prison autour d'une division binaire entre intérieur et extérieur bien qu'il soit connu de tous que des interactions et des échanges adviennent de part et d'autre des enceintes.*

Pareille « division binaire », déjà discutable lors de la parution de *Surveiller et punir*, ne fait plus guère sens à l'époque de la téléphonie mobile, d'Internet et des réseaux sociaux à portée de « smartphone » pour la plupart des détenus, selon nos observations. Pourtant, Gilles Chantraine, sociologue au CNRS et spécialiste reconnu de la question, offre un condensé de la façon dont celle-ci continue d'être perçue au prisme foucaldien le plus strict (Holeindre, 2014) :

> *Hier comme aujourd'hui, la prison se présente comme une forteresse [...]. Les relations sociales y reposent sur la privation de liberté et l'assujettissement politique formel. En ce sens, la prison reste donc fondamentalement une institution totale.*

Ainsi la plupart des recherches sur l'islamisme derrière les barreaux depuis le tournant du siècle se sont inscrites *ne varietur* dans cette filiation. Parmi les plus notables figurent celles de Farhad Khosrokhavar. Dans son ouvrage *Prisons de France. Violence, radicalisation, déshumanisation : surveillants et détenus parlent*, paru en 2016, cet auteur dépeint les centres pénitentiaires comme des « institutions totales » (p. 12). Le terme emprunte à Erving Goffman dont les travaux sont lus de façon complémentaire par nombre de foucaldiens (Goffman, 1979). Selon Khosrokhavar, le processus de déshumanisation identifié par Michel Foucault dans les années 1970 se serait accru quatre décennies plus tard, grâce au développement des technologies de surveillance, thèse que le sociologue vulgarise dans les médias.

La diffusion du jihadisme s'expliquerait dans ce cadre. Reformulant à la marge l'approche foucaldienne, l'auteur définit la prison comme un mode de contrôle maintenant le reclus dans la passivité, source du « malaise carcéral » qui assaille détenu et surveillant. Cela déboucherait sur l'inversion des rapports entre eux et conduirait le premier à se penser comme la victime du second – « figure du mal » (p. 103). L'incarcéré nourrirait à travers l'agent pénitentiaire un ressentiment contre la société tout entière. De la sorte, l'institution engendrerait un besoin de vengeance auquel la « radicalisation jihadiste » constituerait la réponse par excellence. La dimension militante, politique et religieuse, est évacuée du modèle explicatif. Le lien avec les dynamiques ayant cours à l'extérieur n'est pas abordé et les évolutions internes à la mouvance sont négligées.

L'auteur prend ainsi grand soin de distinguer les jihadistes (« ultra-minoritaires ») des salafistes dont il note la présence nombreuse en détention. Les deux courants seraient hermétiques au motif que les seconds condamnent l'usage de la violence que prônent les premiers. Le fait qu'ils se fréquentent derrière les barreaux et qu'ils partagent, comme il le souligne pourtant, des conceptions communes du dogme islamique n'entre pas en ligne de compte. Selon lui, les salafistes se projettent dans la hijra, un idéal radicalement différent du jihad. L'auteur ne saisit pas que ces deux termes sont fondés sur la même utopie et, comme en témoigne le « califat » de Daech analysé précédemment, liés entre eux par les intéressés :

> *La très grande majorité des salafistes en prison vit avec un autre rêve que celui du djihad, à savoir celui de la hijra, où ils pourraient vivre plus aisément leur foi qu'en France laïque* [p. 358].

L'auteur considère que l'institution carcérale, pensée comme un « isolat », est responsable de la fabrique des « radicalisés ». Ce propos connaît un certain succès jusque dans les rangs de l'administration pénitentiaire.

La difficulté à comprendre l'effervescence de l'univers jihadiste derrière les barreaux et à anticiper ses évolutions à l'extérieur tient pour beaucoup à cette figure de la prison comme instance « totale » et coupée de la société que nos observations sur le terrain invalident.

Penser le jihadisme en prison au XXIᵉ siècle

L'observation de différents canaux légaux, informels ou illicites, démontre que les prisons ne fonctionnent nullement en autarcie. Les communications téléphoniques quotidiennes avec l'extérieur, les projections d'objets interdits par-dessus les murs, leur introduction à l'occasion des parloirs l'illustrent. L'association Sanabil dont l'activité reposait sur le *continuum* humain entre les réseaux de jihadistes incarcérés et ceux qui militaient à travers l'Europe a su faire usage efficacement de cette porosité. Fabien Clain, son concepteur, avait spontanément perçu celle-ci, au terme de sa première année de détention.

Les prisons ne sont donc ni un huis clos ni un espace

libre – puisque sujettes à la surveillance, ce que note aussi Olivier Milhaud dans son ouvrage *Séparer et punir. Une géographie des prisons françaises*, paru en 2017. Elles participent d'un « entre-deux » entre l'ordre totalisant pensé par Foucault et ses épigones, et l'univers ouvert des quartiers et des cités, comme le décrit le sociologue Loïc Wacquant, pour lequel les établissements pénitentiaires américains constituent des « super-ghettos » (Wacquant, 2000 ; 2001 ; 2009).

De même nos observations nous conduisent à nuancer le postulat selon lequel la prison formerait une institution « totale ». Le détenu n'y est pas exclusivement réduit à sa condition passive de reclus. Le système social interne ne se construit pas seulement par la coercition. Les équilibres fluctuent en fonction des catégories d'écroués, de leur proportion respective, mais aussi de la culture plus ou moins sécuritaire en vigueur au sein de l'encadrement, des méthodes, de l'expérience et de l'intelligence de ses agents en la matière.

Certes, les surveillants, identifiables à leur uniforme symbolisant le pouvoir qui y est associé, se distinguent. Le rejet des hommes en bleu est un point commun à toutes les détentions de par le monde, ce que rappelle le chercheur américain Antony Taylor (Taylor, 2011) :

> *Quel qu'il soit, le prisonnier sera automatiquement du côté de ceux qui sont incarcérés et contre ceux qui tiennent les clés.*

Mais les gardiens ne sont pas omnipotents et ne peuvent s'affranchir des dynamiques quotidiennes où ils évoluent. Ils sont tributaires des interactions formelles ou non qui s'établissent avec les reclus et entre ceux-ci. L'ordre social y est donc perpétuellement renégocié (Rostaing, 2014).

Dans la culture propre à l'administration pénitentiaire française, l'instrument de mesure d'une bonne gestion repose sur le primat du « calme en détention ». Plus une prison est agitée, plus son encadrement est tenu pour défaillant. Sur la base de cette maxime, sont acceptées ou prohibées des pratiques plus ou moins illicites. À l'image du trafic de cannabis – substance qui apaise ses consommateurs et tend à diminuer leurs comportements violents –, certaines sont tacitement tolérées dans le fonctionnement d'une maison d'arrêt. Ainsi, des sas d'illégalité plus ou moins grands sont laissés ouverts, dès qu'ils servent l'objectif de maintien de la tranquillité ou que le coût de leur répression s'avère trop risqué – culminant dans mutineries, incendies volontaires, etc.

L'administration n'est pas seule à agir sur la communauté des incarcérés, elle doit composer avec des « contre-pouvoirs » qui se forment en son sein. Pour y faire face, elle s'appuie en retour sur des relais ponctuels ou permanents grâce à certains prisonniers, qui disposent alors d'un rapport privilégié avec les surveillants pouvant leur être favorable.

Historiquement, les maisons d'arrêt françaises s'organisent selon des ==hiérarchies internes== qui dupliquent les mêmes schémas hors des barreaux. Les mafieux, grands criminels, braqueurs et trafiquants de haut vol forment le sommet du pouvoir informel. Ils bénéficient *a minima* du respect des autres, *a maxima* d'une autorité suffisante pour intimider l'encadrement. Au-dessous se trouvent les petits malfaiteurs ou les délinquants en « col blanc », qui devancent les dealers et les hommes de main. Eux-mêmes ont préséance sur les « toxicos ». Tout en bas de l'échelle figurent les détenus impliqués dans de graves affaires de mœurs (viols, pédophilie, etc.). Ceux-ci subissent de façon spécifique les vicissitudes et la violence qui s'expriment quotidiennement dans cet univers.

La hiérarchisation selon laquelle se distribuent les écroués varie en fonction des établissements et des rapports de force, mais favorise les regroupements. Derrière les barreaux, la question de l'appartenance est donc centrale. Qu'elle concerne un collectif identifié – ainsi des gangs de quartier, des skinheads – ou une communauté ethno-nationale – les « Corses », « Basques », « Gitans » – ou religieuse – les « islamistes » –, elle constitue une protection indispensable. Concrètement, elle permet à un individu de ne pas subir le sort qui lui serait réservé sur la base de sa place dans la classification carcérale. Le cas typique est celui d'un détenu isolé ou tout en bas de l'échelle du prestige qui accepte de rendre divers « services » à un groupe puissant derrière les barreaux afin de bénéficier de son patronage.

De tels collectifs s'avèrent d'autant plus influents en prison qu'ils renvoient à d'autres qui sont actifs « dehors ». En cela, les maisons d'arrêt constituent des chambres d'écho où s'amplifient certaines dynamiques en cours à l'extérieur.

Nonobstant leur statut respectif, les personnes écrouées sont interdépendantes au sein d'un éventail de relations et de contraintes dont résulte la stabilité générale de l'ensemble. L'ordre carcéral est donc mouvant, l'arrivée de certains individus ou le départ d'autres peuvent en redéfinir les contours. Un changement de personnel ou, *a contrario*, l'accueil de prisonniers ayant un nouveau profil peut entraîner, à l'échelle d'un établissement, des bouleversements majeurs. Reicher et Haslam (2006) ont démontré à travers une série d'expériences comment l'encellulement d'un militant syndical au milieu d'un groupe politiquement atone engendrait en quelques jours l'apparition d'un collectif et la formulation de revendications insoupçonnées.

Ces considérations replacent le détenu au cœur de l'étude de la prison et offrent une issue à la paralysie conceptuelle consistant à percevoir ces établissements comme identiques, figés autour d'un clivage net entre des surveillants tout-puissants et des incarcérés interchangeables.

Le diagnostic global du phénomène islamiste en France et en Europe est rendu possible dès lors que son expression dans ses divers territoires, des quartiers au Châm (Levant) et jusqu'à la prison, est pensée dans ce *continuum*. Celle-ci ne constitue aucunement un cul-de-sac dans lequel le jihadisme terminerait sa course. Au contraire, les établissements pénitentiaires définissent des espaces intermédiaires, des carrefours, à mi-chemin entre la France des banlieues et cités populaires et le Châm, où la mouvance fraye sa voie spécifique.

Dans cette perspective, l'univers carcéral est lisible comme une instance permettant par excellence l'épanouissement au quotidien de cette idéologie. En effet, les détentions forment des lieux sociaux cherchant à se prémunir contre l'influence et l'autorité de l'État. Elles s'érigent en contre-société *de facto* et organisent des contre-pouvoirs qui favorisent les regroupements entre les reclus. Les dynamiques jihadistes dans ce cadre peuvent dès lors se penser comme exacerbation de celles que l'on a observées ci-dessus à l'extérieur des barreaux, de l'Europe au « califat » de Daech. Comme dans les phalanstères, les militants évoluent entre eux, dans des espaces clos (*a fortiori* dans les unités dédiées aux détenus radicalisés). De même que dans les enclaves, ils cherchent à définir et imposer la norme religieuse dans un environnement qu'ils souhaitent homogénéiser autour de leur posture doctrinale. Or, ils sont au contact d'une population cible majoritairement issue des banlieues populaires, souvent d'ascendance maghrébine ou subsaharienne et déjà sujette à la prédication d'autres formes d'islamisme. Les écroués qui seraient « plongés » à leurs côtés doivent en ressortir « conscientisés » à l'issue de leur peine. À ce prisme, la prison devient pour les prosélytes un incubateur pour diffuser leurs idées vers les villes et quartiers dont sont originaires et où s'en retourneront leurs codétenus.

De fait, l'univers carcéral a constitué, depuis le 11 septembre 2001, à la fois la caisse de résonance des mutations internes au militantisme jihadiste et son espace d'expression privilégié. Selon la même logique, c'est là que ce phénomène poursuit son évolution après la chute du « califat » à l'automne 2017.

IRRUPTION DES « REVENANTS »

Au début de 2014, les jihadistes emprisonnés en France pour leurs liens avec une organisation syrienne ne représentent qu'une quinzaine d'individus. À la fin de l'année, ils sont près de quatre-vingts, soit autant que la totalité des membres d'al-Qaida incarcérés durant toute la décennie 2000. Presque tous sont répartis entre les maisons d'arrêt de Fresnes, Fleury-Mérogis et Osny, en région parisienne.

De Raqqa à Fleury-Mérogis

Les soubresauts initiaux se produisent dès l'incarcération des premiers revenants de Syrie et d'Irak. Stéphane Scotto, alors directeur de la maison d'arrêt de Fresnes, s'en souvient :

> *C'est au premier semestre 2014 que mon attention est attirée par les officiers sur le fait qu'il devient compliqué de gérer une partie de ce public.*

Dès leur placement en détention, les revenants se liguent et approchent les délinquants de droit commun qui partagent leur cellule. À Osny, le chef d'établissement de l'époque évoque cette situation :

> *En 2014, on s'est retrouvés avec des jeunes dealers de Villiers-le-Bel qui côtoyaient un « retour de Syrie » ayant servi dans la police religieuse sous Daech. Je vous laisse imaginer qui avait l'ascendant sur qui...*

Premières velléités de régulation de l'ordre carcéral, les revenants intimident les prisonniers jugés « solides » et affirment leur autorité sur tous les autres, selon le directeur de Fresnes :

> *À cette époque, certains détenus se plaignent de faire l'objet de pressions, de ne pas pouvoir écouter librement de la musique parce qu'elle serait profane, de se voir interdire certains types de discussions en cours de promenade.*

À l'été 2014, au moment où est proclamé le « califat » de l'EI, des informations identiques remontent de plusieurs établissements vers l'administration centrale. Tout indique alors que l'événement s'impose comme un enjeu saillant. Un haut responsable en poste s'en souvient :

> *Le directeur interrégional des services pénitentiaires de Paris fera un rapport d'alerte à la DAP :* « *Attention, il se passe des choses, et il faut qu'on puisse s'en saisir. Sinon, on risque de perdre le contrôle des détentions.* » *[...] C'est un phénomène* [l'activisme jihadiste] *qui prend de l'importance partout où il existe.*

Ces changements préoccupent d'autant plus l'administration qu'ils sont rapides alors que la prison est en principe le royaume du temps lent. Un chef d'établissement concerné remarque :

> *L'été 2014 a été charnière dans les esprits, dans la perception des tensions, mais aussi dans la volumétrie croissante des* [revenants] *incarcérés.*

En réaction, la DAP formule une requête au procureur de la République pour organiser la « déconcentration des prévenus pour fait de terrorisme islamiste des prisons franciliennes ».

La demande, restée lettre morte, n'affecte pas le cours des choses. Les constats épars ne provoquent pas encore de prise de conscience.

Les tâtonnements de l'administration pénitentiaire

Confronté à tout collectif en cours d'affirmation au sein d'une prison, l'encadrement pénitentiaire dispose de deux leviers d'action : la dissémination dans toute la détention ou le regroupement dans une même unité.

En 2014, les établissements franciliens suivent la première stratégie et dispersent les revenants encore peu organisés. À Fresnes, établissement le plus concerné, leur influence est dans un premier temps contenue. Un surveillant y fait référence au détour d'une anecdote :

> *Au début ça allait. Une fois déplacé, le PRI* [personne radicalisée islamiste, terme en vigueur à Fresnes] *testait... Il coupait la musique à la salle de sport en disant que c'est « haram ». Les autres détenus, des gros costauds, rallumaient la musique et montaient le son en lui expliquant qu'il ne fallait pas qu'il recommence.*

Mais l'augmentation continue des effectifs de jihadistes écroués à leur retour du Levant compromet rapidement la poursuite de cette politique. À l'automne 2014, ils constituent à Fresnes une bande de vingt-quatre individus, désormais trop nombreux. Selon un surveillant :

> *À partir de cinq* [jihadistes] *par aile de division* [environ cinq cents personnes], *on ne diluait plus, de nouveaux groupes apparaissaient.*

Le directeur de l'époque file la métaphore :

> *Prenez un grand verre d'eau et versez-y une goutte d'encre, l'encre va se diluer et l'eau ne sera pas troublée... Les individus dont on parle, c'est une encre dont la toxicité est telle qu'une simple goutte suffit à troubler tout le verre. Si vous ne versez pas l'encre à côté, vous perdez le verre. Vous perdez la détention...*

Face à pareil constat, ce chef d'établissement actionne fin octobre 2014 le second levier à sa disposition : le regroupement. Les prisonniers en lien avec des organisations jihadistes syriennes sont rassemblés au premier étage de la division 1 dans ce qui est désormais intitulé Unité de Prévention du Prosélytisme (U2P).

Au sein de la maison d'arrêt, la décision ne soulève que la critique d'un syndicat de surveillants en campagne électorale, battu dans la foulée au scrutin professionnel. Mais à la direction centrale de l'administration pénitentiaire, les réactions sont timorées. Dans les couloirs, le mot circule que ce haut cadre, réputé pour sa poigne, « fait n'importe quoi », et, en référence à un polémiste d'extrême droite, serait « en train de se zemmouriser ». Certains dénoncent des mesures « discriminatoires » à l'encontre des « musulmans ». La garde des Sceaux Christiane Taubira, invitée dans la matinale radiophonique de France Info le 25 novembre 2014, formule une admonestation :

> *Pour ma part, je suis très, très réservée [...] sur cette idée de regrouper. Cet établissement a pris cette initiative, l'administration pénitentiaire la suit de très près.*

L'inspection des services pénitentiaires (rattachée à la DAP) est dépêchée pour conduire un premier rapport, perçu en interne comme une tentative de la tutelle ministérielle pour torpiller cette décision. Le directeur envisage sa mise à pied.

De Charlie Hebdo *aux unités dédiées*

Les attentats des 7-9 janvier 2015 ont lieu dans cette atmosphère de bras de fer place Vendôme. En moins d'une semaine, le jeu politique s'inverse. Cinq jours après le massacre de la rédaction de l'hebdomadaire, le Premier ministre Manuel Valls adopte la formule du regroupement des « radicalisés » emprisonnés. Le 21 janvier, l'U2P de Fresnes est citée en exemple et inscrite au centre d'un programme de lutte contre le terrorisme que le gouvernement se met en tête de définir. La création des « unités dédiées » sur la base de l'« expérimentation de Fresnes » apparaît comme l'une des mesures phares d'une batterie d'annonces pour combattre la menace jihadiste « sur le territoire national, sur Internet et en détention ».

La prison est désignée comme un des espaces clés de l'action de l'exécutif. Le parcours pénal des trois auteurs des tueries des 7 et 9 janvier attire l'attention des commentateurs. Les assassins ont noué puis entretenu des liens étroits avec sept complices, anciens détenus de droit commun à Fleury-Mérogis, tous interpellés à la mi-janvier 2015 et soupçonnés d'avoir fourni armes et logistique.

La garde des Sceaux et une partie des cadres de l'administration se rallient à contrecœur à ces orientations de politiques générales. L'affrontement n'est pas dénué de fondement ni de rancœur. Pour Christiane Taubira, les conséquences des attentats mettent un terme à l'ambition de renouveau judiciaire qu'elle entendait impulser.

Vantant les mérites d'un rapport différent à la justice, cette dernière avait pris ses fonctions trois ans plus tôt à l'issue d'une campagne présidentielle entachée par les tueries de Mohamed Merah. À contre-courant, elle souhaitait « faire prévaloir les alternatives à l'incarcération ». La nouvelle orientation édictée par Matignon va dans le sens opposé. Par le biais de la lutte contre le terrorisme, le chef du gouvernement étend son périmètre d'action et limite d'autant celui de sa ministre. Les mesures font l'objet d'un conflit feutré au sein de l'exécutif qui cristallise une partie des tensions entre les deux pendants de la « synthèse » socialiste voulue par le président François Hollande. Elle s'achèvera un an plus tard par la démission de Christiane Taubira.

Au lendemain du 7 janvier, les unités dédiées deviennent un symbole, pour la République qui panse à peine ses blessures, de sa capacité à reprendre l'ascendant face au tempo politique imposé par les jihadistes.

Les candides de la déradicalisation

Six unités de prévention de la radicalisation (UPRA) sont inaugurées un an plus tard, en janvier 2016. Elles mettent en œuvre le regroupement de personnes détenues en raison de leur radicalisation par la séparation d'avec les autres, « l'évaluation de leur dangerosité » et l'instauration « de programmes de "déradicalisation" ».

Leur répartition, fixée en janvier 2015, perdure en partie dans le plan en vigueur en 2020. Elle entérine l'assignation des activistes en région parisienne, à Fresnes, Fleury-Mérogis et Osny, ainsi qu'au centre pénitentiaire de Lille-Annœullin. Concession faite aux juges antiterroristes confrontés à l'augmentation rapide du nombre de cas à instruire, cette décision a eu pour effet pervers de sanctuariser la prise en charge des jihadistes au sein de maisons d'arrêt où leur potentiel subversif était le plus élevé.

Le schéma original était formulé comme suit :

— La prison de Fresnes dans le Val-de-Marne (94) accueille deux UPRA. Construit en 1895 par Henri Poussin, cet établissement, réputé pour son architecture en « grande nef », est le plus vieux d'Europe en activité. Il a inspiré le plan du pénitencier de Rikers Island à New York. Ce monument historique est paradoxal : dernier lieu qui abrita la guillotine en France, ses murs font l'objet d'une inscription à l'inventaire du patrimoine, mais sa vétusté perpétue des infections d'un autre temps. La situation sanitaire globale est déplorable, comme en attestent plusieurs rapports du Comité pour la prévention de la torture et des peines ou traitements inhumains (CPT). Les lits infestés de puces et punaises poussent certains reclus à dormir à même le sol et les rats, plus nombreux que les humains, se risquent à mordre.

En premier lieu, l'UPRA n° 1 héberge durant six mois les écroués en phase d'« évaluation ». À l'issue de cette étape, les radicalisés sont orientés vers les autres unités dédiées correspondant à leur niveau de dangerosité ou réaffectés en détention ordinaire, si cela est évalué comme opportun. L'UPRA n° 2 est consacrée à la prise en charge des individus jugés « dangereux » ou « prosélytes », mais avec lesquels l'administration estime qu'il est encore possible de travailler en vue d'un « désengagement ».

— La maison d'arrêt de Fleury-Mérogis dans l'Essonne (91), plus grande prison d'Europe avec près de cinq mille personnes incarcérées pour trois mille quatre cents places, héberge également deux UPRA sur le modèle fresnois.

— Celle d'Osny-Pontoise dans le Val-d'Oise (95), de construction récente (1990), est le plus petit des quatre établissements retenus. L'unité dédiée doit accueillir les jihadistes que l'administration estime les « plus vulnérables », et donc les « mieux réintégrables » à terme dans la société française.

— Enfin, le centre pénitentiaire de Lille-Annœullin forme un cas à part : il appartient à la dernière génération carcérale en France (2011). Il a été édifié sur le même modèle que celui de Réau (Seine-et-Marne, 77), ultra-sécurisé – malgré l'évasion spectaculaire du braqueur Rédoine Faïd le 1er juillet 2018. Surtout, il est le seul à offrir un quartier entièrement séparé de la détention ordinaire. Son UPRA, d'une capacité de vingt-six places, accueille les personnes considérées comme les plus endurcies, correspondant dans les termes de l'administration aux « influenceurs récalcitrants », « idéologues » et individus les moins « déradicalisables ».

Le plan de lutte contre le terrorisme promulgué dans l'urgence le 21 janvier 2015 doit résoudre une équation complexe. Comment couper les jihadistes du vivier de recrutement potentiel que constitue le reste de la détention, sans dynamiser des synergies nouvelles entre ceux-là mêmes qui sont écroués dans les unités dédiées ?
Le dispositif, amendé en 2016 puis en 2018, n'atteindra

jamais ces objectifs pour la simple raison que la deuxième partie de la question n'a pas été prise en compte par les pouvoirs publics.

En effet, si la mise à l'écart des revenants est au cœur du projet, aucune mesure n'est envisagée pour prévenir la formation de noyaux d'activistes, de penseurs et de dirigeants qui pourrait résulter de ces regroupements de radicalisés. Et pour cause, ces derniers ne sont pas considérés comme un collectif militant, mais comme une somme de cas individuels à évaluer. De ce fait, l'effort de catégorisation pour déterminer les niveaux de nocivité n'épouse que malaisément la réalité du jihadisme observée ci-dessus.

La dimension doctrinale est délaissée au profit de la dangerosité « opérationnelle ». L'administration entend débusquer les « explosifs » et les éloigner des « mèches », sans envisager autre chose que la voie violente. Les professionnels chargés d'évaluer les radicalisés suivent des grilles standardisées qui font fi de la plasticité du phénomène. Surindividualisés, les propos des enquêtés ne sont pas resitués dans les dynamiques religieuses, politiques et sociales desquelles ils émergent. Les grilles n'intègrent pas la dimension collective, les parcours en France ou en Syrie.

Ainsi, les spécificités du jihadisme et ses mutations ne sont pas notifiées, ses effets sur l'environnement humain des détentions sont oubliés. Bien souvent, les revenants sont pris en charge par les professionnels comme s'ils étaient victimes d'un « embrigadement radical ». Cette analyse dominante à l'époque dans le débat public était pensée selon un processus des plus simplistes. La directrice de l'administration pénitentiaire de 2012 à 2016 indiquait avoir pris conscience « des problèmes de radicalisation » au printemps 2014, après une conversation avec Dounia Bouzar, figure médiatique particulièrement influente sous la présidence de François Hollande, à qui cette magistrate rendait un vibrant hommage lors de la cérémonie des vœux le 7 janvier 2016.

Les différents biais débouchent sur un déphasage entre la réalité du phénomène et sa perception par les pouvoirs publics. Les ateliers dits d'« intermédiation animale » mis en œuvre pour les jihadistes en fournissent une illustration. Dans le cadre de certains modules, ces derniers, dont certains étaient soupçonnés des pires exactions, se voyaient confier, le temps d'une séance avec un psychologue, un furet apprivoisé à caresser en vue de renouer « physiquement » avec l'altérité.

Ainsi, le dispositif va être frappé d'obsolescence avant même son inauguration officielle en janvier 2016, à mesure que les revenants réimportent et acclimatent les méthodes des organisations levantines derrière les barreaux.

2
Le champ de bataille derrière les barreaux
(2015-2016)

Dès l'ouverture des expérimentations des unités dédiées en 2015, les jihadistes s'emploient à exploiter la situation nouvelle à leur avantage.

LA RESTRUCTURATION PAR L'INCARCÉRATION

Dans les premiers temps, les détenus concernés ont réagi négativement à la création des UPRA.

Éveiller et unir :
les unités dédiées subverties par les jihadistes

Rachid, vingt-deux ans, qui s'exprime dans le cadre d'un entretien collectif à Osny, y voit le reflet d'une stigmatisation :

> *Ça change tout dans le rapport aux gens, même avec les surveillants !* […] *Il y a une grosse appréhension des gens.*

Jocelyn, revenant de vingt-quatre ans, écroué à l'UPRA de Fresnes après avoir séjourné dans le Nord syrien :

> *Ici, malgré les parcours différents des uns et des autres, on se sent tous mis dans le même sac. [...] S'ils veulent déradicaliser quelqu'un, c'est pas en prison que ça se fera ! [...] Moi de toute façon, je ne me vois pas comme radicalisé, j'ai une opinion, je me vois vivre avec cette opinion, que vous appelez « radicale ».*

Alex, converti de vingt-trois ans dont nous avons suivi la trajectoire désastreuse en Syrie à l'été 2013, vit mal les dispositions spécifiques en vigueur dans l'unité de Fleury-Mérogis. Son propos souligne l'intérêt que prêtent les jihadistes aux autres détenus :

> *Les unités dédiées, c'est hyper sécurisé. On a des fouilles de cellule une fois par jour, on a des fouilles anales après chaque parloir. Ils [les surveillants] écoutent aux portes. On sent vraiment le poids de l'incarcération. [...] Je suis éloigné des droits-communs, si je veux parler à un non-musulman, je peux pas. Je peux échanger qu'avec des terros [comprendre : des jihadistes]. Moi, j'étais contre mon placement en unité dédiée. Avec la pénitentiaire, j'ai l'impression qu'on joue au chat et à la souris.*

Abdel le geek revient sur son bref passage dans l'UPRA de Fleury-Mérogis :

> *Les unités dédiées, c'est la* hogra [l'« humiliation », en arabe dialectal maghrébin], *t'es fouillé à poil de haut en bas, t'as les ÉRIS* [Équipe rapide d'intervention et de sécurisation – les forces spéciales interrégionales de la DAP] *qui débarquent*

au premier problème. Tu manges avec des couverts en plastique... Ça crée des vocations. Sans parler des complots qui peuvent se monter de l'intérieur... 'fin, Fleury, c'est compliqué, on va pas s'évader [rires].

Comme les différents propos ci-dessus l'expriment chacun à leur façon, le placement en UPRA n'est pas apprécié par ceux qui y sont assignés (« ça change tout »). Les mesures de surveillance renforcée sont mal vécues et ils perçoivent les supervisions particulières dont ils font l'objet comme des entraves à leur marge de manœuvre.

Mais l'entre-soi jihadiste qui y préside (« je peux échanger qu'avec des terros ») favorise rapidement la connivence (« s'ils veulent déradicaliser quelqu'un, c'est pas en prison »). Dès leur mise à l'écart, tous les détenus rencontrés expriment leur appartenance à un collectif à travers l'emploi du « nous » qui renvoie ici aux écroués dans ces unités. Cette première personne du pluriel à vocation communautaire, antérieure à la création des UPRA, s'oppose au « eux » qui désigne aussi bien les agents pénitentiaires, que les « Français », les médias ou l'État. Cela contraste fortement avec les programmes d'évaluation conduits par la DAP au même moment qui reposent sur l'individualisation des approches.

Les UPRA se dessinent dès leur ouverture comme un milieu où les jihadistes forment un public identifié (« mis dans le même sac »), mais où prédomine la diversité des profils (« malgré les parcours différents des uns et des autres »). Ils comprennent qu'au sein de ce nouveau microcosme, ils vont pouvoir s'organiser (monter des « complots »), voire passer à l'action (« ça crée des vocations »). Ils évoluent pourtant sous la surveillance la plus étroite possible de l'État français (« ils écoutent aux portes ») et savent qu'ils ne peuvent « s'évader ».

La réimportation du jihad syrien

Quelques mois après son lancement, le dispositif est en passe d'être transformé par les jihadistes en un phalanstère d'un nouveau genre. L'un d'entre eux, amusé, nous fait remarquer : « Vous savez, nous, dès qu'on est plus de trois, on nomme un émir. »

Rédoine revient sur l'état d'esprit général, peu propice à la déradicalisation, qui règne dans les unités dédiées de Fresnes :

> *Y a un gars ici* [un revenant], *il se fait surnommer « le faible » parce qu'il a dit à son procès qu'il avait été manipulé pour partir en Syrie.*

Les conditions d'incarcération spécifiques (encellulement individuel, etc.) qui ont pour justification d'instituer les bases d'un rapport positif entre l'encadrement et les prisonniers et favoriser la déradicalisation causent du ressentiment ailleurs dans l'établissement, comme l'explique un surveillant :

> *Ils* [les radicalisés en UPRA] *ont accès à la muscu* [salle de sport], *à la bibliothèque à des horaires réservés pour eux... Ça crée des tensions dans le reste de la détention. Là-bas, les mecs sont trois par cellule et pètent des câbles. Alors j'exagère, mais y a le gars qui est là parce qu'il a volé une mobylette et qui nous dit :* « Ces mecs-là, c'est des ordures et ils ont tout ! »

Progressivement, les dynamiques s'opacifient. Le directeur de la prison de Fresnes en formule le constat :

> *Jusqu'au premier semestre 2015, on a affaire à des gens qui ne cachent pas leurs convictions et ne cherchent pas à nous mener en bateau. Après, on commence à voir des pratiques de dissimulation se mettre en place.*

Le Premier Surveillant de cette unité fait part d'observations convergentes qui vont à rebours de la prise en charge « individuelle » :

> *Je le vois, dès qu'il y en a un qui a un doute, il a désormais de part et d'autre de sa cellule deux mecs qui le remontent comme un coucou, qui le regonflent à bloc. Je les entends discuter toute la nuit. C'est un gros effet pervers du regroupement. Ça les endurcit.*

Les codes en vigueur dans les UPRA empruntent progressivement à ceux instaurés sous le « califat ». Parmi les jihadistes concernés, certains sont passés en quelques jours du champ de bataille syrien à la cour de promenade des prisons franciliennes. Incarcéré à Fresnes, Rédoine est marqué par les séquelles de la survie quotidienne qu'il a tenté de bâtir en pleine guerre civile. Au petit matin, alors que les premiers avions de l'aéroport voisin d'Orly décollent, il lui arrive de se réveiller en sursaut pour plonger sous son lit, persuadé d'y revivre des bombardements. À Fleury-Mérogis, Abdel relève, non sans se moquer, l'instabilité de certains de ses camarades :

> *Y a des mecs traumatisés à cause de la guerre. Ils sont pas nets* [rires] *! Ils sont en promenade, ils regardent en l'air et au premier bruit, ils bondissent... Ils ont encore les réflexes de la Syrie.*

Outre les séquelles psychologiques, d'autres repères établis au Levant sont encore visibles chez les détenus, tels que les affiliations partisanes, les convictions doctrinales, les valeurs morales. Ainsi, l'un des premiers critères de respectabilité au sein des UPRA repose sur le fait d'avoir effectué un séjour au Châm et de s'être conformé à l'obligation de la hijra et du jihad. Le groupe ou la brigade (*katiba*) que les revenants ont intégré, la durée du passage et les lieux de résidence sur la zone de front ou à « l'arrière » sont autant d'éléments de hiérarchisation. D'autres facteurs comme la proximité présumée avec un ou plusieurs « émirs » français sont importants, signe que les dynamiques hexagonales entrent également en ligne de compte.

Les catégories propres à l'univers du jihad syrien se perpétuent d'autant plus aisément derrière les barreaux que l'environnement humain demeure parfois inchangé. Ousmane, originaire du Val-de-Marne et passé par Alep en 2013, s'en réjouit :

> *Ici à Fleury, il y a pas mal de gens que j'ai croisés en Syrie.*

En s'érigeant involontairement comme un espace de recomposition de l'EI en déroute au Proche-Orient, les UPRA deviennent un enjeu politique majeur pour les différentes mouvances qui s'y trouvent rassemblées.

L'activisme en détention

En 2015, avec deux ans de retard sur la Syrie, les partisans du « califat » rejouent la *fitna* (discorde) de l'été 2013 contre les sympathisants d'al-Nosra incarcérés à leur côté.

Le centre pénitentiaire de Fresnes est présenté par les jihadistes comme celui où les affrontements intestins ont été les plus virulents. Plusieurs détenus évoquent les offensives de la frange la plus dure des adeptes de l'EI, désignée comme *ghoulat* (zélotes). Jocelyn, qui a pourtant vécu plusieurs mois sous Daech, décrit la pression que ces derniers exercent sur l'environnement de l'unité fresnoise :

> *Des* ghoulat, *il y en a ici* [à Fresnes]. *C'est stressant, parce que si vous vous manquez sur un truc religieux, ils sont violents. Si vous dites un mot approximatif, ils vous tombent dessus.*

Dans le même établissement, Edwyn, un converti de vingt-huit ans, a été identifié par des revenants de l'EI comme proche d'un membre du Front al-Nosra et s'est vu ostracisé :

> *Ici, je me suis battu avec des gens de l'État islamique et pas qu'une fois !*

Il mentionne plusieurs bagarres dont l'une l'a opposé à Djibril, l'Occitan fasciné par Merah qui avait rejoint Daech à l'été 2013 :

> *Un jour pendant la promenade, les gens de l'État islamique se sont réunis et ils ont dit : « Y a un mec d'al-Nosra qui vient d'arriver* [dans l'unité dédiée], *on a une règle : le premier qui lui parle, il "sort de l'islam"* [c.-à-d. il devient "apostat", donc mérite la mort]. *» Moi, je lui ai parlé à ce mec et ils m'ont dit : « Tu es sorti de l'islam ! » Alors je me suis battu avec l'un d'entre eux* [il s'agit de Djibril]... *c'est un discours que je n'avais jamais entendu de toute ma vie ! Et pourtant, avant d'être en détention, je traînais avec les pires !*

L'excommunication dont Edwyn a fait l'objet de la part des partisans de Daech s'explique aussi par le fait qu'il a été le premier « leader » à s'imposer à l'ouverture de l'UPRA. L'arrivée des revenants de Daech au fur et à mesure de l'année 2015 a changé le rapport de force en sa défaveur :

> *Les mecs de l'EI en détention ont fait une liste des gens infréquentables qui étaient « sortis de l'islam » au sein même de l'unité dédiée ! Dans cette liste, y avait quatre, cinq noms* [sur environ vingt-cinq] *et j'étais dedans, du coup.*

La prise de pouvoir par les adeptes de l'EI a poussé Edwyn, émir déchu et jihadiste convaincu, à réclamer à l'administration son transfert :

> *Dans le passé, j'avais déjà entendu des* ghoulat, *mais ici* [dans l'UPRA de Fresnes], *y a que ça ! C'est chaud... j'ai demandé à plusieurs reprises à la direction de changer d'étage à cause de ça.*

Les deux autres établissements de région parisienne concernés par l'accueil de ce public ont connu les mêmes dynamiques. Abdel, le geek écroué à Fleury-Mérogis, détaille les modes d'intimidation utilisés à l'encontre des fidèles d'al-Nosra :

> *Au D1* [bâtiment de la division 1] *où j'étais avant, il y en a un* [partisan d'al-Nosra] *qui se faisait taper et que les autres empêchaient d'aller en promenade. Dans l'escalier, ils lui faisaient la misère. Y a eu des couteaux de sortis.*

Ousmane, un temps incarcéré à Fleury-Mérogis, confirme la résurgence des affrontements qu'il avait vécus au Châm à l'été 2013 :

> *Dans la cour de promenade, il y a eu des bagarres entre les gars d'al-Nosra et ceux de Dawla* [Daech] *! On en est arrivés là ! Et si tu leur demandes si c'est légitime, ils te diront :* « *Oui, à cause de ce qui s'est passé en Syrie* » [la guerre intestine entre factions jihadistes survenue à cette période].

Comme au Levant deux ans plus tôt, les cadres d'al-Nosra inférieurs en nombre abdiquent devant les adeptes de Daech. Abdel poursuit :

> *Les anciens d'al-Nosra ont eu peur et sont devenus pro-Dawla, les irréductibles se taisent ou sont pestiférés. Mais la plupart d'entre eux disent :* « *Je les ai combattus là-bas* [à l'été 2013], *je vais pas les combattre ici.* » *La tendance à Fleury aujourd'hui* [en 2016], *c'est à 98-99 % pro-Dawla* [Daech].

À partir de 2016, les zélotes de l'EI ont imposé leur horizon doctrinal au sein du monde enclavé des unités dédiées. Ces changements, parfois brutaux et conflictuels, se font au vu, mais à l'insu de l'encadrement qui constatait ces manifestations sans en comprendre la signification. Ainsi dans l'unité d'Osny, censée accueillir les jihadistes les « moins dangereux », les surveillants ne saisissent pas les enjeux extérieurs à la prison qui se répercutent sous leurs yeux et redessinent les environnements humains dont ils ont la responsabilité. L'un d'entre eux nous confie :

> *Y en avait un qui se battait avec les nouveaux, il n'arrêtait pas de dire qu'ils ne faisaient pas partie du même groupe en Syrie. [...] Nous, on ne savait pas de quels groupes ils parlaient... On n'avait pas les infos de base sur eux. Il y en avait un qui avait tenté d'assassiner un de ses supérieurs dans la mairie où il travaillait... Ce sont des choses qu'on aimerait quand même savoir !*

À rebours d'une inflexion individuelle dans le sens d'une déradicalisation, les unités dédiées se « daéchisent » à mesure de l'incarcération des revenants. Cette situation se produit avant même l'inauguration officielle du programme d'UPRA qui a lieu le 7 janvier 2016, en présence de la garde des Sceaux.

L'ENA DU JIHAD

> *J'ai jamais été autant épanoui idéologiquement et mentalement qu'en prison. Regarde : Mandela, Baghdadi, Che Guevarra, Marx, tous les gens qui veulent refonder une société sont passés par la prison. C'est une étape indispensable* [fier]. *La légitimité d'un discours se capte lorsque l'on passe par ces étapes-là.*

Youssef, un idéologue de vingt-sept ans, perçoit la prison comme un lieu de réflexion et d'approfondissement à part entière, un passage obligé et nécessaire. Il reprend :

> *Enfermer le mec, c'est du pipi de chat quand il était prêt à mourir ! Dix ans de prison ? c'est « fi sabil illah* [dans le chemin de Dieu], *je vais apprendre le Coran et sortir plus fort ».*

Comme le résume Abdel, le geek, l'incarcération par définition temporaire constitue une étape de la formation du « soi » jihadiste.

> *Y a deux cas de figure possibles quand t'entres en prison. Soit tu t'améliores dans tous les domaines, en religion, en sport, en éducation. Soit tu deviens une énorme merde, tu fumes du shit, tu bois et tu bouffes, tu regardes la télé. Pour un islamiste, dans le pire des cas, en prison, il apprend la religion.*

En ce sens, les UPRA, lieux de confinement, sont exploitées par les revenants comme des phalanstères et des espaces de « perfectionnement ». Abdel poursuit :

> *Aujourd'hui, on fait carrière dans le terrorisme et une bonne partie se fait en taule* [rires]. *Vu l'ampleur des peines, huit à quinze ans, ils [les jihadistes emprisonnés] ne se projettent pas dans l'avenir. Donc ça se structure d'abord en prison.*

Ce dernier met en application ses observations en consacrant beaucoup de son temps derrière les barreaux à dévorer des ouvrages en tous genres, au point d'avoir une culture générale honorable pour un homme qui, adolescent déscolarisé, baignait dans l'alcoolisme. Il détaille son programme méthodique de lectures :

> *Je lis par série : un roman, un livre de psycho, un de socio et un de politique. À force, je suis devenu un expert en totalitarisme* [rire]. *Quand je compare le PKK* [organisation indépendantiste kurde] *qui est complètement dans le militantisme politique armé de type soviétique, après je vois des configurations qui se dessinent pour nous.*

Comme lui, la plupart des enquêtés rencontrés, à l'exception des plus fragiles mentalement, utilisent le temps en détention pour s'élever intellectuellement. Plusieurs d'entre eux évoquent leur frustration scolaire et se félicitent de la possibilité qui leur est offerte de remédier à leur manque de qualification en prison. À Fresnes, Edwyn a pu obtenir le baccalauréat par correspondance et nargue désormais les surveillants qui n'ont pas atteint ce niveau d'études. Dans les évaluations dont ils font l'objet, la reprise d'un cursus universitaire est presque systématiquement interprétée comme un premier pas vers la renonciation à l'« idéologie violente ». Pourtant, les intéressés ne voient aucune incompatibilité idéologique avec le jihadisme dans la politique d'accès à l'éducation favorisée par la pénitentiaire. Ils plébiscitent au contraire ces mesures qui renforcent leur capacité à défendre leur vision du monde. D'aucuns choisissent des formations orientées en fonction des objectifs qu'ils s'assignent dans leur « carrière » d'islamiste. Edwyn, le recruteur de vingt-huit ans, venait de s'inscrire en faculté de psychologie par correspondance :

> *Je lis Freud en ce moment. Depuis tout petit, j'ai toujours eu le don pour cerner les gens, mon point fort c'est pas la dimension religieuse.*

De manière générale, les études d'histoire sont plébiscitées. Youssef, un idéologue, en a fait sa maxime :

> *L'Histoire, c'est fondamental, je pense comme Staline* [sic] *: celui qui contrôle le passé, contrôle le futur.*

Ces dynamiques d'apprentissage sont favorisées par l'émulation collective qui règne en unité dédiée ainsi que par l'accès « au savoir » disponible en ligne via, pour ceux qui s'en sont procurés, les smartphones. Lorsqu'ils n'en disposent pas – ce qui est rare – les jihadistes retournent au moyen de documentation pré-technologique : le livre et ses feuillets.

Phalanstères derrière les barreaux

Le mode de vie en UPRA s'apparente à une existence semi-monacale. Il évoque une exacerbation du communautarisme dans les phalanstères salafistes en France ou ceux du Caire, de Dammaj au Yémen ou de Damas.

Hicham utilise l'isolement pour mémoriser le Coran et des recueils entiers de hadith (dits et récits de la vie du Prophète) dans l'espoir d'être reconnu un jour comme *hafiz*, érudit ayant appris par cœur le texte du Livre sacré. Incapable de terminer ses études de gestion débutées en IUT, il « manque de temps » en détention tant il est investi dans sa démarche. Le renforcement idéologique à l'œuvre à l'extérieur, dans l'entre-soi des cités, s'intensifie en cellule : « Ici au moins, je n'ai pas les distractions de mes amis du quartier. »

À l'image des autres prisonniers, les jihadistes écroués sont assidus aux séances de sport. Certains jouent le rôle de coach pour les autres, s'attribuant ainsi le titre d'« émirs sportifs ». Ces temps sont ainsi l'occasion de dépasser les clivages entre groupes rivaux et de consolider le collectif en cours d'apparition. Ils disposent dans le cadre de leur « programme » d'un accès privilégié et en comité restreint aux appareils de musculation. Le corps des jihadistes a tendance à se métamorphoser après le placement en détention, phénomène courant en prison, mais exacerbé dans les UPRA. Abdel, à la carrure frêle en 2014 lors des audiences de son procès où nous l'avions rencontré, s'était sculpté des épaules d'athlète comme nous l'avons constaté lors de l'entretien de novembre 2016. À Lille-Annœullin, Sofiane, une figure de la mouvance à Toulouse, s'astreignait, selon les commentaires d'un des surveillants, à une préparation « quasi militaire ». Il répartissait son temps libre entre réveil musculaire tonique au petit matin, mémorisation du Coran et apprentissage de la religion jusqu'à l'heure du déjeuner, avant de se lancer dans la lecture de livres profanes l'après midi – dont certains au titre évocateur, comme *Stratégie, Les 33 lois de la guerre*, un best-seller de l'auteur américain Robert Greene. Le soir, il disséminait ses nouvelles connaissances à ses codétenus par la fenêtre.

De la sorte, les unités dédiées fonctionnent comme une contre-société *entravée* par la surveillance de l'administration pénitentiaire, *mais fédératrice.*

L'expansion vers les droits-communs

Les environnements militants reconstitués en prison deviennent des sas d'acclimatation du jihadisme moyen-oriental au contexte français. Ils visent principalement les quartiers, par l'intermédiaire des individus écroués qui en sont originaires et y feront retour après leur élargissement.

Comme l'indique le tableau ci-dessous, le prosélytisme tant redouté entre revenants et prisonniers de droit commun a bien eu lieu, malgré les mesures de mise à l'écart de ceux-là. Entre 2014 et 2018, la plus forte progression du contingent radicalisé s'observe ainsi hors unités dédiées, en détention dite « ordinaire ».

Tableau 1 : Explosion du nombre de jihadistes incarcérés*
en France entre 2014 et 2017

Année	Nombre total de jihadistes incarcérés	Dont femmes	Nombre de signalements chez les détenus de droit commun pour « jihadisme »
Début 2014	≅ 15	0	0
Début 2015	≅ 80		
Début 2016	≅ 220		
Début 2017	≅ 370		
2018-2020	≅ 500	≅ 50	1150

* Par « jihadistes incarcérés » nous entendons les détenus et prévenus pour « faits de terrorisme », « association de malfaiteurs en vue d'une entreprise terroriste » et faits graves d'« apologie du terrorisme » dont la qualification révèle qu'ils sont en lien avec une organisation se revendiquant du jihad en France, en Afrique ou au Levant. Cette définition recouvre celle de la DAP pour les personnes qui sont ainsi éligibles à une prise en charge au sein des UPRA lors de leur installation officielle en janvier 2016.

Le directeur de l'un des établissements franciliens concernés décrit les changements qui caractérisent la détention en 2016 :

> *Fin 2015, il y a deux problèmes. D'une, on continue à masser en prison les gens qui ont ce profil-là* [les revenants de Daech]. *De deux, apparaissent de nouveaux profils, moins facilement identifiables, incarcérés sous le label « droit commun ». Ils sont « radicalisés », mais dans des stratégies de dissimulation, et s'attachent à passer sous les radars. Leur nombre devient important, et ce sont eux qui vont « métastaser » au sein de la détention.* [...] *Cette situation va compliquer les « mises à l'écart » dans les unités dédiées. Parce que c'est facile à faire quand vous pouvez identifier qui il faut mettre à l'écart* [...], *c'est beaucoup plus problématique quand ce sont des « droits-communs ».*

Le constat que fait ce responsable est le produit des limites inhérentes à l'approche de l'administration pénitentiaire. Par le biais des « évaluations individuelles », les profils les plus intelligents et dissimulateurs sont moins bien « détectés » et donc fréquemment replacés parmi les détenus ordinaires. À l'inverse, les plus vindicatifs, qui ne sont pas toujours « les plus dangereux », sont régulièrement évalués comme tels et accaparent disproportionnellement la surveillance au détriment des plus discrets.

Le cas de Youssef illustre le tâtonnement dont il a été fait preuve dans la gestion de ce public. Incarcéré quelque temps parmi les droits-communs à Fleury-Mérogis, il est transféré au centre pénitentiaire de Lille-Annœullin où sont écroués les « idéologues endurcis ». Après plusieurs mois sur place, et à l'encontre de toute cohérence, il est sorti du dispositif UPRA, et intègre une prison de la région parisienne. Il passe ainsi du plus haut échelon de radicalisation à la détention ordinaire. Au quartier ultra-sécurisé de Lille où nous l'avions rencontré en 2016, ce dernier ne faisait pas mystère de son activisme qui lui avait valu sa présence en pareil lieu :

> *Quand j'étais à Fleury* [Mérogis] *en 2015, avant qu'on m'envoie ici* [à l'UPRA de Lille], *ils m'avaient mis un temps avec les droits-communs. C'était du pain bénit ! Tout le monde adhérait à ce que je disais !*

Un deuxième facteur relatif à la diffusion des thèses jihadistes au sein de la détention ordinaire tient à l'architecture des établissements concernés, aisément observable par tout visiteur. Dans les trois maisons d'arrêt d'Île-de-France, le périmètre de jonction avec les UPRA est restreint et identifié. Il est donc surveillé mais ne peut être supprimé – notamment par les mécanismes de va-et-vient du « yo-yo » entre les fenêtres[1]. Ainsi un rabatteur pour le jihad syrien se targuait-il auprès de nous de son influence sur les prisonniers de droit commun des cellules voisines : « Les jeunes évoluent très rapidement à mon contact. »

En sus des limites inhérentes au bâti, l'accroissement du nombre de jihadistes derrière les barreaux a été plus soudain qu'anticipé. Les UPRA ont été calibrées pour accueillir quatre-vingts personnes, alors que près de mille cinq cents Français étaient identifiés au même moment sur le territoire du « califat » de Daech. Elles ont été conges-

---

1. Le yo-yo est un morceau de drap déchiré, tendu entre les fenêtres de deux cellules. Sorte de tyrolienne rudimentaire, il sert à faire circuler toute sorte d'articles (nourriture, livres mais aussi objets interdits).

tionnées avant leur ouverture « officielle » en 2016, et les dizaines d'individus en surplus qui y auraient leur place ont été maintenus en détention ordinaire.

Hicham entre dans ce cas de figure. Âgé de vingt-huit ans lors de l'entretien à la fin de 2016 dans la prison d'Osny, il était accusé par la justice d'avoir recruté plusieurs membres de son entourage pour les organisations syriennes. Après un court séjour en unité dédiée, il a réintégré la détention ordinaire où il se faisait discret :

> *Nous, on va pas chercher les problèmes. Je sais bien que je suis dans une position délicate, je ne veux pas qu'il y ait des rapports en détention qui me nuisent au procès.*

Il fait néanmoins état de l'ascendant dont sont crédités les jihadistes auprès des droits-communs :

> *J'ai jamais eu de problème. Les personnes incarcérées pour « terro » jouissent d'une légitimité religieuse ici [à Osny]... tout le monde nous appelle « les frères », même les braqueurs.*

Pour autant, Hicham demeure précautionneux. La résistance que les plus respectés en prison peuvent lui opposer, à l'instar des braqueurs auxquels il fait référence, le pousse à focaliser sa prédication sur les plus vulnérables.

> *Forcément je me sens plus proche d'un religieux que d'un trafiquant de drogue, on n'a pas les mêmes valeurs.*

Avec son air délicat, il distribue des produits alimentaires de base aux indigents de son aile. Par ce biais, les jihadistes appâtent les détenus sans le sou qui répondent à l'appel du ventre. À la manière d'un prédateur, il profite de la relation de dépendance qui s'établit avec eux pour leur inculquer les « valeurs » de l'islam. Sa démarche évoque celle du converti belge Jean-Louis Denis dit « le Soumis » à Molenbeek qui « conscientisait » les sans-abri de Bruxelles par le biais de son association Les Restos du Tawhid.

Outre la diffusion de la doctrine vers de nouveaux cercles, la présence des militants en prison tend à consolider les réseaux hors des murs.

Les prisonniers : « demi-martyrs »

Les activistes incarcérés suscitent une sorte de fascination sur les membres de la mouvance à l'extérieur, ce qui souligne la centralité – et non la marginalité – de cet espace dans la géographie mentale du jihadisme français. Des collections de livres religieux salafistes en vente sur la Toile sont ainsi dédiées à ces « éprouvés d'Allah ».

Signe de la mania qui les entoure, ils font l'objet de nombreuses sollicitations, comme l'évoque Abdel, le geek :

> *C'est un délire. Y a un succès de ouf à être jihadiste en prison* [...]. *Beaucoup se marient ici, y en a qui font des « bébés parloirs »* [relation sexuelle rapide, le temps du parloir et à l'insu de la surveillance], *moi j'ai pas le culot.*

Ousmane, qui a passé une dizaine de jours à Alep en 2013, se confie sur son histoire :

> *Après mon jugement, y a plein de gens qui m'ont contacté. J'avais un téléphone* [portable, ce qui est illégal] *et une amie,*

> avec qui j'étais en classe petit et qui est devenue prof d'anglais, m'a appelé. Maintenant, elle vient me voir au parloir. Elle envisage de faire sa vie avec moi et elle n'est même pas musulmane ! Ça, tu vois, ça redonne un peu d'espoir.

La description d'Ousmane évoque le pouvoir d'attraction qu'exercent certains grands criminels ou des détenus dont les affaires ont été médiatisées. Mais en l'espèce et contrairement à ces cas individuels, l'incarcération des jihadistes est dépositaire d'un sens collectif. Abdel, le geek, raconte l'intensification du phénomène depuis l'avènement de Daech :

> *Quand j'étais un « bébé jihad »* [quand il venait d'entrer dans la mouvance], *les sœurs avaient du respect et une fascination pour les frères en prison. Mais aujourd'hui, c'est une tendance dingue, c'est vraiment un truc de ouf* [fou].

Être prisonnier de l'ordre mécréant (*taghout*) vaut certification de « jihadité » et confère aux intéressés un statut de « véridiques » (*siddiq*). Il leur permet de s'élever aux yeux des frères et sœurs à l'extérieur au rang de « demi-martyrs ».

Un séjour en maison d'arrêt traduit une supériorité morale analogue au passage sur le front en Syrie et en Irak, comme Rédoine y fait référence :

> *J'ai vu un pote au placard* [en prison] *la dernière fois, il m'a dit : « C'est toi Rédoine ? La star ? » Je suis parti là-bas* [en Syrie] *! J'ai fait mes preuves, j'ai montré que je suis un bonhomme.*

Contrairement aux délinquants ou aux trafiquants pour qui l'incarcération peut jouer le rôle de rite initiatique, les détenus jihadistes sont valorisés parce qu'ils incarnent les victimes par excellence de l'injustice qui cible les « meilleurs musulmans » selon une lecture salafiste. La prison produit une distinction dans les milieux sympathisants à l'extérieur, au-delà des franges directement concernées par celle-ci.

Au centre pénitentiaire de Lille-Annœullin, l'éloignement a poussé les proches à s'organiser pour les visites. Ainsi, ceux d'un idéologue du Sud-Ouest partageaient les frais de covoiturage avec l'entourage d'un autre, depuis Paris. Les femmes des uns ont été hébergées dans la famille d'un détenu résidant à Lille, facilitant leur venue à la maison d'arrêt. Autour de la logistique des parloirs, un réseau de solidarité à plusieurs niveaux a vu le jour et des mariages ont eu lieu. De la sorte, la connivence doctrinale entre les reclus du centre pénitentiaire le plus sécurisé de France est renforcée par la puissance des liens affectifs qui s'enchevêtrent et se nouent dans leurs familles à cette occasion. Le nouveau groupe forme ainsi une entité collective cohérente et soudée d'un bout à l'autre grâce à l'expérience de la prison.

LE TROISIÈME FRONT

En mai 2016, l'EI en décrépitude au Levant lance par la voix de son porte-parole Abou Mohamed al-Adnani une ultime campagne de déstabilisation de l'Europe. Celle-ci intervient dans un contexte d'extraordinaires tensions sécuritaires en France, marqué par l'organisation de l'Euro 2016 de football, du 10 juin au 10 juillet, huit mois après les attentats-suicides aux portes du Stade de France le 13 novembre 2015.

À Fleury-Mérogis « 106 écrous terroristes » sont décomptés alors que les deux UPRA ouvertes en janvier ne disposent que d'une cinquantaine de places au total. Sous le poids du nombre, les zélotes (*ghoulat*) de l'EI qui ont reconstitué en partie leurs réseaux vont entreprendre de passer à l'action.

L'été chaud derrière les écrous

À la fin du printemps 2016, la situation sécuritaire se dégrade dans les établissements, et les unités dédiées en forment les points de crispation. À l'approche de la période estivale, la matière « jihadiste » en détention prend de l'épaisseur et se durcit. L'encadrement pénitentiaire nous confiait pour la première fois un boîtier d'appel d'urgence à actionner dans l'éventualité d'une « attaque » au cours des entretiens que nous conduisions.

L'apparition de cas préoccupants contredit les espoirs initiaux de la DAP. En parallèle de l'agressivité grandissante de certains *ghoulat*, la tendance est à la « normalisation » comportementale. La plupart des revenants écroués présentent tous les signes d'une « suradaptation » aux mesures de prise en charge. Ainsi, Rédoine la « star », qui refusait de « se désavouer intellectuellement de l'EI », se disait simultanément prêt à jouer le « repenti chez [Laurent] Ruquier ».

À la maison d'arrêt des femmes de Fleury-Mérogis, les détenues jihadistes, moins nombreuses que les hommes, et comptant une vingtaine de personnes à l'époque, témoignent des mêmes évolutions. Un groupe parmi elles tend à exhiber des signes ostentatoires d'une « sortie de la radicalisation ». Elles fument, écoutent de la musique rock, ne font plus leurs prières. Elles espèrent bénéficier d'une notation favorable de l'administration pénitentiaire et cumuler de bons points de déradicalisation dans l'espoir d'une remise de peine. Elles ont intégré le sens des tests psychologiques – artificiellement conçus sous forme de questionnaires – et usent de stratégies de dissimulation à cet effet (*taqiyya*). Elles ont intériorisé les grilles d'analyse utilisées par les « référents radicalisation » pour brouiller les pistes d'évaluation. Simultanément, certaines zélotes s'affirment *a contrario* avec ostentation. L'arrivée d'une militante particulièrement récalcitrante engendre des troubles de premier ordre que relate une magistrate au pôle antiterroriste du Parquet de Paris au début de l'été 2016 :

> *Il y a eu des tentatives de prises de pouvoir et d'intimidation de la part des détenues terro qui étaient là. […] Elles faisaient régner la terreur, menaçaient les autres... elles imposaient leur loi, elles reprochaient aux autres de pas être assez pratiquantes, elles les traitaient de kouffar* [mécréantes], *avec des pressions physiques et morales assez importantes...*

Des débordements se produisent jusque dans un lieu ordinairement calme puisqu'il abrite les incarcérées qui viennent d'accoucher. La magistrate poursuit :

> *À la pouponnière, y a deux détenues qui ont foutu un bordel total... Ça a atteint un tel point qu'on a dû en extraire une et la séparer de son enfant, ce qui est très, très rare.*

Ces frémissements anticipent de quelques semaines la première démonstration de force fomentée par des jihadistes depuis l'intérieur d'une prison.

La katiba *de Fleury-Mérogis*

Au cours de l'été 2016, une personnalité au sein de la direction de la maison d'arrêt des hommes de Fleury-Mérogis adresse une note en urgence au garde des Sceaux Jean-Jacques Urvoas au sujet de la situation.

Depuis le printemps 2016, le nombre de fumeurs dans la cour de promenade s'est réduit comme peau de chagrin. Les prisonniers corses multiplient les demandes de mutation vers des établissements de province et se plaignent avec insistance de l'ordre religieux que font régner les islamistes. Loin d'être anodines, ces évolutions sont constatées dans l'ensemble des bâtiments de la maison d'arrêt qui comptent alors près de cinq mille détenus. Les réseaux corses écroués étaient jusqu'alors des contre-pouvoirs puissants face à l'autorité de la pénitentiaire. Collectifs parmi les plus « respectés » dans les hiérarchies internes, ils imprimaient une forte empreinte sur la vie carcérale. Le fait qu'ils cherchent tous à quitter Fleury-Mérogis signale qu'ils ont perdu le contrôle. L'une des « digues » intérieures à la détention capable de compenser l'influence des jihadistes, pourtant arrivés quelques mois auparavant seulement, a cédé.

Le nouvel ordre social se traduit aussi à travers le vocabulaire désormais usité par certains revenants. Ainsi un converti et ancien combattant sur les fronts irakiens appréhende la résurgence d'une *katiba* (brigade – terme employé au « califat ») à l'intérieur de la prison, et de la persécution qu'il encourt pour être considéré comme déserteur. Il demande à être seul en cellule – ce que redoutent d'ordinaire les détenus – afin d'échapper à leur vengeance. Ses plaintes retranscrites par l'administration font apparaître un système de communication fonctionnel à l'échelle de toute la maison d'arrêt, probablement coordonné avec l'extérieur.

La direction relate que l'individu se sent particulièrement menacé depuis l'incarcération récente de ce qu'il présente comme une personnalité haut placée de Daech. Il étaye ses craintes en indiquant que toutes les personnes incarcérées à Fleury appartenant à l'EI sont en contact téléphonique entre elles et que les informations circulent d'un bâtiment à l'autre.

La correspondance que nous avons pu consulter montre comment l'action des jihadistes brouille les pistes. Les « sources » dont dispose l'encadrement parmi les prisonniers s'évaporent, la communauté de ceux-ci se ferme comme une citadelle.

La note souligne un paradoxe : la population carcérale ne constituant pas un ensemble monolithique, l'encadrement devrait obtenir des informations claires. Ce qui n'est pas le cas. Les responsables pénitentiaires insistent donc auprès du ministre sur le fait que la discontinuité du discours au sein d'une détention ne constitue pas une réalité habituelle.

À la stupéfaction de l'administration, certains droits-communs radicalisés formulent la demande expresse de rejoindre les unités dédiées, témoignant de la volonté d'intégrer le noyau dur des militants derrière les barreaux. Dans cette atmosphère jugée pesante, l'encadrement redoute un attentat.

Recoupant des informations en provenance de sources pénitentiaires comme des services partenaires, celui-ci évoque ouvertement la possibilité d'une action violente au sein de l'établissement comme à l'extérieur de l'enceinte.

Début juillet 2016, un premier complot est déjoué au sein de la division 1. Des détenus préparant un projet d'attaque à l'encontre de surveillants pénitentiaires sont démasqués, sans que l'administration parvienne à déterminer si ces individus s'étaient préalablement coordonnés. Ils sont placés à l'isolement.

Le 11 juillet, une demi-douzaine de jihadistes écroués à l'autre extrémité de cet immense ensemble de bâtiments (en division 5) refusent de remonter en cellule à l'issue de la promenade pour protester contre la mise à l'écart de leurs « frères » susmentionnés. Ils cèdent après une opération des Équipes régionales d'intervention spécialisées (ÉRIS).

Les fouilles se multiplient. L'encadrement découvre une multitude de téléphones portables et comprend, au gré des mouvements des protagonistes suspectés, qu'un réseau coordonné prend forme. Karim, jeune Français d'ascendance algérienne que nous avons rencontré sept mois plus tôt, s'est vu conférer par plusieurs prisonniers influents la qualité d'« émir ». Si ce revenant de Daech est écroué en division 1, d'autres, reconnaissables à ce que la direction estime être des signes distinctifs d'appartenance à l'EI, répondent de lui dans les différentes ailes. Ses lieutenants ont en commun d'être passés par la Syrie et d'avoir été réaffectés, par manque de place ou par mauvaise évaluation, en détention ordinaire. L'un d'entre eux s'est illustré dans la célèbre filière Cannes-Torcy. Un autre est un ancien soldat de l'armée française, ayant servi sur plusieurs théâtres d'opérations en Afrique avant de rejoindre Daech. Il a été blessé au combat au Châm puis interpellé en France alors qu'il était rentré incognito pour se faire soigner. L'encadrement note qu'autour d'eux s'activent aussi bien des jihadistes aux profils extrêmement lourds que des droits-communs radicalisés – braqueurs, trafiquants de drogue – qui n'ont rien à leur envier dans le domaine de la violence.

À la fin juillet 2016, soit quelques jours après l'attentat de Nice lors de la Fête nationale le 14 au soir, et l'assassinat du père Jacques Hamel à Saint-Étienne-du-Rouvray le 26, les mouvements de sympathie pour Daech s'affirment désormais au grand jour à Fleury-Mérogis. Le 31, sous la direction de quatre revenants incarcérés parmi les droits-communs, plus de deux cents détenus écroués en division 2 refusent de quitter la cour de promenade. La démonstration de force a été préparée : le groupe formule immédiatement, par l'intermédiaire des leaders jihadistes, des revendications. Celles-ci exigent principalement l'annulation des mesures disciplinaires prises à l'encontre des meneurs – les « émirs » – des épisodes de révolte précédents. Les ÉRIS interviennent de nouveau, les porte-parole islamistes sont placés à leur tour à l'isolement.

Le lendemain, la scène se répète, cent soixante prisonniers du même bâtiment tentent un nouveau bras de fer à l'issue de la récréation matinale. Une centaine d'entre eux arbore la tunique sombre des soldats de l'EI. L'encadrement précise que 60 % des détenus des étages concernés sont descendus en promenade entièrement vêtus de noir. Mieux organisés que la veille, ils se placent sous la « guidance » (*irchad*) d'un autre groupe de revenants et d'un droit-commun radicalisé. Certains ont enfilé des cagoules noires comme leurs acolytes sous l'EI. Leur unique revendication porte sur le retour en cellule des leaders du jour d'avant, qui ont été enfermés en quartier disciplinaire. La tension est maximale. Un énième assaut des ÉRIS est lancé pour mettre un terme à plus d'une heure de vociférations pro-jihadistes. Des mesures sont prises à l'encontre de plusieurs « émirs », mais la direction aux abois craint désormais l'insurrection. La surpopulation chronique réduit la marge de manœuvre. Les leaders une fois détectés sont transférés à l'intérieur de la détention ou installés au « mitard ». Mais les groupes tendent à se reformer au gré des déplacements des uns et des autres.

Malgré la réaction de l'administration pénitentiaire, les 3 et 4 août, une quinzaine d'individus de chacune des divisions 1 et 2 défient de nouveau l'autorité durant la promenade. Habillés en noir conformément aux codes vestimentaires des jihadistes au Levant, ils organisent des exercices physiques que la direction qualifie d'entraînements militaires. Une poignée de revenants imposent des cadences soutenues à des disciples motivés et ordonnés en rang d'oignons. L'un des émirs, condamné dans le cadre de la filière Cannes-Torcy, moleste un participant incapable de suivre le rythme. Les surveillants en poste ont l'impression d'assister à une scène de vidéo de propagande de Daech. Quelques jours plus tard, une menace d'attentat imminente sur l'extérieur de Fleury-Mérogis est transmise à la direction. L'administration obtient le transfert des multiples meneurs vers d'autres établissements. Les « émirs » présumés et leurs complices sont séparés et dispersés dans des prisons aux quatre coins de l'Hexagone. La tension retombe, mais à l'issue de l'été, l'incompréhension demeurait grande. Une cheffe du service d'insertion se confiait à nous en ces termes :

> *Tout est rentré dans l'ordre du jour au lendemain, c'est flippant !*

Il ne peut être exclu que certains détenus de droit commun se soient prêtés « au jeu » pour faire peur à une institution pénitentiaire détestée. Mais les revenants ont structuré en quelques mois une *katiba* capable de subvertir momentanément une maison d'arrêt de plusieurs milliers d'individus. Ils ont organisé un mouvement collectif d'ampleur qu'aucune autre cause n'avait jamais fédéré au sein d'une prison française. Les quatre émirs à l'origine du premier complot n'étaient pas de niveau intellectuel particulièrement élevé. Ils ont appliqué les préceptes appris au Levant comme en France : identifier l'ennemi, prendre en main les groupes à faire basculer, rendre hermétique l'environnement socio-religieux, mettre en place des projets violents et déstabiliser l'ordre « mécréant ».

L'étude du profil de Karim, l'un des leaders présumés de la *katiba* de Fleury-Mérogis, permet d'éclairer cet épisode. Comme nombre de jihadistes français, il s'est formé pendant plusieurs mois au sein des instituts salafistes du Caire avant de partir au Levant où il arrive en août 2013, durant la deuxième vague. Il est soupçonné de s'être adonné à des exactions contre des Syriens à Alep, et a été arrêté à son retour en France, en avril 2014.

Nous l'avons rencontré au début de mars 2016, dans le cadre d'un échange collectif à Fleury-Mérogis. Bien intégré au sein du groupe, il avait témoigné d'une attitude agressive à notre égard, nous prenant à partie devant ses « frères », un comportement peu fréquent lors de nos entretiens. Il s'indignait d'être incarcéré « sans preuve » bien qu'il fût rentré « volontairement » en France. Il ne fallait pas s'étonner que face à tant d'injustice, des « gens souhaitent commettre des attentats ». La proximité de son procès, qui se tenait une semaine plus tard, justifiait, selon l'un de ses camarades présents, la nervosité dont il faisait preuve.

Et en effet, devant la cour, il présenta un tout autre visage. Il plaida le repenti face aux juges et défendit avec candeur un projet de réintégration dans la société française :

> *J'aimerais reprendre une vie normale, et reprendre mon métier de salarié dans un centre d'appels. En ce moment, je passe des diplômes en prison à Fleury-Mérogis, un BTS en négociation relation client à distance, et une formation en informatique.*

Se présentant comme la double victime de Daech et de la justice républicaine qui l'a assigné en UPRA dans l'attente de son procès, il prétendait y craindre les représailles des sbires de l'EI :

> *J'ai un régime particulier en prison... [...] On est regroupés dans des unités dédiées, avec des gens que je n'ai pas envie de retrouver, ce sont ces gens que j'ai fuis en Syrie* [sic].

Il vantait l'efficacité de la prise en charge, et disait avoir ressenti un « déclic » lors d'un échange avec un ancien détenu de Guantánamo, repenti et intervenant dans les UPRA.

Son propos illustre l'intériorisation par certains jihadistes forcenés des postures à adopter pour manipuler leur auditoire et susciter la clémence des magistrats. Durant son procès, il ne pesait guère ses mots pour persuader l'assistance :

> *Je voudrais pourquoi pas devenir témoin* [sic, le terme arabe pour témoin, *châhid*, partage la même racine que « martyr » (*chahîd*), comme le grec « martyros »], *pour faire comprendre que ce qui se passe en Syrie n'a rien à voir avec l'islam. Ils nous utilisent, nous, jeunes Occidentaux, jeunes Français. Ils combattent entre eux, veulent prendre le plus d'argent possible. J'espère être la cause du renoncement de certains jeunes.*

Il concluait sa contrition en se disant « fier d'être un citoyen français ».
Son avocat se félicitait de ses « progrès » :

> *Pour mon client,* [l'incarcération] *a été positive. Il a pris beaucoup de recul depuis.* [...] *Il faut voir ces jeunes comme des délinquants qui seront condamnés pour ça. Ils ont fait ce choix, mais sont en partie victimes, car « sous influence ».*

À l'issue du procès, Karim a été sanctionné par une peine de neuf ans de prison. Moins de six mois après le délibéré, en contradiction totale avec ses déclarations à la barre, il se serait donc imposé comme l'émir principal du soulèvement jihadiste sans précédent fomenté à l'intérieur de Fleury-Mérogis.
Dans un entretien tenu dans le cadre de ces recherches, une juge au pôle antiterroriste avançait :

> [Karim] *est tout à fait symptomatique de ce genre de cas pour lequel il est excessivement difficile de prouver quoi que ce soit...* [...] *c'est-à-dire qu'on n'a rien* [dans le dossier d'instruction], [...] *le seul truc qu'on ait dans le dossier, c'est des photos de lui avec des armes, et lui qui nous dit en gros :* « *Moi j'ai jamais combattu, j'ai jamais touché une arme.* » *On sait qu'il nous raconte des conneries...* [...] *Ce qui sauve un peu l'instruction, c'est qu'il est rentré sans sa femme... Il nous disait qu'il était rentré en France parce qu'il en avait marre* [de la Syrie], *si c'est le cas, pourquoi a-t-il laissé sa femme seule sur place ? Neuf ans* [de prison], *c'est pas énorme...*

4 septembre 2016 : attentat dans l'unité dédiée

Quelques jours plus tard, le 4 septembre 2016, l'UPRA d'Osny censée accueillir les jihadistes les « moins radicalisés » est le lieu du premier attentat en prison. L'acte raté de Bilal T., relaté plus haut, va conduire à la remise en cause du dispositif de prise en charge de ces détenus. En effet, à l'image de l'émir de Fleury-Mérogis, son profil est révélateur du décalage entre les espoirs initiaux de l'administration pénitentiaire et la réalité du jihadisme carcéral.

Après son placement au sein de l'unité dédiée d'Osny, Bilal T. avait été rapidement identifié par les surveillants comme posant problème. Le 26 juillet 2016, jour de l'assassinat du père Jacques Hamel, il aurait fait partie selon un surveillant en poste à Osny de la poignée d'individus qui ont hurlé de joie, deux heures durant, à travers les barreaux grillagés de leur cellule : « Allah Akbar ! Allah Akbar ! » Cela ne l'empêchait pas de clamer auprès des évaluateurs de la pénitentiaire qu'il n'était pas radicalisé et que l'administration se trompait sur son cas.

Et de fait, ses premières appréciations étaient positives. Le conseiller d'insertion et de probation (CPIP) référent, interviewé dans le cadre de ces recherches, estimait que le prévenu était l'un des éléments potentiellement « réintégrables » en détention ordinaire, hors unité dédiée, et donc dans la société française. Extraverti et prompt à donner la réplique, Bilal T. cochait toutes les cases de l'« ouverture cognitive », témoignant, sur la base des critères établis, d'un faible niveau de radicalité et de la possibilité d'envisager un travail en vue d'une déradicalisation.

Entre deux échanges, il préméditait en réalité son passage à l'acte. Quelques jours après le 4 septembre 2016, des complices probables étaient transférés vers d'autres maisons d'arrêt tandis qu'un projet d'attentat de plus grande ampleur était déjoué dans la même UPRA.

Présenté une nouvelle fois devant les juges, Bilal T. revint sur sa tentative ratée en termes non équivoques, dont porte trace le compte rendu :

> [Bilal T.] *a ajouté qu'il occupait ses journées dans les unités dédiées à faire des activités qui n'avaient aucun sens : ateliers de massage, projets artistiques sur « sa vision du monde ». Avec beaucoup de cynisme, il a rappelé qu'il était l'un des détenus les mieux perçus de l'unité dédiée par les divers intervenants, psychologues, conseillers d'insertion, et qu'il était parvenu à berner son monde sans difficulté, attestant selon lui de « l'inutilité des unités dédiées ».*

À l'image du frère d'un des assaillants du Bataclan qui comparait les UPRA au « Club Med », le jeune Trappiste profite de sa tribune pour conjuguer outrance et provocation :

> *T. a indiqué que les unités dédiées constituaient selon lui une énorme erreur. Il a notamment évoqué ses conditions de détention, qualifiées selon ses propres termes de « très confortables », citant le frigo, ventilateur, plaques chauffantes, télé.*

Désinhibé, il ne dissimule plus ses convictions comme s'en souvient une juge antiterroriste :

> *Ses propos c'était : « Mais vous n'avez vraiment rien compris, vous êtes tous des cons ! » [...] T., il a tout dit sur les unités dédiées... On s'est vraiment arraché les cheveux. Ils se sont foutus de notre gueule... je pense qu'ils* [les jihadistes] *ont bien rigolé.*

Aboutissement de l'été chaud de Fleury-Mérogis, la journée du 4 septembre 2016 révèle l'étendue des impensés en matière de gestion carcérale des revenants. La greffe a pu prendre facilement dans les prisons franciliennes au point de déséquilibrer en quelques semaines des détentions entières et, dans deux d'entre elles, de virer à la catastrophe sécuritaire. Comme sur le territoire national, la violence caractéristique de leur pratique a favorisé une – tardive – réaction de l'appareil d'État face à des dynamiques collectives qui se construisaient sans entrave depuis l'arrivée des premiers revenants en 2014.

Un mois après l'opération manquée de Bilal T., le garde des Sceaux Jean-Jacques Urvoas annonce la fin des « unités dédiées » et un changement de méthode, complété par un plan additionnel en février 2018.

Les nouvelles mesures prévoient la mise à l'écart systématique des jihadistes écroués et leur déconcentration des prisons franciliennes. Les noyaux de revenants reconstitués dans les établissements de la région parisienne sont dispersés dans vingt-sept centres, puis soixante-dix-huit à partir de février 2018, répartis sur l'ensemble du territoire national. Elles sont complétées par le durcissement des conditions d'enfermement et le renforcement de la sécurité des surveillants. Les unités dédiées sont abandonnées au profit de « quartiers » étanches, censés prévenir les contacts avec les détentions ordinaires et pouvant accueillir quatre cent cinquante places. Au total, trois cents agents pénitentiaires ont la responsabilité du suivi de trois mille personnes, considérées comme « radicalisées », « en voie de radicalisation », ou dont l'évolution pose question. Ces changements témoignent d'un investissement majeur des pouvoirs publics et entérinent un afflux de moyens jamais consenti pour une administration jusqu'alors traitée en parent pauvre. Le dispositif renforce principalement le volet « sécuritaire » relatif à la prise en charge de ces individus, cédant aux revendications des corps de surveillants. En effet, le plan de février 2018 survient après un mouvement de grève historique des gardiens. Il a été enclenché au lendemain d'une nouvelle attaque d'un vétéran du jihad allemand à l'encontre de trois agents au sein du quartier haute sécurité de la prison de Vendin-le-Vieil (Pas-de-Calais) au début de janvier. En mars 2019, une autre agression au cœur d'une unité de vie familiale de Condé-sur-Sarthe (Orne) par un détenu de droit commun radicalisé ouvrira encore une fois la question de la prise en charge de ces détenus.

Le plan en vigueur depuis lors accorde un rôle plus important au bureau central du renseignement péniten-

Le champ de bataille derrière les barreaux

tiaire, constitué désormais comme un service à part entière. Pour autant, la logique globale reste la même. L'administration poursuit l'« expérimentation » de ses méthodes « de détection de la radicalisation » et peaufine sa communication verrouillée sur le sujet. Si l'ambition de déradicalisation est abandonnée au profit d'un objectif plus modeste et plus ambigu encore de « désengagement violent », les nouvelles grilles d'évaluation individuelle que suivent les professionnels n'épousent pas davantage la réalité de ce militantisme particulier.

3

L'après-Daech

L'été 2016 marque un tournant pour l'EI. La perte des relais opérationnels au Châm comme en France « fige » la mouvance jihadiste incarcérée. Soudain isolée, elle ne dispose plus des mêmes capacités d'action.

D'autre part, les retours de Syrie ne sont pas advenus massivement. Pour éviter la déstabilisation prévisible que cela aurait causé dans les prisons de l'Hexagone, priorité a été donnée à la sous-traitance de la population concernée aux forces kurdes du YPG en Syrie, et à l'administration pénitentiaire irakienne. Les effectifs d'écroués ont ainsi plafonné, après une ultime courbe de croissance. À la fin de 2016, il y avait trois cent soixante-dix revenants en cellule. Au début de 2018, leur nombre a atteint cinq cents individus, niveau autour duquel il s'est stabilisé par la suite, pondéré par les premières libérations de détenus ayant purgé leur peine. Cet équilibre précaire a été remis en cause suite à l'intervention turque contre les zones kurdes dans le Nord-Est syrien lancée le 9 octobre 2019. L'inexplicable manque de réaction européenne devant les bombardements massifs des forces qui avaient vaincu Daech réactualise l'épineuse question du devenir des centaines d'activistes toujours présents dans cette zone et jusqu'alors détenus par les forces kurdes du YPG, contraint de chercher la protection du régime de Damas.

LEÇONS TIRÉES DE L'ÉCHEC DU « CALIFAT »

Les jihadistes que nous avons rencontrés en prison étaient convaincus dans leur majorité, à l'été 2016, après la reprise de Mossoul par les forces irakiennes, que la chute du « califat » était inéluctable, alors que la « capitale de l'EI », Raqqa, ne tomberait qu'en octobre de l'année suivante.

Les revenants incarcérés, grâce à leur proximité avec des émirs de Daech au Levant, étaient paradoxalement parmi les mieux informés de la situation sur place. Ainsi, Khaled, un pionnier de Nîmes, faisait état depuis Osny des offensives engagées sur le terrain militaire à travers une référence à ses proches :

> *Je m'inquiète en ce moment pour certaines personnes là-bas, notamment ceux qui ont ramené [amené] leurs femmes... Ils vont se faire décimer. Ils ont fait n'importe quoi les gens de Dawla* [Daech].

Ce reproche sous-jacent chez nombre de nos interlocuteurs laissait entendre qu'après le fiasco de l'EI s'ouvrirait une nouvelle phase du jihad. Les prisons forment depuis lors le principal réservoir humain de la mouvance et le lieu de sa reconfiguration potentielle. Les zélotes (*ghoulat*) en déduisirent qu'il était impératif de passer à l'action en urgence, ce qu'ils entreprirent sans succès au cours de l'été 2016, en concertant des soulèvements à Fleury-Mérogis et en tramant la tentative d'assassinat d'un surveillant à Osny.

Mais les tenants du pragmatisme vont interpréter différemment ce défi. S'affirmera une frange d'idéologues pour lesquels l'incarcération, symbole de l'échec de leur stratégie personnelle et collective, sonne au contraire l'heure de la réforme. Convaincus de la débâcle de l'EI au Levant, mais confiants dans l'avenir universel du projet, ils revendiquent leur autonomie par rapport aux organisations moyen-orientales. Ces nouveaux « doctrinaires » se font les théoriciens de l'ère post-Daech, et édictent derrière les barreaux la doctrine du jihad français de demain.

Des théoriciens pour le jihad de demain

> *Qui est le prochain Adnani* [porte-parole et idéologue en chef de Daech, tué en août 2016] *? Pour moi, c'est sûr, il est européen et très probablement français. Faut savoir qu'ici* [en prison], *il y en a qui bossent !*

Comme le laisse entendre ce propos, les doctrinaires se veulent les héritiers de la proclamation du « califat » en juin 2014 et ceux qui survivront à son effondrement. Ils succèdent ainsi aux cadres d'al-Qaida apparus dans les détentions après les attentats du 11 septembre 2001 et aux zélotes (*ghoulat*) qui s'y sont révélés au lendemain des tueries perpétrées par Mohamed Merah en mars 2012.

Youssef, vingt-huit ans, incarne la figure de théoricien de l'avenir. Écroué dans le quartier ultra-sécurisé de Lille-Annœullin, il place la réforme au centre de ses préoccupations :

La question pour nous, c'est de savoir comment le jihadisme va évoluer dans les dix prochaines années.

Face à la déréliction de Daech au Levant et au démantèlement des filières, les doctrinaires ont compris que les réseaux opérationnels en France sont en passe d'être désossés. Youssef voit ainsi dans la concentration de centaines d'activistes en détention une opportunité exceptionnelle pour la mouvance :

> *Attention, nous* [les jihadistes], *on vient d'entrer en prison : c'est inédit pour l'Europe ce qu'il se passe. Dans l'histoire des* jama'at islamiyya [organisations islamistes], *où est-ce qu'elles se sont réformées ? En prison, toujours !*

Parmi les quatre-vingts protagonistes rencontrés, les doctrinaires comme Youssef représentaient une dizaine d'individus environ. Leur échantillon donne une indication de leur proportion par rapport à l'ensemble.

Certains ont cherché à se rendre en Syrie, d'autres ont servi Daech et ses réseaux en France. Ils sont souvent nés à la fin des années 1980, trentenaires à l'aube de la décennie 2020. Ils proviennent d'horizons géographiques divers et sont d'extraction populaire ou originaires de la classe moyenne inférieure. Ils présentent des parcours scolaires plus ou moins aboutis dans un cursus universitaire fréquemment interrompu, qui ne rend pas compte d'un potentiel intellectuel plus élevé que leur niveau de diplôme. Ils avaient en commun d'être inscrits dans des trajectoires plutôt ascendantes avant leur incarcération, sans que l'embourgeoisement fût leur motivation. La plupart adhéraient à la doctrine salafo-jihadiste au moment d'étudier dans l'enseignement supérieur, où ils entendaient se doter de nouveaux outils de réflexion et affronter l'idéologie de la « mécréance ».

Ils rappellent en cela la figure des « intellectuels prolétaroïdes » décrits par Max Weber (Weber, 2006), dont ils incarneraient une version « salafisée ». La différence tient à ce que ces individus se sont socialisés au tournant du siècle non plus dans des milieux communistes déclinants en banlieue, mais dans des territoires en proie aux dynamiques de salafisation que nous avons observées précédemment. La lutte des classes, sans être étrangère à leur perception du monde, ne forme ni l'horizon ni la grammaire de la cause. Celle-ci se structure à partir du principe salafiste de l'allégeance (à l'islam) et du désaveu (d'avec la culture mécréante, *al-wala wal-bara*) qui fournit leurs catégories de pensée.

En entretien, ces idéologues insistent sur leur cheminement personnel et leur capacité de réflexion, minimisant leur origine sociale modeste. Ils entendent couper court au soupçon de s'être engagés dans cette voie pour avoir été durant leur jeunesse des « victimes de la société ». Leur identité jihadiste leur confère le sentiment d'appartenir à une avant-garde. Les victimes seraient plutôt les autres musulmans de France qui, contrairement à eux, sont « endormis ». Ils se distinguent de ceux-ci, considérés comme les candides d'un système mensonger, qu'il faut « réveiller », voire comme des traîtres à leur religion qu'il convient de punir.

Ce groupe a pour caractéristique de maîtriser simultanément un double registre : le credo (*aqida*) salafo-jihadiste, et le fonctionnement de la société française démocratique dont ils sont issus. La doctrine islamiste leur permet de subvertir celle-ci en la déconstruisant culturellement, dans l'attente du basculement du rapport de force qui rendra possible sa destruction.

Youssef, né Chleuh dans une petite ville du Maroc, a grandi dans la banlieue parisienne. Il a été élevé en France par une mère catholique, seconde épouse du père musulman bigame. Il a des repères dans les deux croyances, dans la civilisation berbéro-marocaine comme dans l'environnement pluraliste et divers de la banlieue. Il maîtrise l'arabe comme le français, et la langue *tamazight* entendue dans son enfance lui est familière. Ces multiples appartenances ne le perturbent pas et il ne connaît nulle « crise d'identité » :

> *Avant, j'étais bercé de ce dialogue interreligieux du fait de ma famille.* [...] *J'ai toujours fait des efforts pour comprendre la société dans laquelle je vis. En fait, je suis intégré* [rires] *!*

D'intégration, il n'est pourtant pas question pour lui. Son objectif est de structurer un projet jihadiste au cœur de la France en s'appuyant sur une partie de ses forces vives. En conséquence de leur hybridation, ces nouveaux idéologues désirent combattre la démocratie comme idéal politique, tout en se protégeant derrière le paravent légal de l'État de droit. Youssef s'en explique ainsi :

> *Moi la démocratie dans sa* « *visée* » [il fait des guillemets avec les doigts] *qui considère qu'il faut émanciper les hommes, je suis pas d'accord, les émanciper des dogmes, non, je ne suis pas laïque. Mais la démocratie en tant que cadre juridique, je ne suis pas contre* [il sourit] *!*

Les droits fondamentaux, la liberté d'opinion et le pluralisme : autant de piliers de la République qui ne leur sont pas, dans le contexte actuel, défavorables. Certains doctrinaires reconnaissent avec un malin plaisir bénéficier d'un avocat payé par l'État pour s'occuper de leur défense. Il s'agit des meilleurs orateurs du Barreau de Paris, issus de la prestigieuse conférence du Stage. Pourtant ces hommes de loi échappent rarement aux railleries de leurs clients dans les cours de promenade ou dans les conversations téléphoniques entre proches. Un revenant les désigne comme des « baveux kouffar » (impies), un autre confiait avec quelque cynisme :

C'est mon avocat qui devrait me payer, c'est une merde, ça va le rendre célèbre.

Sur cette base, Youssef poursuit :

Le problème pour l'État français, c'est que les jihadistes, ils ont un idéal. Ils croient en une utopie, tu peux pas détruire une utopie.

Il note que des « frères », au parcours scolaire exemplaire, parviennent à identifier les parades juridiques pour déjouer les enquêtes des services de police les concernant :

Y en a un, y a eu une perquiz' [perquisition] *chez lui après l'état d'urgence et devine quoi ? Ils ont rien trouvé. Et pourquoi ? Parce qu'ils sont malins désormais les frères…*

Les idéologues du jihad de demain perçoivent la dissimulation de leur activisme comme une nécessité dans la guerre idéologique qu'ils mènent contre les fondations de la société française. Ainsi leur revient-il de s'immiscer au cœur des administrations clés de l'action de l'État de façon à subvertir le système « impie » de l'intérieur. Youssef indique la stratégie d'entrisme à long terme de certains sympathisants au sein des institutions républicaines en vue de servir au mieux la cause :

> *Y en a* [des jihadistes] *maintenant qui jouent avec des juristes, d'autres qui font des études et qui deviendront avocats...*

À cet égard, Youssef a été surveillant en milieu scolaire alors qu'il soutenait le projet « califal » au Levant, de même pour Khaled, pionnier du jihad syrien après avoir été « pion » dans un collège du Gard. Plusieurs jihadistes rencontrés avaient été employés de la fonction publique territoriale avant leur arrestation, l'un d'entre eux avait tenté d'assassiner le maire de la commune pour laquelle il travaillait. Ces éléments éclairent sous un jour nouveau la trajectoire de Mickaël Harpon, informaticien à la direction du renseignement de la préfecture de police de Paris, converti à l'islam depuis 2008 et atteint de surdité, qui poignarda le 3 octobre 2019 cinq de ses collègues, tuant quatre d'entre eux, avant d'être abattu par un gardien de la paix stagiaire.

Cette forme de subversion se double chez les doctrinaires d'un discours qui se construit avec le vocabulaire même des « mécréants ». Ils banalisent le contenu idéologique du jihadisme, pour mieux le faire passer, dans le spectre global des opinions contestataires. Outre les réseaux identitaires d'extrême droite dont ils perçoivent les membres, dans leur logique d'affrontement culturel, comme les Français les plus honorables, et dont ils estiment constituer le pendant « musulman », ils s'intéressent également à l'extrême gauche. Youssef feint de voir plus de cohérence à poser les bases d'un « califat jihadiste » depuis le cœur d'une société anathématisée que dans la démarche de représentants du peuple se battant dans l'arène politique :

> [Jean-Luc] *Mélenchon veut la révolution par la démocratie et pourtant on le tolère* [sic] *! C'est pareil avec* [Olivier] *Besancenot qui veut carrément retourner au communisme, il est écouté.*

Les doctrinaires n'entendent nullement faire du jihadisme une force constitutive du jeu démocratique dont la destruction est, au contraire, l'objet de leur combat. Ils misent sur l'affaiblissement du modèle de l'intérieur, pour parvenir à l'éclatement du contrat social et à son discrédit complet. Une perspective nouvelle qu'ils envisagent à l'aune de la défaite de Daech en France et au Moyen-Orient.

Suspendre les attaques en Europe

Les doctrinaires ont en commun d'analyser la débâcle jihadiste au Levant sous un jour critique. Pour la quasi-totalité des intéressés, cet échec est celui d'un groupe, l'EI, et nullement de l'utopie salafo-jihadiste dont ils se réclament.

À l'image d'Abdel, le geek, ils estiment que la tentative ratée du « califat » est riche d'enseignements pour l'avenir :

> *Les erreurs ont été nombreuses avec Dawla* [Daech], *mais les frères apprennent vite de leurs erreurs.*

Celui-ci qualifie l'initiative de « version bêta » – un terme du langage informatique, désignant la deuxième et dernière élaboration d'un logiciel expérimenté avant commercialisation :

> *Dawla* [Daech], *c'est un proto-État islamique. C'est dur à entendre, mais c'est vrai. Au final, c'était un test, la version bêta.*

Les partisans de l'EI n'auraient pas péché dans leur intellection du credo. Ils avaient au contraire le mérite de suivre ce qu'ils percevaient comme l'islam « véridique », à savoir le salafisme. Mamadou, vingt-neuf ans, le formule ainsi :

> *Les membres de l'État islamique* [Daech], *ils peuvent faire des erreurs ou des injustices, mais au moins ils considèrent le dogme musulman dans son intégralité, ce qui est la base de tout en islam.*

Mohamed, Franco-Algérien de vingt-huit ans, diplômé d'un master d'histoire, estime que Daech a incarné parfaitement le modèle wahhabite dont se réclamerait abusivement l'Arabie saoudite. Dans un pied de nez à l'écrivain algérien Kamel Daoud, qui avait publié dans *The New York Times* du 20 novembre 2015 un article retentissant intitulé « L'Arabie saoudite, un Daesh qui a réussi », ce fils d'ingénieur dans une entreprise du secteur nucléaire rétorque :

> *Pour moi, Dawla* [Daech] *est une Arabie saoudite qui a réussi, pas l'inverse.*

Si le modèle poursuivi était « parfait », l'échec revient aux méthodes employées. L'ultra-violence notamment serait le résultat d'une mauvaise appréciation des rapports de force. Aveuglés par leur absolutisme doctrinal, les zélotes (*ghoulat*) qui avaient pris le pouvoir sous le « califat » en auraient « trop fait », selon Youssef :

> *Il y a un hadith* [un propos du Prophète] *qui dit : « Ne souhaitez pas la rencontre de l'ennemi »*, eux [Daech], *c'est ce qu'ils souhaitent. Au final, ça fait plus de mal que de bien.*

La prolifération des attaques en France est perçue comme l'erreur stratégique originelle de l'organisation. Youssef reprend :

> *Pour moi, le 13 Novembre* [2015], *c'est de la précipitation. Les commandos ont été envoyés par des* ahmaq [imbéciles], *des idiots. C'était pas ce qu'il fallait faire.*

Selon plusieurs d'entre eux, frapper l'Europe n'était pas une idée blâmable *en soi*, certains s'en réjouissent ouvertement durant l'entretien. Mais la politique suivie par l'EI en la matière aurait été contre-productive en raison du choix calamiteux des « cibles » et d'un mauvais « tempo ». Lassana, trente ans, estime que les partisans de Daech étaient obsédés par la volonté de voir couler le sang des mécréants au point de ne plus distinguer les « impies » à éliminer des sympathisants potentiels à galvaniser. Son raisonnement éclaire la façon dont ces jihadistes pensent les attentats en Europe :

> *Le problème, c'est les cibles. La population qui va au Stade de France, c'est 80 % de muslims* [musulmans]. *On ne va pas titiller, c'est 80 % de Blacks et d'Arabes quoi* [sic]. *Ils voulaient se faire péter au milieu d'une travée, soi-disant pour tuer François Hollande ? Mais, gros, la réalité c'est qu'ils auraient tué 80 % de muslims... Tu peux pas faire ça !*

Les méthodes de Daech certes produisent de l'effroi, mais elles ne constituent pas un modèle politique viable, ce que déplore Youssef :

> *L'absence de soutien de l'EI, ça a été causé par la violence, les attentats, les décapitations, ça n'a pas marché.*

Les zélotes auraient donc confondu le mode opératoire, c'est-à-dire le terrorisme, avec le but – soit l'adhésion du plus grand nombre au projet du « califat ». Youssef reprend :

> *Le jihad, ce n'est pas la finalité. C'est un moyen. Ça veut dire que quand on peut arriver à cette fin* [la destruction de l'Occident] *sans le jihad, il le faut.*

En vidant le jihad de sa visée politique, les *ghoulat* auraient sapé l'objectif qu'ils défendaient. Sur la base de ce constat collectif établi en prison, les doctrinaires travaillent à la synthèse idéologique. Il convient selon eux de dépasser les appartenances groupusculaires en conservant la cohérence fondamentaliste de l'EI (*aqida*), tout en s'ouvrant à la méthodologie (*minhaj*) salafo-frériste d'al-Qaida, moins exclusive. Youssef l'énonce clairement :

> *Je le dis aux autres détenus : Dawla* [Daech] *et al-Qaida, ils sont d'accord sur le fond. Mais Dawla fait trop de religieux et pas assez de politique* [comprendre : ils appliquent le dogme avec une rigidité excessive] *et al-Qaida, c'est l'inverse !*

Ainsi pour l'ensemble des doctrinaires, les attentats terroristes, en tant que mode d'action militaire sur le sol européen, ne forment plus une priorité. Ils ne correspondent pas au meilleur instrument de lutte. Ils s'avèrent même contre-productifs pour convaincre les sympathisants potentiels. Selon Youssef, là encore :

> *L'échec de Dawla, c'est pas le contenu du projet, c'est qu'ils n'ont pas rassemblé. Si tu n'as pas 10 % de musulmans qui te soutiennent, l'État islamique est condamné.*

L'enjeu prioritaire se situe pour eux dans la bonne évaluation du rapport de force avec les institutions et la société et l'affaiblissement de la capacité d'action de l'État français. À court et moyen terme, ils considèrent que celui-ci leur est défavorable. Leurs coreligionnaires sont, dans leur majorité, distants envers eux, intimement impliqués dans la civilité française et insérés dans son tissu. Dans leur vocabulaire, le « désaveu » n'est pas suffisamment clair et marqué dans les esprits, ce qui empêche le basculement vers l'« allégeance » à leur cause. Khaled, le pionnier originaire de Nîmes, estime que les sympathisants ne sont donc pas prêts à s'engager dans un jihad au sein de l'Hexagone, comme y appelait Daech :

> *Déclencher une guerre civile, c'est de la folie pure.* [...] *En cas de guerre civile, ils* [les jihadistes] *vont la perdre tout de suite.*

D'autres comme Maurad, quinquagénaire, ne souhaitent pas reproduire le chaos syrien en France, qu'ils préfèrent conquérir « intacte » :

> *Je dis toujours aux gens : il vaut mieux prendre la France construite ou détruite* [sic] *? Bon ! Vous voulez des bombes sur vos maisons comme aujourd'hui en Syrie ? Bon ! ça mène à rien ça. La France est belle, c'est un beau pays, il faut la prendre construite.*

Surtout, le tissu social français se montrerait résilient face aux « razzias » idéologiques des jihadistes. Ainsi, Mohamed déplore l'adhésion des coreligionnaires à la République :

> *En France, les musulmans, ils ont une mentalité différente de certains autres pays européens, les muslims français, ils sont trop attachés à leur pays et c'est un problème.*

La France est en cela plus violemment vitupérée que le Royaume-Uni ou la Belgique, dont le mode d'organisation leur semble poreux au communautarisme dont le jihad est si friand. De même, le maillage territorial de l'État et les mécanismes de solidarités et de redistribution seraient des paravents efficaces au prosélytisme. Mohamed continue :

> *En France, les droits sociaux sont très forts, très élevés, très développés. C'est ce qui fait aussi que les musulmans s'attachent à ce pays* [sic]. *[...] L'État est encore très fort.*

Hicham poursuit :

> *La France a une armée tellement puissante... C'est pas un pays corrompu, y a des tensions de plus en plus grandes, mais c'est encore un pays qui tient.*

Dès lors, mieux qu'exposer inutilement les « frères » en commettant de nouveaux attentats hâtifs, la priorité est de « changer la communauté musulmane de l'intérieur » pour sortir de l'impasse dans laquelle Daech a terminé sa course, et reprendre le dessus dans la lutte contre l'État mécréant.

Extension du camp du « désaveu »

À l'affrontement physique immédiat, ces doctrinaires opposent un retour à la guerre idéologique qui en constitue le préalable. La base de leur réflexion consiste en la temporalité. Ils ont une vision précise des modalités de combat, qu'ils empruntent aux théoriciens des Frères musulmans égyptiens les plus radicaux. Si tous révèrent Sayyid Qotb, plusieurs s'inspirent également de son cadet, Mohammed Qotb, dont l'œuvre s'avère déterminante pour leur projet.

Inspirés par les écrits de ce dernier, ils distinguent deux

phases de l'action jihadiste. La première correspond à la période dite « mecquoise ». Elle se réfère au début de la prédication du prophète Mahomet. La faiblesse des fidèles, traduite par la fuite hors de La Mecque (hijra, qui marque l'an zéro du calendrier hégirien en 622 après J.-C.) les contraignait à la coopération avec les autres groupes religieux – dont les juifs. La seconde phase, « médinoise », est ouverte par la victoire d'al-Badr contre la tribu païenne de Qoreïch, en l'an 624 après J.-C. Elle est caractérisée par l'affirmation du nouveau pouvoir des musulmans et l'extermination de leurs anciens soutiens, en premier lieu les israélites de Médine. À partir de cet épisode, l'apostolat de Mahomet revêt une dimension guerrière que vont prolonger cent trente ans de conquêtes islamiques (*foutouhat*) après sa mort.

Réinterprétées par Mohammed Qotb au milieu du XXe siècle, ces deux périodes coraniques renvoient à une scansion entre un moment de lutte idéologique (« mecquois »), préalable à un second, d'affrontement généralisé et ouvert (« médinois »). Ainsi pour les doctrinaires qui se réfèrent à cette grille d'analyse élaborée avant eux par les frères Qotb dès les années 1960, la faillite conjoncturelle de Daech aurait pour cause une mauvaise appréciation du rapport de force. Ses partisans se seraient crus, à tort, entrés dans la phase « médinoise » de l'affrontement armé. Voilà pourquoi Youssef explique l'échec de l'EI par la « précipitation » de ses membres. Hicham insiste sur la nécessité de discerner les circonstances de l'action de celles de la prédication :

> *Pour la différence qu'il fait entre les temporalités, l'idéologie de Mohammed Qotb est beaucoup plus cohérente que l'idéologie purement belliqueuse que suit l'EI et qui mène à rien.*

À la précipitation dans la guerre civile où Daech a voulu projeter le Vieux Continent, les doctrinaires opposent la consolidation du « champ du désaveu » au cœur de la société « ennemie » dont ils sont issus.

QUEL JIHAD POUR DEMAIN ?

Ces idéologues conçoivent l'extension des cercles sympathisants au sein de la société française comme un préalable indispensable à tout passage à l'acte dans l'avenir, précise Youssef :

> *Moi je réfléchis, mais je ne suis jamais qu'une personne. Seul, je vaux rien. À dix, on est gérables, à deux mille, les forces de l'ordre commencent à avoir du mal. Mais si on est six millions, on pourra plus nous retenir et nous on pourra occulter ce système contraire à l'islam, on n'aura plus besoin de faire des compromis avec lui.*

Les chiffres qu'il évoque soulignent l'obsession du rapport de force qui habite ces idéologues. Youssef adapte ici avec ses mots un passage du manifeste de Sayyid Qotb *Signes de piste*, relatif au prosélytisme comme instrument d'accroissement des adeptes en Égypte face à l'État nassérien, qu'il applique à la France. Le nombre de « deux mille » susmentionné est celui des individus directement impliqués dans les réseaux de Daech dans l'Hexagone. Les « six millions » de personnes font référence aux estimations de la proportion de musulmans qui y résident. La « communauté islamique française » est ainsi identifiée dans son ensemble comme l'enjeu et la cible du « réveil » idéologique. Dans cette perspective, le plus grand mérite attribué à l'EI est d'avoir « conscientisé » un public supplémentaire à l'importance du jihad, notamment les « nouveaux venus » et les femmes de la troisième vague de départ.

Les « quartiers » au prisme de la prison

Si l'avenir de leur projet repose sur l'extension des soutiens à la masse musulmane, sa viabilité première se joue dans des microcosmes. Ainsi pour Mohamed, l'idéologue originaire du Centre : « Pour réussir, le jihad ne peut être que local. » Sur la base de leurs observations en prison, ils envisagent d'une part de canaliser les plus violents – les zélotes (*ghoulat*) – et par ailleurs d'étendre leur influence vers les autres mouvances islamistes, dont les adeptes sont beaucoup plus nombreux.

Ils évoluent en détention au contact de ces deux populations. Le premier pôle est incarné par la figure du dealer « non religieux », particulièrement respecté dans la hiérarchie interne aux droits-communs, et personnalité centrale de la contre-société délinquante des « cités ». Le second renvoie à l'attitude agressive des partisans intraitables de Daech, les zélotes qui refusent d'en reconnaître le naufrage, mais qui contrôlent le pouvoir au sein des groupes de jihadistes écroués depuis 2015. Leurs interactions auprès de ces deux types d'individus constituent un banc d'essai pour préparer la diffusion de leurs idées en France. Youssef raconte :

> *Y avait un dealer, il n'était pas très porté sur la religion et il est devenu super calé en islam durant son passage à Fleury-Mérogis, il était genre mieux que moi. [...] Y en avait un autre, lui il faisait le* takfir [il excommuniait facilement, comprendre : un *ghoulat*], *je lui ai dit : « Arrête, tu peux pas penser un projet de société sans la société, y a pas que la violence »*, *et il a changé.*

Ainsi, ces individus opèrent en détention pour faire converger ces deux pôles vers un espace idéologique central qu'ils se mettent en tête de définir et de contrôler.

Dans une approche qui serait presque une manipulation du *panoptikon* foucaldien à l'envers, les doctrinaires comme Youssef expérimentent leur produit à destination des « quartiers » sur les incarcérés à leur main, qui en sont les cobayes, en vue d'une « exportation » au-delà des barreaux :

> *Tous ces gens, ce sont des gens que j'ai croisés en unités dédiées, mais aussi chez les droits-communs, et tout ce qui se passe ici* [en prison] *se passe aussi à l'extérieur.*

Youssef établit donc le parallèle entre le quartier d'où il est originaire et Fleury-Mérogis qui en reproduirait les dynamiques à plus grande échelle :

> *Ce que je dis sur Fleury, ça vaut aussi pour le 94.*

De la sorte, les maisons d'arrêt forment des lucarnes déformantes pour observer la cité à distance, en vue d'y livrer la bataille idéologique :

> *Les attentats en France, ça sert à rien si on n'avance pas. Le jihad, déjà, doit toucher le bas de la société, tout ce qui est basané pour le dire comme ça, la masse quoi. Tout le monde doit y participer, à chacun son échelle.*

Dans le *continuum* entre univers interne et extérieur à l'enceinte carcérale, les milieux cibles parmi les détenus se superposent aux populations marginalisées en France. Youssef s'extasie de l'effet de séduction qu'exerce selon lui cette idéologie auprès des musulmans d'origine subsaharienne, qu'il perçoit comme les individus les plus « méprisés » du pays :

> *Je vais te dire un truc de ouf* [fou], *y a plein de Noirs dans la* aqida [le credo jihadiste]. *[...] ça, je l'ai vu en prison. Un Reubeu ou un Blanc, c'est parfois difficile de lui parler de ça, mais un Black, le jihad ça lui parle direct.*

Priorité à l'éducation

À la fin de la décennie 2010, période à laquelle ont été conduits les entretiens, les doctrinaires considèrent être dans la phase « mecquoise » de leur activisme, celle dédiée au rassemblement des forces. Ils envisagent donc leur combat sur le long terme. Hicham en fournit un résumé :

> *Mohammed Qotb, il est dans une logique d'éducation. Il explique comment la Grande-Bretagne a fait pour altérer l'identité musulmane dans les colonies, en Inde, en Égypte, en suivant une politique de « slow but sure »* [doucement mais sûrement]. *[...] la méthode anglaise était très différente de celle de Napoléon, qui était le pilonnage. Forcément les gens*

se dressent contre les méthodes violentes. Les Anglais, eux, ont cassé insidieusement le système de l'intérieur en mettant en place des écoles. [...] Mohammed Qotb explique comment refaire naître ce qui a été détruit par ce fonctionnement anglais en inversant les dynamiques. Lui, il est contre la voie démocratique et il est favorable à l'éducation religieuse, notamment des femmes. Il considère que c'est un long combat. Et quand on voit l'Égypte dans laquelle vivait Qotb il y a cinquante ans et celle de maintenant, on peut dire que ça a bien fonctionné. Eh ben, c'est la même chose pour l'Europe...

Lassana, immense trentenaire à la stature imposante, se montre plus explicite encore. Membre de la filière dite des Buttes-Chaumont à Paris où il côtoyait les frères Kouachi, il est également un ancien compagnon de cellule d'Amedy Coulibaly dont il pense le plus grand bien. Il a été condamné pour financement du jihadisme à la fin des années 2000, après avoir étudié « dans des centres islamiques assez poussés » à Bruxelles. Quelques mois avant son élargissement, il tenait un discours plein de spontanéité :

> *C'est sympa de venir nous voir en prison [sic], mais si j'étais vous, j'irais voir ce qui se passe dans les écoles. Nous [les jihadistes incarcérés], on va sortir de taule, et pour la plupart on va y retourner pour les mêmes faits. Je pense qu'on va faire des allers-retours en prison toute notre vie. On est la génération « sacrifiée », mais celle de nos enfants, on est en train de l'éduquer pour que quand ils auront nos âges, le rapport de force face à l'État leur soit favorable, qu'ils soient tellement nombreux que l'État ne puisse même plus les mettre en prison...*

Maurad, le quinquagénaire, utilise presque le même vocabulaire :

> *Moi et ma femme, on fait partie d'une génération intermédiaire, mais nos enfants, déjà, ils ont de l'avance sur nous parce qu'on les élève dans l'islam* [comprendre : selon la doctrine salafo-jihadiste]*, on peut dire qu'ils ont de la chance.*

La priorité que les doctrinaires donnent à l'éducation, et qui s'observe depuis la fin des années 2000 dans les territoires au sein desquels les salafo-jihadistes s'affairent, s'est accélérée depuis le milieu des années 2010 et le déclin de Daech au Levant. Dans le cadre d'un entretien tenu le 10 mai 2017, un conseiller de la rectrice de la deuxième plus grande académie de France, située en région parisienne, notait l'essor des écoles privées hors contrat musulmanes et de l'enseignement par correspondance à domicile. Entre 2015 et 2017, le nombre d'élèves concernés aurait doublé, passant de trois mille à six mille enfants, la dynamique étant particulièrement saillante selon ce haut responsable en Seine-Saint-Denis où l'offre religieuse est la plus importante. Si le phénomène demeure extrêmement minoritaire à l'échelle du million d'élèves scolarisés dans le rectorat, il interpelle à l'aune des éléments précités. Les établissements en question, de taille modeste, se limitent parfois à des appartements mis à disposition par un parent d'élève qui y enseigne. À l'image de l'école toulousaine où la famille Clain scolarisait ses enfants, les cursus pédagogiques font la part belle aux visions du monde salafo-fréristes – davantage qu'à la doxa jihadiste pure et dure.

Dans le prolongement de ces remarques, un autre détenu note la dimension générationnelle que recouvre l'adhésion à la norme salafiste :

> *Dans les quartiers, maintenant tu as la mère en boubou et la fille en niqab* [voile intégral]. *Quand tu vois ça, tu te dis qu'il se passe un truc de ouf* [fou] *!*

Le projet des idéologues français correspond à une hybridation salafo-frériste pure. Ils retiennent des tentatives de l'EI que le modèle militaire seul ne peut faire basculer un rapport de force qui se joue à l'intérieur de la société et, plus précisément, parmi les musulmans. Pour atteindre cet objectif, ils souhaitent s'immiscer au sein d'un ensemble islamiste plus large pour rallier des soutiens en s'appuyant sur la prédication salafiste (*dawa salafiyya*), dans son ensemble.

Salafiser l'islam, jihadiser le salafisme

Fort de la leçon tirée des bévues de Daech, Hicham identifie le premier front du combat culturel :

> *Il y a une guerre idéologique contre l'Occident, c'est clair, mais aussi à l'intérieur de l'islam.*

Les doctrinaires perçoivent celui-ci comme divisé entre le camp des « véridiques » et ceux qu'ils désignent comme les complices des mécréants, incluant tous les musulmans qui ne partagent pas les visées « islamistes ». Ainsi, Mohamed avance fièrement :

> *J'ai plus de sympathie pour un Blanc catholique aux yeux bleus qui vote FN, plutôt que pour une Arabe de gauche.*

Une assertion qu'il justifie sur la base de son interprétation du dogme :

> *Ben oui :* Ahl el-kitab *avant les* murtaddin [littéralement : les « gens du Livre » avant les « apostats »] *!*

Les premiers feraient partie, en qualité de chrétiens, de la catégorie coranique des « gens du Livre (sacré) », qui bénéficieraient d'un statut de protégés ou *dhimmi* – faisant d'eux en réalité des sujets de seconde zone sous un pouvoir musulman. À l'inverse, les seconds, incarnés dans ses propos par « une Arabe de gauche », sont frappés d'anathème pour apostasie du fait de leur comportement contraire au dogme – qui semble lié à l'orientation politique « progressiste » mentionnée. Le châtiment prévu est la mise à mort.

Youssef résume la conception restrictive que les doctrinaires se font de leur religion :

> *Y a pas d'alternatives à la* salafiyya [au salafisme]*, si tu lis sérieusement les Textes.*

Cependant, contrairement aux zélotes de Daech, ils ne vilipendent pas les islamistes qui ne pensent pas comme eux. Dans le cadre de leur lutte idéologique, ils admettent, entre eux et les « apostats », une zone grise, des individus « limitrophes » dont certains peuvent basculer dans leur giron.

Pour Mamadou, chaque mouvance de l'islamisme serait

une porte d'entrée vers l'acceptation du dogme « véritable » qu'est, selon lui, le jihadisme :

> *Le salafisme, c'est mieux que le Tabligh et mieux que les Frères* [musulmans]. *Ce sont les plus proches du « vrai » islam.*

Ces idéologues conçoivent cela sur la base de leur propre cheminement. En effet, qu'ils aient été élevés ou non dans la religion, tous les doctrinaires rencontrés ont en effet appris la foi à l'adolescence dans des cercles islamistes présents dans leur entourage. Ils ont presque tous rejoint le jihadisme après avoir milité au sein des Frères musulmans. Lorsque cela n'a pas été le cas, ils ont été inspirés par les penseurs du mouvement qu'ils ont abondamment lu – à l'image de Sayyid et Mohammed Qotb précités. Tous font référence à la prédication des Frères pour justifier leurs orientations idéologiques actuelles. Hicham et Khaled, originaires du sud de la France où le Tabligh est prédominant, ont pratiqué les deux groupes. Mamadou résume leurs vues :

> *Le jihad, c'est le sommet le plus haut de l'islam. On ne peut pas l'atteindre sans gravir les étapes* […] *Nous* [son groupe d'amis et lui], *notre évolution religieuse s'est faite par étapes : 1 – on était « ignorants*[1] *»* [sic], *2 – on a fréquenté les frères du daawa, c'est-à-dire le tabligh, 3 – on est passés à un autre groupe, le salafisme. Et 4 – on est arrivés à la* aqida [le credo, comprendre : « salafo-jihadiste »]. *Donc c'est toute une évolution.*

---

1. Le terme « ignorant » qu'utilise ici Mamadou signifie qu'il se considérait comme un mécréant. Le mot est tiré de la forme verbale *j-h-l*, que l'on retrouve dans le Coran sous la forme *jahiliyya*. Il désigne l'ère de l'ignorance qui s'oppose à l'ère de l'islam, ouverte avec la révélation coranique et qui apporte les lumières universelles de la Vérité et du savoir (*'ilm*).

Selon les doctrinaires, les salafistes non violents ou « quiétistes[1] » sont à la fois les plus proches car ils partagent le même corpus de références, et les plus hypocrites parce qu'ils s'abstiennent d'appliquer ce en quoi ils croient. Mamadou poursuit :

> *Les salafistes que les gens appellent « quiétistes » ne font que la moitié du travail. Ils ne se reconnaissent pas dans les valeurs occidentales, mais ils refusent le passage à l'acte* [la hijra / le jihad].

Ces derniers forment donc, dans la période « mecquoise », les cibles premières du prosélytisme, comme l'indique Youssef :

> *Dans le 94* [Val-de-Marne], *il y a beaucoup de salafistes* [comprendre : quiétistes]. *On allait les voir, on leur proposait des débats... Et eux, ils refusaient tout le temps, parce qu'ils savaient très bien que c'était perdu d'avance.* [...] *Faites des débats avec nous et on verra bien qui connaît mieux les Textes...*

Le projet de l'après-Daech passe par le renforcement de l'assise salafiste au sein de la société française. Celle-ci doit permettre à l'« avant-garde jihadiste », qui se perçoit comme ayant atteint le « sommet de l'islam », d'élargir ses

---

1. Les jihadistes se réfèrent souvent à eux par la désignation de « madkhalistes » en référence au courant majoritaire du salafisme français qui se réfère au cheikh saoudien Rabi ibn Hadi al-Madkhali, ancien enseignant à l'Université islamique de Médine qui témoigne d'une fidélité inconditionnelle à la monarchie saoudienne.

rangs, pour procéder à la seconde phase, la jihadisation du salafisme.

De la sorte, les doctrinaires à l'instar de Youssef entendent réarmer « idéologiquement » les croyants contre la France :

> *Le projet dans la bataille idéologique, c'est de ré-islamiser la société francophone, mais pas de façon cachée comme les* ikhwans [les Frères musulmans], *de le faire en prônant un retour à la* salafiyya [salafisme], *bref, à l'islam. Quand je dis ré-islamiser, je parle pas d'un retour à la* salat [prière], *je dis ré-islamiser idéologiquement.*

Ainsi souhaitent-ils homogénéiser la croyance :

> *À court terme, la bataille idéologique va changer la communauté* [musulmane] *de l'intérieur. À moyen terme, elle va changer les comportements* [des musulmans]. *Ça, c'est déjà le cas aujourd'hui, ça se traduit par l'habillement, par la nourriture, par l'éducation des jeunes… C'est déjà pas mal avancé. À long terme, ça va changer la société, ça, c'est pas encore fait.*

Si cette bataille interne est remportée par les salafistes comme ils l'espèrent, elle pourrait ouvrir sur l'affrontement jihadiste avec la mécréance ou la sécession territoriale :

> *Si vraiment on arrive à capter le cœur de la communauté musulmane, alors, comme on est tous français, ce sera soit l'affrontement, soit la communautarisation. Mais l'État français, j'imagine, va finir par comprendre ça.*

En cherchant à transformer l'« islam » en un enclos mental dont les valeurs s'affirmeraient de façon de plus en plus antithétique avec celles de la démocratie, le projet des doctrinaires situe l'avenir du jihadisme pour la décennie 2020 au centre d'un vaste ensemble de problématiques relatives à la cohésion de la société française. Son évolution se pose comme un défi social et politique majeur dont les réponses ne peuvent être uniquement sécuritaires : le jihadisme européen après Daech reprend la forme d'une enclave avant celle d'une kalachnikov.

FACE AU DEVENIR DU JIHADISME

Le programme des doctrinaires repose sur une série de fantasmes et de constructions idéologiques qui rendent l'issue qu'ils anticipent aléatoire. Au milieu de cette indécision, l'objectif de discréditer le contrat social français et son modèle d'intégration républicaine apparaît comme une priorité.

La France, fer de lance de la mécréance en Europe

Le projet des doctrinaires n'est pas réellement novateur. À l'ère post-Daech, il s'inscrit dans la continuité conceptuelle de ce qu'ont été les forces structurantes du jihadisme en Europe depuis le 11 septembre 2001 : la sanctuarisation du salafo-frérisme dans des territoires, en perspective d'une nouvelle phase d'effervescence.

En ce sens, la prétention universaliste du modèle républicain serait l'antithèse par excellence de la norme que ces idéologues souhaitent promouvoir. Sa ruine est l'étape indispensable dans la bataille à long terme contre l'Occident impie. Youssef avance :

> Oussama Ben Laden n'a jamais voulu attaquer la Suède alors qu'ils sont plus libéraux ni le Brésil ou l'Argentine, alors qu'il n'y a pas plus chrétiens ! Alors pourquoi la France ? Parce que la France, c'est une idée. Tout le monde va devoir se positionner si la France est attaquée. Attaquer la France, c'est des années d'expérience, c'est l'aboutissement d'une réflexion longue.

Pour les doctrinaires, les valeurs de la République française constituent l'envers de leur utopie. Ainsi, il importe de saper le modèle français tout entier, qui irriguerait la « pensée » occidentale dans son ensemble. Youssef poursuit son raisonnement :

> La France, c'est une usine à idées. En France, les idées vont loin, le « vivre-ensemble », la « laïcité », ce sont des idées que la France a envoyées au monde et moi je pense que c'est sur ce terrain qu'on peut gagner.

Ces accusations renouvellent des attaques formulées depuis la décennie 1970 par la volumineuse littérature islamiste à l'encontre de la France, identifiée comme l'ennemi symbolique par excellence. Elle serait la pire créature de l'Occident haï.

Le fonctionnement du modèle social français est perçu comme un obstacle majeur dans leur volonté de remplacer le « vivre-ensemble » républicain par le « vivre-à-côté » salafiste. En le détruisant, ils espèrent pouvoir propager plus aisément leur « Grand Récit » jihadiste auprès du plus grand nombre. Leur but n'est pas d'atteindre d'emblée le cœur de la société française, mais de persuader d'abord les musulmans de « se désavouer d'avec » la démocratie et ses valeurs. Les doctrinaires ont identifié, depuis l'enclave tentaculaire qu'est la prison, les autres zones où fonctionnent des machines de prédication salafiste – et dont ils sont souvent issus – comme des espaces de repli privilégiés pour enrôler de nouvelles forces vives. L'objectif est d'y proliférer en s'appuyant sur les dynamiques de salafisation qu'ils observent avec avidité. Ils souhaitent ainsi créer, dans les environnements à majorité musulmane, des communautés homogénéisées sur la base de leur dogme (*aqida*), à l'image de la situation qu'ils expérimentent au quotidien dans leurs lieux d'incarcération. Parallèlement, ils ont intellectualisé le projet de s'immiscer à l'intérieur des services de l'État en vue de parasiter son action, renforcer le sentiment de sidération, et de compenser un rapport de force qui leur a été et leur est jusqu'alors défavorable.

Retour aux enclaves : la sécession des territoires

Sur l'ensemble de ces grands axes, le programme qu'évoquent ces idéologues prolonge celui qu'a défini Aïssam Aït-Yahya, le théoricien « des enclaves » dont nous avons mentionné les écrits en première partie. Ses livres sont parmi les plus lus et commentés par les jihadistes incarcérés. Nombre de nos interlocuteurs se sont référés longuement à ses travaux et trois d'entre eux le présentent comme leur maître à penser – ainsi de Youssef :

Ce que je te dis, c'est un peu le discours d'Aït-Yahya... et quand il va commencer à prendre [auprès des musulmans], ça va faire mal ! Le public qu'ils arrivent à capter, ça n'a plus rien à voir avec avant. Ce sont des gens de bon niveau intellectuel...

Les idéologues citent aussi des ouvrages de cet auteur publiés sous un autre nom de plume, Abou Ishaq Seïf el-Masloul (« le sabre dégainé », surnom donné par le Prophète à un de ses compagnons célèbres pour ses prouesses tactiques et militaires). Le registre doctrinal dont se réclame leur figure d'inspiration est pétri, comme le leur, de salafo-frérisme. Mais il inscrit également son œuvre dans une vision du monde « rétro-coloniale », ultime précision qui permet de comprendre la portée du projet et son hybridation avec une partie de l'extrême gauche et son face-à-face avec l'extrême droite identitaire. Pour Aït-Yahya et les incarcérés qui se placent dans son sillage, l'« islam » évoluerait sous emprise « occidentale ». La France contemporaine infligerait une « colonisation idéologique » aux musulmans, réitération de la situation de l'Algérie coloniale. Il en faisait état en ces termes dans une interview à la chaîne sur YouTube du groupe salafiste Ana-Muslim (« Je suis musulman ») en 2012, dont les fondateurs sont ultérieurement devenus les rédacteurs du magazine de Daech en langue française *Dar al-Islam* :

> *C'est toujours le même problème, c'est toujours la même politique colonialiste et j'ai énormément travaillé dans le livre sur l'Histoire algérienne* [référence à son pamphlet *De l'idéologie islamique française*]. [...] *C'est une histoire fondamentale pour comprendre comment le système* [français] *s'y prend pour contrôler, pour manipuler, pour dévoyer l'islam et les musulmans. Celui qui lit l'histoire coloniale algérienne, il aura même*

> *pas l'impression de lire un livre d'histoire, il aura l'impression de lire un livre contemporain qui parle des musulmans actuels en France. [...] C'était la vision du XIXe siècle, aujourd'hui on est au XXIe siècle, donc faut changer les mots [...], mais finalement on a toujours les mêmes procédés. [...] On demande exactement la même destruction culturelle et identitaire des musulmans.*

Dans sa perception obsidionale de la menace que ferait peser la France sur l'existence de l'« islam », le combat idéologique contre l'Occident d'Aït-Yahya rencontre la pensée « décoloniale » des « Indigènes de la République » et consorts. Selon la doctrine décoloniale, les notions de modernité et de « colonialité » sont intrinsèquement liées. Depuis la découverte des Amériques en 1492, le « Nord » blanc coloniserait le « Sud » racisé en imposant une vision « occidentale » du monde, et ce malgré les indépendances proclamées tout au long du XXe siècle. Cette pensée est issue des études postcoloniales qui ont le vent en poupe aux États-Unis et rencontre un écho grandissant en France à partir du milieu des années 2000 et la création du mouvement des Indigènes de la République, à la faveur de débats autour de la loi sur les « effets positifs de la colonisation » de 2004.

Les doctrinaires méprisent les mouvements décoloniaux qui n'auraient pas saisi que l'objet de leur lutte devait être le soutien à la cause jihadiste, mais ils reprennent leurs paradigmes qui leur permet d'ancrer leur projet dans une rhétorique mobilisatrice plus large et éminemment politique. Aït-Yahya s'empare de la mémoire de l'indépendance algérienne et la remodèle selon sa propre marotte. De mouvement de libération nationale, il la transforme en un jihad « des purs » contre les mécréants dont l'objectif aurait été l'édification d'un État islamique... La tentative aurait avorté à cause de la « trahison » du FLN, mais les défenseurs du projet auraient été les pionniers algériens du jihad en Afghanistan (1979-1989), prélude à la guerre civile de la décennie 1990, puis au jihad anti-occidental et aux attentats du 11 Septembre. Sous son autre alias de Seïf el-Masloul, l'auteur présente longuement cette réécriture jihadiste de l'histoire dans un article posté en ligne au format pdf en 2009, et mis à jour en 2017 sous le titre *Le Livre de l'Algérie en réplique au suppôt du Taghout et aux extrémistes du Takfir*.

Ainsi se joueraient les mêmes scènes dans une France du XXIe siècle qualifiée de « marraine de l'Occident malade » que dans les départements d'Algérie des années 1950 : « Il y a une gestion de l'Islam qui est coloniale, ou de type post-colonial », avance Aït-Yahya dans l'entretien de 2012 avec le groupe Ana-Muslim, « on a une reproduction de ce que la France a fait en Algérie. [...] Les musulmans sont complètement lésés ».

Pour donner corps à cette vision, il convient de renommer les ennemis. Pour l'inspirateur des doctrinaires emprisonnés, les colons d'hier se retrouvent incarnés par les défenseurs de la laïcité d'aujourd'hui. L'État français, islamophobe par nature, est leur instrument. Tous les citoyens sont les complices, conscients ou non, de cette ignominie. Les moins hostiles aux musulmans sont aussi les plus assimilationnistes et en cela les plus redoutables, à l'inverse des identitaires réactionnaires qui assument pleinement leur détestation de l'islam et reconnaissent l'incompatibilité des deux « civilisations ».

Les « Français », figures contemporaines des « colons blancs », sont rejoints par des auxiliaires « collabos » ou

« collabeurs ». Ils désignent tous les musulmans insensibles aux thèses sécessionnistes, coupables de vivre leur foi de façon apaisée ou de l'avoir accommodée à la modernité. Au premier rang des accusés, les « apostats » qui auraient « abandonné leur religion », ils auraient troqué leurs « origines islamiques » contre des « origines démocratiques », comme Aït-Yahya l'expliquait sur la chaîne YouTube Ana-Muslim en 2012. Ils incarnent le processus de délitement de l'« islam » qui est la source de toutes les angoisses de cet auteur et de ses disciples.

Le paradigme de la guerre d'indépendance algérienne, entièrement revisitée et recodée, débouche dans cet argumentaire sur la nécessité de séparer les deux mondes en France par le salafisme, programme que tentent d'appliquer les doctrinaires. Il convient de faire échouer le projet républicain d'intégration, dont la prétention universaliste est perçue comme antinomique à la résurgence de l'« État islamique ». Le conflit de 1954-62 représente en rétrospective pour Aït-Yahya le premier volet de l'affirmation de la rupture avec la mécréance par la voie du jihad. Soixante ans plus tard, ce qui se joue dans l'ancienne « Métropole » en est selon lui autant la duplication que l'aboutissement.

Le désaveu physique et intellectuel peut se construire au cœur de la société « ennemie », à travers des territoires autonomes. Le salafisme, réifié comme identité « musulmane » dans ces espaces, fixe les conditions de l'affranchissement d'avec la « mécréance » dont il s'exclut en même temps qu'il cherche à être rejeté par elle, comme l'évoque Youssef :

> *Si vous n'arrivez pas à organiser le vivre-ensemble, et que nous on ne veut pas vivre avec vous, alors, va y avoir un pro-*

blème. Vous avez qu'à puiser dans votre civilisation « universelle » pour qu'on puisse être d'accord avec vous !

La guerre d'indépendance algérienne, recodée en un jihad libérateur, devient une partie du modèle pour préparer la sécession interne en France. Le rôle que les doctrinaires assignent à leurs camarades est de renforcer et de coordonner, dans des espaces salafisés où ils disposent de relais, les réseaux de soutien financiers, idéologiques et au besoin, humains. Tels des nouveaux soldats de la septième Wilaya du FLN en Métropole entre 1954 et 1962, ils doivent préparer les solidarités de demain qui agiront au cœur d'« espaces libérés[1] ». Ils estiment que la consolidation de ces tendances à l'échelle de quartiers entiers permettrait aux jihadistes de faire basculer le rapport de force face à l'État français, fragilisé par la présence de potentiels sympathisants au sein de ses institutions, lors d'une prochaine déflagration géopolitique majeure au Moyen-Orient ou sur le Vieux Continent.

Si ces individus, à l'image de leur chef de file, forment l'aboutissement de l'hybridation salafo-frériste constatée dans tous les milieux islamistes européens et qu'ils sont en cela susceptibles d'être influents, rien n'indique qu'ils soient pour autant en capacité d'imposer leurs vues. Ils tablent en effet sur le travail de sape des fondements des États de droit européens, mais n'ont pas résolu les paradoxes de leur propre projet. Comment pérenniser

---

[1]. Ou Fédération de France du FLN. Voir le livre d'Ali Haroun (qui la dirigeait), *La 7ᵉ Wilaya. La guerre du FLN en France 1954-1962*, Le Seuil, Paris, 2012, 528 pages.

un « modèle alternatif » à l'intérieur du système démocratique qu'ils anathématisent ? Comment gérer les relations entre l'enclave salafo-jihadiste et la société globale sans qu'un affrontement annihile celle-là ? Comment surmonter les écueils rencontrés par Daech au Levant en sanctifiant les principes dogmatiques qui ont conduit à son effondrement ? Ils omettent aussi de considérer que l'émergence du « califat » s'est produite dans une crise géopolitique d'une ampleur exceptionnelle et que même dans des conditions particulièrement favorables, ses partisans n'ont su exploiter durablement la situation à leur avantage.

CONCLUSION

Le 6 octobre 2019, le retrait des forces américaines présentes dans le Nord-Est syrien est aussitôt comblé par une offensive turque dans cette région contrôlée par les miliciens kurdes du YPG depuis leur victoire sur Daech. Les puissances européennes se montrent incapables d'empêcher les soldats d'un pays membre de l'OTAN de bombarder les Kurdes, qui ont perdu onze mille combattants dans la guerre contre les jihadistes.

Cette énième capitulation diplomatique réactualise les impensés étudiés dans les pages précédentes. Outre que les Kurdes faisaient partie des rares alliés dont disposait l'UE au cœur du chaos sécuritaire levantin, ils supervisaient jusqu'alors 90 % des jihadistes occidentaux et leurs nombreux enfants nés sur place. Le devenir de ces hommes et femmes, parmi lesquels plusieurs centaines de Français prêts à être incarcérés sur le Vieux Continent ou à reprendre les armes au Châm, est plus qu'incertain. Outre les perspectives d'évasion, certains pourraient tomber aux mains des services de sécurité syrien, les troupes de Bachar al-Assad s'étant déployées sur les anciennes positions américaines en promettant d'empêcher l'avancée turque. Si pareil scénario se matérialisait, le régime de Damas disposerait d'un instrument de chantage sans précédent sur les chancelleries européennes.

Dans la même séquence historique, Abou Bakr al-Baghdadi, « calife » fantoche d'un État islamique sans territoire, était localisé en Syrie sur renseignements irako-kurdes. En fuite depuis trois ans, celui-ci venait de se terrer dans le hameau de Baricha, à quelques kilomètres d'Idlib et de la frontière turco-syrienne. Le 26 octobre 2019, au cours de l'opération des forces spéciales américaines qui le visait, al-Baghdadi, acculé dans un tunnel sans issue, actionnait sa ceinture explosive, s'infligeant la mort et causant celle de trois de ses enfants. Le trépas du chef de Daech scelle le mouvement de débilitation de l'organisation, visible depuis la reprise de Mossoul et Raqqa à l'automne 2017 et entériné en mars 2019 avec la chute de Baghouz, dernière enclave de l'EI au Levant. Cette situation invite à penser la reconfiguration du jihadisme en cours, alors que le territoire physique du « califat » a été détruit, mais que son espace idéologique persiste.

Car parallèlement à ces dynamiques moyen-orientales, les activistes interrogés dans ce travail auront, pour la plupart, recouvré la liberté en 2022. En janvier 2020, cinq ans après les attentats contre *Charlie Hebdo* et le magasin Hyper Cacher de la Porte de Vincennes, à Paris, plusieurs d'entre eux ont purgé leur peine et ont été élargis ainsi notamment des doctrinaires que nous avons appelés Edwyn, Lassana ou Youssef. Par-delà ces cas individuels, la gestion des « sortants » s'impose comme un enjeu important à court et moyen terme tandis que l'avenir du phénomène se déplace de nouveau du Levant vers les prisons et de celles-ci vers les territoires européens.

Conclusion

Cela instaure la problématique du jihadisme au cœur de la Cité, posant un défi intellectuel et sociétal avant d'être sécuritaire. Il ne peut être ignoré ni caricaturé. Entre l'occultation d'une situation qui interpelle les responsables politiques comme la population dans son ensemble, et l'exacerbation à des fins partisanes des débats la concernant, il existe un chemin de crête ardu qui consiste à l'appréhender collectivement. À cet égard, la décennie 2020, qui s'ouvre au moment où paraît ce livre, est cruciale. Nous avons voulu engager avec sa publication la première étape de cette réflexion en fournissant aux lecteurs le matériau raisonné de l'un des principaux drames qu'ait connu la France contemporaine. Notre démarche a pris corps à Paris les 7 et 9 janvier, puis le 13 novembre 2015 face aux femmes et hommes gisant sur le pavé du Xe arrondissement, devant les scènes insoutenables des attentats. Les assassins qui ont actionné leur ceinture explosive et tiré à la mitraillette étaient nos concitoyens français ou belges avant de devenir jihadistes, ils avaient transformé le nord de la Syrie en champ de ruines avant de retourner leur fureur meurtrière contre leurs compatriotes.

Analyser l'attrait du jihad au Levant sur des milliers d'Européens à partir de 2012 et ses conséquences dramatiques pour leur société d'origine nécessitait de revenir au terrain pour rassembler systématiquement les données sociales, culturelles, politiques et religieuses à l'origine de cette catastrophe. C'était la condition indispensable pour produire des savoirs nouveaux et les mettre au service d'un diagnostic global, préalable à toute recherche de solutions. Pierre angulaire du présent travail, cette entreprise est le fruit de cinq années de recherche à travers l'Europe, le Moyen-Orient et les prisons. Elle n'a été guidée ni par un goût exacerbé de l'aventure ni par l'envie de crapahuter en zones de guerre, encore moins par une appétence pour les couloirs humides des maisons d'arrêt. Elle n'est que le reflet d'une *réalité française* qu'il est devenu impératif d'étudier, de documenter, avec l'espoir d'en faire sens. Rien n'a été aisé à mettre en œuvre, mais cela n'était pas hors de portée d'un jeune chercheur curieux de comprendre. Cette démarche nous a été inspirée par des aînés qui ont défendu sans relâche l'impérieuse nécessité de produire un savoir forgeant, dans la connaissance des langues et du terrain, les outils pour penser la problématique euro-méditerranéenne complexe qui est notre environnement contemporain.

Il apparaît au bout du chemin que le jihadisme émerge dans certains quartiers et non dans d'autres. Il dispose d'une expression en Europe dont les territoires caractérisés par la présence de populations issues de l'immigration musulmane sont souvent les réceptacles. Néanmoins, ce phénomène ne peut en aucun cas être réduit à la situation postmigratoire ou à la question des « banlieues » qui ne définit qu'une partie du contexte. Le débat français se heurte en la matière à la prépondérance des analyses issues du sens commun et « grossièrement élaborées » (Durkheim) qui réduisent le jihadisme à la marginalisation socio-économique et culturelle des périphéries urbaines et occultent les logiques religieuses et politiques à l'œuvre dans ces différents espaces. Or le phénomène que nous avons observé se situe à la confluence de ces diverses dynamiques. Il ne concerne pas exclusivement la France, mais aussi la Belgique où nous nous sommes rendus à maintes reprises, ainsi que le Royaume-Uni, l'Allemagne, l'Europe du Nord et nos voisins du Sud. Il se déploie aussi bien dans des courées de Roubaix que dans des hameaux du Tarn, et prend la forme d'une contestation religieuse de l'ordre politique.

Au cours des trente dernières années, cette idéologie s'est enracinée sur le Vieux Continent à travers la création d'écosystèmes militants interagissant au rythme de leur expansion régulière. Partout où les adeptes s'implantent, ils investissent des environnements urbains qu'ils transforment de l'intérieur sur le modèle d'une enclave salafiste, ou bien ils fondent des communautés fermées, de type « phalanstère », tournant le dos à la « mécréance » alentour.

Ce schéma s'explique à l'aune de la dimension millénariste qui caractérise l'utopie salafo-jihadiste. Il met au jour des méthodes de propagation et de prosélytisme similaires de Peshawar au Pakistan où cet activisme a émergé sous sa forme contemporaine dans les années 1980, jusqu'à Kattankudy au Sri Lanka, Gonja Maoča en Bosnie, ou Minneapolis aux États-Unis. L'univocité des modes de diffusion à l'intérieur de territoires divers permet de relativiser l'« exceptionnalité » hâtivement attribuée au cas français, à laquelle est trop souvent réduite l'analyse superficielle de la cause des attentats.

Au fur et à mesure de nos observations sur le terrain à travers l'Hexagone, la Ville rose s'est imposée comme une sorte de « type-idéal » pour penser l'ensemble de ces dynamiques partout ailleurs sur le Vieux Continent. Cela est dû au fait que la région toulousaine a été le lieu d'implantation d'une enclave et d'un phalanstère à la fois interconnectés et particulièrement fonctionnels. Dès le début de la décennie 1990, des « revenants » du jihad en Afghanistan ont établi une communauté fermée à Artigat dans l'arrière-pays ariégeois, tandis que quelques années plus tard, des vétérans du GIA algérien investissaient les quartiers défavorisés du Mirail et des Izards dans l'agglomération toulousaine. Les uns et les autres ont identifié et pris en mains un même groupe d'amis et de connaissances, une dizaine de personnes appartenant à l'entourage des frères Fabien et Jean-Michel Clain. En moins de dix ans, leur cercle s'est élargi rapidement jusqu'à rassembler des centaines d'adeptes. Bien qu'ils n'eussent constitué qu'une infime minorité des quarante mille résidents du Grand-Mirail, leur mobilisation quotidienne a suffi à faire naître une contre-société militante dans cet espace confiné. Les quelque deux cents départs de la région toulousaine pour le jihad en Syrie sont advenus au sein de cet environnement humain. Ce processus, observable partout en Europe sous des aspects généralement moins aboutis qu'ici, repose sur des machines de prédication qui s'établissent progressivement suivant des procédés simples de maillage du territoire : visibilité des adeptes dans l'espace public, création d'associations prosélytes, d'écoles privées « hors contrat », etc. Pensée comme l'édification de communautés de « purs » abritées des codes et valeurs de la société « impie », cette spatialisation a permis de transformer en vingt ans le sud-ouest de Toulouse en l'un des deux pôles de l'activisme salafiste européen, en lien avec son pendant dans la commune de Molenbeek à Bruxelles.

Considérées ensemble, ces dynamiques dessinent une géopolitique du jihadisme, avec des centres historiques, des périphéries et des espaces d'expansion et de repli, depuis le Vieux Continent jusqu'au Moyen-Orient et en Afrique du Nord. Les itinérances des partisans entre ces différents espaces révèlent cette géographie militante qui a largement échappé à l'attention des décideurs politiques parce qu'elle ne recoupe pas le découpage administratif auquel ils se réfèrent pour déployer l'action publique.

Nous avons observé que les machines de prédication, à partir de 2012, « basculaient » du renforcement du communautarisme en France vers la construction d'un État islamique au Châm. Les pionniers qui s'y rendaient organisèrent les stratégies de ralliement en Syrie. Ils établirent des passerelles logistiques et numériques entre les quartiers européens concernés et le Levant. Les vagues successives de volontaires contribuèrent à transplanter enclaves et phalanstères sous le « califat ». Daech apparaît ainsi comme un aboutissement global de multiples initiatives qui advinrent localement et de façon éparse au cours des vingt années précédentes en Europe.

Ce travail a montré que le jihadisme ne pouvait être considéré comme un isolat idéologique et social. Il émerge au sein de dynamiques de mobilisation plus larges où la dimension politique et religieuse est omniprésente. Elle doit être corrélée avec l'existence d'autres acteurs islamistes et tenir compte de leurs logiques propres. Ainsi, la « salafisation » dogmatique des Frères musulmans a été particulièrement mal anticipée et mal comprise par nombre de chercheurs comme de décideurs – à l'exception d'universitaires comme Bernard Rougier dans ses travaux sur les islamismes en Île-de-France (à paraître, 2020). La grande perméabilité des réseaux a permis pareille convergence, déjà décelée en Égypte par l'universitaire Hossam Tammam avant les « printemps arabes » (Tammam, 2010). La plasticité idéologique des Frères, leur manque de doctrine religieuse en propre, a obligé leurs cheikhs à se tourner vers des sources d'autorité en circulation sur le marché doctrinal, sur lequel les salafistes avaient conquis l'hégémonie.

De la sorte, au tournant du XXIe siècle s'opère dans les populations musulmanes des sociétés d'Europe de l'Ouest la diffraction de changements observés dans le champ islamique au Moyen-Orient depuis les années 1970.

Après le 11 septembre 2001, l'affirmation du jihadisme sur le Vieux Continent se pose à la fois comme un aboutissement de cette congruence salafo-frériste, et le dépassement des contradictions de la mouvance salafiste abusivement décrite comme « quiétiste ». En effet, la construction des entre-soi communautaires exacerbe les antagonismes auxquels ceux-ci sont censés mettre terme. Elle se heurte aux accusations de musulmans rétifs à pareille interprétation ultra-rigoriste de la religion et contrevient aux valeurs de base du vivre-ensemble démocratique : la mixité, la liberté religieuse, l'égalité des citoyens, etc., c'est-à-dire l'État de droit.

À mesure qu'ils établissent des « vivre-à-côté » qui évoluent localement en contre-sociétés, les adeptes font l'objet d'une préoccupation plus grande des pouvoirs publics. La visibilité du salafisme qui va de pair avec son expansion accentue les tensions initiales. Ces mécanismes, telles des forces centrifuges, consolident en retour l'impression diffuse dans les milieux « salafisés » de résider au cœur d'un pays mécréant qui les déteste. Le sentiment d'une menace obsidionale qui pèserait sur la « communauté » se répand au sein de la minorité active.

Le point de rupture a été atteint en Europe de l'Ouest au tournant de la décennie 2010. Les adeptes n'ont alors jamais été aussi nombreux et organisés, mais ils s'estiment de plus en plus vulnérables et impuissants. La création d'associations de lutte contre l'« islamophobie », terme qui fait son apparition à cette époque dans la galaxie frériste et que plébiscitent les salafistes, en est un indicateur. Les multiples incidents qui se produisent en France et en Belgique après l'interdiction du voile intégral sur la voie publique en 2010, suivie par la verbalisation de femmes dissimulant leur visage sous un niqab participent de la montée des tensions inhérentes à la diffusion de la norme salafiste. Pour gérer le face-à-face avec l'ordre « mécréant » haï, la doctrine prévoit deux options : l'affrontement – ou jihad – et l'évitement, la fuite – ou hijra.

En 2012, le jihad s'impose comme la solution pour une partie de la frange la plus dure. Les tueries de Mohamed Merah à Toulouse et Montauban du 12 au 19 mars en constituent la première occurrence. Mais les orientations violentes de plus en plus assumées de membres des groupes Forsanne al-Izza en France, Sharia4Belgium, Sharia4UK et Sharia4Holland dans les pays voisins témoignent d'une tendance de fond.

Cette même année, les premiers départs vers la Syrie, pensés comme des hijra au Châm, débutent à l'été. De fait, jihad en Occident et hijra au Levant forment le couple insécable et refoulé du salafisme occidental. Leur articulation s'imbrique dans le syntagme fondateur commun du salafisme et du jihadisme : l'alliance et le désaveu (*al-wala wal-bara*), qui contraint chaque adepte à « choisir son camp ».

À partir de 2014, la dégradation de la situation syrienne fournit l'occasion à des volontaires de plus en plus nombreux d'accomplir du même coup l'exode hors de la terre de « mécréance » qu'est la France, et la poursuite du combat sacré au Châm. Dans la continuité ils s'affaireront, par une sorte d'effet boomerang, à ravager leur nation d'origine dont ils se sont « désavoués ». Le départ de milliers de Français vers la Syrie pour porter le projet de Daech, la multiplication des attentats qui s'ensuit correspondent à l'aboutissement de la révolution idéologique produite par le salafisme au sein de l'islam européen depuis le 11 septembre 2001 et accentuée depuis les tueries de Mohamed Merah en mars 2012.

Pourtant, l'« émigration » en Syrie, au cœur de la guerre civile la plus violente de l'époque contemporaine, ne résout pas les contradictions inhérentes. Au Châm, les militants n'érigent ni État ni « califat », mais une entité non pérenne qui fonctionne sur un modèle totalitaire classique, dans un territoire transformé en gigantesque prison à ciel ouvert. Son effondrement final, entériné le 23 mars 2019 avec l'élimination du réduit de Baghouz, sanctionne la non-viabilité du modèle politique jihadiste. Fruit de l'extrémisme millénariste, il est par définition instable.

Nos observations ont identifié les conséquences de cette non-viabilité : la guerre fratricide entre les différentes mouvances syriennes à l'été 2013, les règlements de comptes, les crimes contre l'humanité de toute nature et, enfin, la fuite en avant dans les exactions et la surenchère purificatrice. La domination de la population par la tyrannie d'anciens officiers du renseignement irakien passés au service de Daech, le maintien des « étrangers » dans l'illusion de la hijra à travers la reproduction d'un mode de vie colonial en Syrie encadré par les prescriptions salafistes ralentissent momentanément l'implosion du système. Mais la digue finit par céder. Les attentats en Europe offrent une porte de sortie illusoire à la crise du « califat » par l'exacerbation spectaculaire de la violence en Occident, mais suscitent en réaction les bombardements de la coalition internationale qui accéléreront l'effondrement de l'EI. À l'été 2016, la mobilisation des femmes dans l'action terroriste sous la férule d'un zélote forcené, Rachid Kassim, remet en question la pièce essentielle sur laquelle repose l'équilibre politique de l'organisation : le contrôle de la « chair » féminine. Elle signera la débilitation de l'édifice jihadiste.

Au terme de ce travail, nos observations sur le terrain nous convainquent tout d'abord que le « jihad global », comme tel, n'existe pas. Son mode opératoire le plus efficient reste celui des petits nombres. Et ses contradictions internes s'amplifient à mesure que le mouvement se développe. Ce constat permet de comprendre comment l'Europe est sortie en 2017 d'une période marquée par la multiplication des attentats presque aussi soudainement qu'elle y était entrée en 2015. Mais la situation de calme relatif depuis lors tient davantage aux erreurs commises par les zélotes qu'à la réponse apportée par les pouvoirs publics. Ceux-ci continuent d'évoluer dans une perception approximative d'un phénomène qui n'est pas abordé dans sa pleine dimension sociétale. À cet égard, l'attaque de Mickaël Harpon le 3 octobre 2019 à l'encontre des cinq fonctionnaires de police au cœur de la préfecture de police de Paris où il travaillait depuis seize ans vient sceller une série d'erreurs d'appréciation dont l'affaire Merah était déjà entachée. Elle soulève l'étendue de la mise à jour nécessaire pour une partie des professionnels et des directeurs d'administration qui s'avère aujourd'hui d'autant plus impérieuse qu'elle est urgente.

En deuxième lieu, ce travail a identifié le rôle cardinal d'une institution reléguée : la prison. À l'encontre d'une opinion commune dominante nourrie par la lecture réductrice des travaux de Michel Foucault, celle-ci constitue un espace semi-ouvert, qui intègre les dynamiques extérieures et les retraduit en son sein. En l'espèce, le jihadisme s'avère un analyseur particulièrement précieux des limites inhérentes aux débats mal pensés sur la « radicalisation » en détention. En considérant le reclus comme un être coupé de la société et entièrement soumis à l'autorité de l'État, les travaux des épigones du philosophe le plus cité dans les index de sciences sociales ont interdit d'analyser l'espace carcéral comme un système social complexe forgé par une multitude d'interactions et d'influence contraires. Ainsi la recherche s'est en partie déconnectée du réel, faute d'une approche empirique renouvelée et nourrie par la connaissance de la sociologie des quartiers populaires contemporains comme de l'idéologie salafiste et jihadiste ainsi que du contexte international illustré par les allers-retours vers le Châm. Décontextualisé, dés-historicisé, le jihadisme est réduit à une « révolte » abstraite, une mode fascinant les âmes malsaines ou fragiles que la prison, inévitablement, accueille ou fabrique en son sein... Par conviction ou par facilité, pareilles billevesées ont privé décideurs et citoyens des moyens de comprendre les modalités d'une menace qui plane sur la France, l'Union européenne et la zone euro-méditerranéenne.

Les attentats contre *Charlie Hebdo* et le magasin Hyper Cacher des 7 et 9 janvier 2015 ont provoqué une prise de conscience tardive. La « lutte contre la radicalisation » est devenue l'*ultima ratio* d'autorités désemparées, et un dispositif de prise en charge dans des « unités dédiées » a été organisé en urgence. Cela s'est manifesté, entre autres, par un déphasage entre la réalité du jihadisme carcéral et sa perception par l'encadrement. L'échec qui en a résulté a atteint son point culminant à l'occasion des révoltes à la fin de l'été 2016 à Fleury-Mérogis et de l'agression de deux surveillants le 4 septembre dans l'unité dédiée d'Osny, aboutissements tragiques, mais logiques, de la politique suivie jusqu'alors. Depuis 2016, les gouvernements successifs expérimentent de nouvelles méthodes de prises en charge de cette matière extrêmement délicate, sans stratégie arrêtée, mais en manque d'alternative au renforcement de la dimension sécuritaire. L'administration pénitentiaire doit pourtant répondre à un défi qu'aucune institution n'a eu à relever. À la fin de 2019, les maisons d'arrêt sont en effet devenues le premier réservoir humain du jihadisme européen, avec plus de cinq cents détenus concernés.

Après l'échec d'al-Qaida puis de Daech, elles forment les lieux où sont réinterprétés les modes d'action des organisations moyen-orientales à l'aune de la réalité carcérale française. Une minorité d'idéologues écroués tente d'édicter la doctrine de l'ère post-Daech sur la base de leurs expériences derrière les barreaux. Ils sont particulièrement mal « évalués » par les agents pénitentiaires et, dans la plupart des cas, évoluent en détention ordinaire. Moins aisés à appréhender pour le chercheur qu'ils testent systématiquement, ils demeurent une catégorie inconnue des observateurs extérieurs, en dépit de leur influence. À défaut d'avoir construit un « califat » au Levant, ils redirigent les actions des militants vers le renforcement des dynamiques de sécession socio-religieuse d'avec la société. Ils souhaitent intégrer leur programme dans un récit islamiste rétrocolonial à la portée mobilisatrice potentiellement puissante. L'indépendance algérienne, repeinte en premier jihad, serait un « précédent » à rejouer cette fois-ci directement dans l'Hexagone, en s'appuyant sur des zones à majorité musulmane dûment « salafisées ».

La France, État sur le territoire duquel vivent le plus grand nombre de musulmans du Vieux Continent, héritière d'une longue histoire coloniale, offre un cadre d'analyse unique au monde pour la compréhension de ce défi. La richesse sociologique de sa population, la diversité de ses aires urbaines, de sa tradition politique et de son rapport aux religions permet de repositionner le développement du jihadisme au cœur d'une équation complexe. Son énoncé dépasse de beaucoup l'Hexagone et s'inscrit dans un mouvement de *désécularisation* des sociétés européennes qui s'accélère depuis le début du XXIe siècle. La fissuration du modèle démocratique se présente comme un horizon probable si la seule réaction collective apportée aux dynamiques décrites en France, en Europe, dans les prisons, et au Levant consiste à détourner le regard. Il en sera de même si rien d'autre que le renforcement de l'ordre sécuritaire et la stigmatisation n'est formulé en guise de réponse définitive. Le problème posé par le jihadisme, dans toutes ses composantes, doit être intégré dans une politique publique pensée sur le long terme, et non plus improvisée entre deux attentats.

Si les tendances enclenchées durant les deux dernières décennies s'amplifient, des mouvements de sécession à coloration religieuse pourraient voir le jour dans certaines parties du territoire, déjà en proie à l'homogénéisation communautaire. Interconnectés par Internet et par les innombrables liaisons humaines, les microcosmes salafo-jihadistes pourraient revêtir une cohérence d'ensemble temporaire à l'issue d'un nouveau soulèvement en Afrique du Nord, au Moyen-Orient ou en Europe.

La fatalité ne peut être de mise. Il convient de ne pas oublier que l'objet qui nous a occupés au fil de ces pages ne constitue qu'un phénomène minoritaire. Les musulmans en sont les premières proies et font face à un défi majeur. L'erreur reviendrait à confondre l'idéologie salafiste avec l'islam, piège que tendent ces militants depuis deux décennies.

Tout au long de ces années, les jihadistes ont bénéficié d'une asymétrie : ils connaissaient mieux le fonctionnement des sociétés « ennemies » dont ils étaient issus que celles-ci ne comprenaient leurs actions. Cela est en passe de changer : le retard en la matière est en train de s'estomper et nous espérons que ce travail contribue à le combler.

Il est possible de faire émerger des solutions concrètes. À l'heure actuelle, les réponses proposées en toute hâte demeurent coincées entre le fantasme d'une « ligne Maginot » inconcevable et les chimères des méthodes de « déradicalisation » ciblées. L'État et ses différents services, de l'Éducation nationale à la Justice en passant par la multitude d'acteurs sociaux, disposent de milliers d'intervenants quotidiens qui ont les capacités de faire face à l'activisme de quelques centaines d'individus. Encore faut-il que cela soit pensé dans le cadre d'une politique générale.

Cette situation réactualise la question des impensés territoriaux dont le mouvement des Gilets jaunes en France à l'automne 2018 était une autre expression, et l'installe au cœur des grands enjeux sociétaux à venir. Seul le retour à une connaissance de terrain rigoureuse permettra de fournir les éléments nécessaires pour faire sens, collectivement, d'une calamité et d'en dissiper la résurgence.

« L'esprit est toujours en retard sur le monde », écrivait Albert Camus, dans *Ni victimes ni bourreaux*.

APPENDICES

APPENDICES

CHRONOLOGIE

1916 (16 mai) : Signature des accords Sykes-Picot entre la France et le Royaume-Uni.

1946, Syrie : Naissance à Homs d'Abdullilah al-Dandachi, alias Olivier Corel, l'« émir blanc » d'Artigat.

1954-1962 : Guerre d'Algérie.

1963, Syrie : Le parti Baas syrien parvient au pouvoir par un coup d'État.

1969, Belgique : Création du Centre islamique et culturel de Belgique (CICB) au sein de la grande mosquée de Bruxelles, dans le cadre d'un accord avec l'Arabie saoudite.

1975 : Parution du livre de Michel Foucault, *Surveiller et punir, naissance de la prison*.

1979-1989 : Jihad en Afghanistan.

1983 : Abdullilah al-Dandachi est naturalisé français et christianise son nom en Olivier Corel.

1985 : Olivier Corel s'installe à Artigat.

1991-1997, Algérie : Guerre civile. Entre cent mille et cent cinquante mille personnes sont tuées au cours de la « décennie noire ».

1994 (24-26 décembre) : Détournement du vol Alger-Paris sur le tarmac de l'aéroport marseillais Marignane par le Groupe islamique armé.

1995 (juillet-octobre) : Huit attentats perpétrés à Paris par le GIA causent dix morts et cent soixante-quinze blessés.

1999 : Conversion de la fratrie Clain à l'islam.

1999 (avril), Algérie : Abdelaziz Bouteflika est élu président. Il met un terme à la guerre par la « concorde civile » – offrant la libération des combattants islamistes écroués en échange de la fin des exactions.

2001 (9 septembre), Afghanistan : Assassinat du commandant Massoud.

2001 (11 septembre), États-Unis : Attentats-suicides terroristes perpétrés à New York et Washington par des membres d'al-Qaida causant la mort de 2 977 personnes.

2003 (mars) : Jean-Michel Clain fonde le collectif « Apprendre pour comprendre », projet d'école coranique, avec l'aide d'un ancien membre du GIA et de son beau-frère Mohamed Megherbi.

2003 (16 mai), Maroc : Attentats-suicides à Casablanca, causant trente-trois morts.

2004 (11 mars), Espagne : Tueries à Madrid, causant cent quatre-vingt-onze morts et mille huit cents blessés.

2005 (automne) : Des révoltes sociales parties de Clichy-sous-Bois et Montfermeil en Seine-Saint-Denis embrasent la plupart des banlieues pauvres des grandes villes françaises.

2005 (9 novembre), Irak : La boulangère belge Muriel Degauque commet un attentat-suicide près de Bagdad.

2006, Irak : Un ami de Mohamed Merah issu comme lui des Izards est le premier « martyr » français dans un assaut contre les troupes américaines.

2007 (mai) : Élection présidentielle remportée par Nicolas Sarkozy.

2009 : Condamnations de Sabri Essid, Thomas Barnouin, Fabien Clain et Mohamed Megherbi dans le procès de la « Filière d'Artigat ».

2009 (24 décembre) : Thomas Barnouin, bénéficiant d'une remise de peine automatique, est libéré.

2010 (6 novembre) : Sabri Essid, bénéficiant d'une remise de peine automatique, est libéré.

2010 (été) : Fondation de la maison d'édition Nawa par Aïssam Aït-Yahya.

2011 (14 janvier), Tunisie : Ben Ali est chassé du pouvoir.

2011 (11 février), Égypte : Hosni Moubarak démissionne.

2011 (mars), Syrie : La torture de quinze adolescents coupables de graffitis hostiles au président dans la ville de Deraa ouvre en réaction la voie à la militarisation de l'opposition.

2011 (2 mai), Pakistan : Oussama Ben Laden est tué au cours d'un raid des forces spéciales américaines dans la périphérie d'Abbottabad.

2011 (29 juillet), Syrie : Des gradés déserteurs créent l'Armée syrienne libre (ASL) et prônent l'affrontement pour renverser le régime.

2011 (30 septembre), Yémen : L'Américain Anwar al-Awlaqi, pionnier du terrorisme on-line, est tué par un drone.

2012 (11 mars) : Mohamed Merah assassine à Toulouse sa première victime, l'adjudant Imad Ibn Ziaten.

2012 (15 mars) : Mohamed Merah tire sur trois parachutistes à

Montauban : deux d'entre eux décèdent, le troisième reste tétraplégique.

2012 (19 mars) : Mohamed Merah attaque l'école confessionnelle juive Ozar Hatorah, causant quatre morts dont trois enfants, et un blessé.

2012 (21-22 mars) : Mohamed Merah est localisé dans l'est toulousain, et tué dans l'assaut du RAID après trente-deux heures de négociations.

2012 (mai) : Élection présidentielle remportée par François Hollande.

2012 (juin), Égypte : Élection du président Frère musulman Mohammed Morsi.

2012 (juin) : Élections législatives : pour la première fois sous la Ve République, près de cinq cents Français d'ascendance maghrébine et africaine sont présents parmi les candidats.

2012 (19 juillet), Syrie : La partie orientale d'Alep, plus grande ville du pays, tombe aux mains des rebelles.

2013 (9 avril), Irak : Abou Bakr al-Baghdadi, chef de l'État islamique d'Irak, annonce officiellement depuis Mossoul que le commandement et les troupes de la branche syrienne d'al-Qaida intègrent un nouveau groupe : l'État islamique en Irak et au Levant (EIIL, dont l'acronyme arabe est Daech).

2013 (9 avril), Syrie : L'information est démentie solennellement depuis Alep par l'émir d'al-Nosra, le Syrien Abou Mohamed al-Joulani.

2013 (23 mai) : Ayman al-Zawahiri, émir d'al-Qaida, rend son arbitrage religieux (*fatwa*) en défaveur de Daech.

2014 (13 janvier), Syrie : Raqqa, siège d'une préfecture sur l'Euphrate, est prise à l'ASL par Daech.

2014 (24 mai), Belgique : Mehdi Nemmouche assassine quatre personnes dans le Musée juif de Belgique.

2014 (30 mai) : Arrestation de Mehdi Nemmouche à Marseille.

Chronologie

2014 (10 juin), Irak : Mossoul tombe sans combat aux mains de l'État islamique.

2014 (29 juin), Irak : Proclamation du « califat » de Daech, qui devient officiellement l'État islamique-EI (*Dawla*).

2014 (25 novembre) : La garde des Sceaux Christiane Taubira émet des réserves quant au regroupement dans les détentions de prisonniers en lien avec des organisations jihadistes syriennes.

2014 (20 décembre) : Attaque terroriste contre le commissariat de Joué-lès-Tours (Indre-et-Loire). Trois policiers sont blessés.

2015 (7 janvier) : Attentat contre l'hebdomadaire satirique *Charlie Hebdo* perpétré par Saïd et Chérif Kouachi, causant douze morts et onze blessés.

2015 (8 janvier) : Amedy Coulibaly tue une policière à Montrouge.

2015 (9 janvier) : Les frères Kouachi, retranchés dans une imprimerie de Dammartin-en-Goële (Seine-et-Marne), sont abattus par la gendarmerie.

2015 (9 janvier) : Attentat perpétré par Amedy Coulibaly contre le supermarché Hyper Cacher de la Porte de Vincennes à Paris, tuant quatre personnes.

2015 (11 janvier) : Diffusion sur le Web d'une vidéo d'allégeance d'Amedy Coulibaly au « califat » par les réseaux de Daech en Syrie.

Manifestations à Paris en hommage aux victimes rassemblant plus d'un million et demi de personnes.

2015 (21 janvier) : Plan de lutte contre le terrorisme promulgué en urgence par le gouvernement.

2015 (26 janvier), Syrie : L'EI perd la ville de Kobané et enregistre son premier revers en Syrie.

2015 (19 avril) : Assassinat d'une professeure d'aérobic à Villejuif par un étudiant algérien qui se tire accidentellement une balle dans la jambe, l'empêchant de commettre un attentat à la sortie d'une messe à Villejuif (Val-de-Marne).

2015 (26 juin) : Un employé d'une usine de production de gaz à Saint-Quentin-Fallavier (Isère) décapite son patron au nom de Daech.

2015 (21 août) : Tentative d'attentat dans un train Thalys Paris-Bruxelles par un Franco-Belge d'origine marocaine, arrêté par deux marines américains.

2015 (13 novembre) : Attentats jihadistes à Paris et à Saint-Denis, aux abords du Stade de France, dans des restaurants des Xe et XIe arrondissements et dans la salle de spectacle du Bataclan, causant cent trente et un morts et plus de quatre cents blessés.

2015 (14 novembre) : Les frères Clain revendiquent les attentats du 13 Novembre dans un enregistrement audio.

2015 (17-18 novembre) : Le meneur des opérations, Abdelhamid Abaaoud, est localisé à Saint-Denis et tué dans l'assaut qui s'ensuit.

2015 (20 novembre) : L'écrivain algérien Kamel Daoud fait paraître dans le *The New York Times* une tribune intitulée « L'Arabie saoudite, un Daesh qui a réussi ».

2016 (7 janvier) : Inauguration officielle du programme d'Unités de Prévention de la Radicalisation dans les prisons en présence de la garde des Sceaux.

2016 (18 mars), Belgique : Arrestation à Molenbeek de Salah Abdeslam, seul survivant du commando de Paris.

2016 (22 mars), Belgique : Attentats contre le métro de Bruxelles et l'aéroport de Zaventem causant la mort de quarante-huit personnes.

2016 (13 juin) : Assassinat d'un policier et de son épouse à leur domicile de Magnanville dans les Yvelines par l'ex-détenu Larossi Abballa, qui condamne ensuite à mort dans une vidéo un universitaire, des journalistes ainsi que les surveillants de prison.

Chronologie

2016 (14 juillet) : Attentat à Nice perpétré par le Tunisien Mohamed Lahouaeij Bouhlel, dont le camion fonce dans la foule devant la baie des Anges, causant quatre-vingt-six morts et quatre cent cinquante-huit blessés.

2016 (26 juillet) : Assassinat du père Jacques Hamel, quatre-vingt-six ans, en plein office en l'église de Saint-Étienne-du-Rouvray (Seine-Maritime) par les jihadistes Adel Kermiche et Abdelmalik Petitjean.

2016 (10 août) : L'activiste franco-algérien Rachid Kassim publie en ligne une infographie depuis Raqqa appelant à cibler les surveillants pénitentiaires.

2016 (24 août), Turquie : Début de l'opération « Bouclier de l'Euphrate » par laquelle l'armée turque intervient dans le nord de la Syrie et s'empare de villes stratégiques, coupant ainsi les routes de la hijra pour les Européens souhaitant rejoindre le « califat ».

2016 (4 septembre) : Attentat jihadiste à l'unité dédiée de la maison d'arrêt d'Osny par un détenu radicalisé, blessant deux surveillants.

Tentative d'attentat par le premier commando féminin jihadiste, qui cherche sans succès à faire exploser une voiture à proximité de la cathédrale Notre-Dame de Paris.

2016 (16 septembre) : Parution d'un entretien avec Aïssam Aït-Yahya dans l'hebdomadaire *Le Point*.

2017 (15 février), Irak : Rachid Kassim est abattu à Mossoul.

2017 (mai) : Élection présidentielle remportée par Emmanuel Macron.

2017 (juillet), Irak : Chute de Mossoul.

2017 (octobre) : Audiences du procès en première instance d'Abdelkader Merah.

2017 (octobre), Syrie : Chute de Raqqa, capitale du « califat ».

2017 (27 décembre), Syrie : Thomas Barnouin, en fuite après la chute de Raqqa, est interpellé par le YPG kurde.

2018 (11 décembre) : Attentat sur le marché de Noël de Strasbourg par Chérif Chekatt.

2019 (20 février), Syrie : Fabien et Jean-Michel Clain sont abattus à Baghouz par une frappe de la coalition occidentale.

2019 (23 mars), Syrie : La chute de Baghouz sanctionne l'effondrement du « califat ».

2019 (21 avril), Sri Lanka : Attentats jihadistes dans des églises lors des fêtes de Pâques, causant trois cent cinquante victimes.

2019 (30 septembre-14 octobre) : Procès du commando féminin du 4 septembre 2016, dit la tentative d'attentat à « la bonbonne de gaz », près de Notre-Dame de Paris.

2019 (3 octobre) : Mickaël Harpon, atteint de surdité partielle, converti à l'islam depuis 2008 et résident de Gonesse (Val-d'Oise) assassine quatre fonctionnaires de police au sein de la Direction générale du renseignement de la préfecture de police de Paris où il travaillait, avant d'être abattu.

2019 (9 octobre) : La Turquie lance une opération militaire dans le Nord-Est syrien suite au retrait américain. Les forces kurdes esseulées demandent la protection de l'armée du régime de Bachar al-Assad.

2019 (14 octobre) : Les trois protagonistes du commando du 4 septembre 2016 sont condamnées à des peines de vingt, vingt-cinq et trente années de réclusion.

2019 (26 octobre) : Abou Bakr al-Baghdadi, « calife » de Daech traqué depuis neuf ans, trouve la mort au cours d'une opération des forces spéciales américaines à Baricha, non loin d'Idlib en Syrie.

BIBLIOGRAPHIE

DOCUMENTS

Dossier judiciaire

Dossier d'instruction de la filière dite « Artigat I », jugement prononcé le 9 juillet 2009 par la 14ᵉ chambre du tribunal de grande instance de Paris.

Documents officiels et rapports

Comité interministériel de prévention de la délinquance et de la radicalisation (CIPDR), « Prévenir pour protéger, Plan national de prévention de la radicalisation », 23 février 2018. Consultable sur : www.gouvernement.fr/sites/default/files/contenu/piece-jo inte/2018/02/2018-02-23-cipdr-radicalisation.pdf

Contrôleur général des lieux de privation de liberté, « La prise en charge de la radicalisation islamiste en milieu carcéral », rapport, 11 juin 2015. Consultable sur : http://www.cglpl.fr/wp-content/uploads/2015/06/rapport-radicalisation_final.pdf

Observatoire international des prisons, « Surpopulation carcérale », oip.org, 2019. Consultable sur : https://oip.org/decrypter/thematiques/surpopulation-carcerale/

Littérature militante et propagande

Publication des sahwistes de Nawa éditions

Aïssam Aït-Yahya, *De l'idéologie islamique française : éloge d'une insoumission à la modernité*, Nawa, 2011, 550 pages.

Ana-Muslim, « Retranscription des entretiens d'Aïssam Aït-Yahya », *chaîne Youtube d'Ana-Muslim*, 2012. Consultable sur : https://www.youtube.com/channel/UCcNI5pwKN1uCaJkb-VU1WOhA

Abou Ishaq Seïf el-Masloul, *Le Livre de l'Algérie en réplique au suppôt du Taghout et aux extrémistes du Takfir (Kitab Al Jazaïr Fi Radd 'Ala Ashab at Taghout wa Ahlou Takfir)*, 2009 mis à jour en janvier 2017, 36 pages. Consultable sur : https://www.fichier-pdf.fr/2012/01/24/kitab-al-jazair/

Gustavo Mazzatella, « Entretien avec Aïssam Aït-Yahya », *Le Nouveau Monstre*, interview du 8 mars 2017. Consultable sur : http://lenouveaumonstre.blogspot.com/2017/03/linterview-de-gustavo-aissam-ait-yahya.html

Mouvement indigéniste

Entretien avec Houria Bouteldja, « Mohamed Merah et moi », 6 avril 2012. Consultable sur : http://indigenes-republique.fr/mohamed-merah-et-moi/

PUBLICATIONS

Ouvrages

Mohamed-Ali Adraoui, *Le Salafisme, du golfe aux banlieues*, PUF, coll. Proche-Orient, Paris, 2013, 256 pages.

Bilel Ainine et Xavier Crettiez, *Soldats de Dieu, paroles de djihadistes incarcérés*, L'Aube / Fondation Jean-Jaurès, Paris, 2017, 176 pages.

Myriam Aït Aoudia, *L'Expérience démocratique en Algérie (1988-1992). Apprentissages politiques et changement de régime*, Presse de Sciences-Po, Paris, 2015, 346 pages.

Yassin Al-Haj Saleh, *La Question syrienne*, Actes Sud, Arles, 2016, 340 pages.

Mohamed Ali Amir-Moezzi, *Dictionnaire du Coran*, Bouquins, Paris, 2007, 1 024 pages.

Abdullah Anas et Tam Hussein, *To The Mountains : My Life in Jihad, from Algeria to Afghanistan*, Hurst & Co Publishers Ltd, Londres, 2019, 224 pages.

Leyla Arslan, *Enfant d'Islam et de Marianne, des banlieues à l'université*, PUF, coll. Proche-Orient, Paris, 2012, 360 pages.

Scott Atran, *L'État islamique est une révolution*, LLQL, Paris, 2016, 160 pages.

Jean-Yves Authier, Marie-Hélène Bacqué, France Guérin-Pace (dir.), *Le Quartier. Enjeux scientifiques, actions politiques et pratiques sociales*, La Découverte, Paris, 2007, 304 pages.

Adam Baczko, Gilles Dorronsoro et Arthur Quesnay, *Syrie, anatomie d'une guerre civile*, CNRS Éditions, Paris, 2016, 416 pages.

James Arthur Beckford (dir.), *Muslims in Prison : challenge and change in Britain and France*, Palgrave Macmillan, Londres, 2005, 309 pages.

Hélène Bellanger, Joël Roman (dir.), *Vivre en prison : Histoires de 1945 à nos jours*, Hachette, Paris, 2007, 334 pages.

Omar Benlaala, *La Barbe*, Le Seuil, Paris, 2015, 112 pages.

Fethi Benslama, *Un furieux désir de sacrifice. Le surmusulman*, Le Seuil, Paris, 2016, 160 pages.

Florence Bergeaud-Blackler, *Le Marché halal ou l'invention d'une tradition*, Le Seuil, Paris, 2017, 272 pages.

Laurent Bonnelli, Fabien Carré, *La Fabrique de la radicalité, une sociologie des jeunes djihadistes français*, Le Seuil, Paris, 2018, 312 pages.

François Boullant, *Michel Foucault et les prisons*, PUF, Paris, 2003, 128 pages.

Gérald Bronner, *La Démocratie des crédules*, PUF, Paris, 2013, 360 pages.

Vahid Brown et Don Rassler, *Fountainhead of Jihad : The Haqqani Nexus, 1973-2012*, Oxford University Press, 2013, 320 pages.

François Burgat, *Comprendre l'islam politique*, La Découverte, Paris, 2016, 260 pages.

Romain Caillet et Pierre Puchot, *Le combat vous a été prescrit. Une histoire du jihad en France*, Stock, Paris, 2017, 288 pages.

Daniel Cefaï, *Pourquoi se mobilise-t-on ?*, La Découverte, Paris, 2007, 736 pages.

Gilles Chantraine, « Quelle autonomie en prison ? », *in* Jean-Vincent Holeindre (dir.), *Le Pouvoir, Concepts, Lieux, Dynamiques*, Le Seuil, Paris, 2014, 400 pages.

Ariane Chemin et Raphaëlle Bacqué, *La Communauté*, Albin Michel, Paris, 2018, 336 pages.

Norman Cohn, *Les Fanatiques de l'apocalypse : Courants millénaristes révolutionnaires du XIe au XVIe siècle*, Aden, Bruxelles, 2010 (réédition, 1983), 473 pages.

Claire de Galembert, Céline Béraud et Corinne Rostaing, *De la religion en prison*, PU Rennes, 2016, 360 pages.

Bernard Debarbieux, *L'Espace de l'imaginaire*, CNRS éditions, Paris, 2015, 310 pages.

Henri Desroche, *Dieux d'hommes : Dictionnaire des messianismes et des millénarismes du Ier siècle à nos jours*, Berg, Paris, 484 pages.

Guillaume Dye, *Figures bibliques en islam*, Éditions modulaires européennes, Paris, 2012, 215 pages.

Abdelasiem el-Difraoui, *Al-Qaïda par l'image, la prophétie du martyre*, PUF, coll. Proche-Orient, Paris, 2013, 368 pages.

Michel Foucault, *Surveiller et punir, Naissance de la prison*, Gallimard, Paris, 1975, 352 pages.

Hind Fraihi, *En immersion à Molenbeek*, La Différence, Paris, 2016, 144 pages.

Arthur Frayer, *Dans la peau d'un maton*, Fayard, Paris, 2011, 306 pages.

Olivier Galland et Anne Muxel (dir.), *La Tentation radicale. Enquête auprès des lycéens*, PUF, Paris, 2018, 460 pages.

Antoine Garapon et Michel Rosenfeld, *Démocratie sous stress, les défis du terrorisme global*, PUF, Paris, 2016, 208 pages.

Jean-François Gayraud, *Théorie des Hybrides : Terrorisme et crime organisé*, CNRS Éditions, Paris, 2017, 256 pages.

Erving Goffman, *Asiles. Études sur la condition sociale des malades mentaux et autres reclus*, Éditions de Minuit, Paris, 1979, 452 pages.

Laurent Gras, *Le Sport en prison*, L'Harmattan, Paris, 2005, 284 pages.

Ali Haroun, *La Septième Wilaya. La Guerre du FLN en France, 1954-1962*, Le Seuil, Paris, 2012, 528 pages.

Bernard Haykel, *On the Nature of Salafi Thought and Action*, inRoel Meijer (ed.), *Global Salafism : islam's New Religious Movement*, Hurst and co, Londres, 2009, 463 pages.

Thomas Hegghammer, *Jihad in Saudi Arabia, Violence and Pan-Islamism since 1979*, Cambridge University Press, Cambridge, 2012, 304 pages.

Nathalie Heinich, *Des valeurs : une approche sociologique*, Gallimard, Paris, 2017, 405 pages.

Gilles Kepel, *Le Prophète et le Pharaon : les mouvements islamistes dans l'Égypte contemporaine*, La Découverte, Paris, 1984, 246 pages.

Gilles Kepel, *A l'Ouest d'Allah*, Le Seuil, Paris, 1994, 348 pages.

Gilles Kepel, *Jihad. Expansion et déclin de l'islamisme*, Gallimard, Paris, 2003, 751 pages.

Gilles Kepel, *Quatre-vingt-treize*, Gallimard, Paris, 2012, 336 pages.

Gilles Kepel, *Terreur dans l'Hexagone : Genèse du Jihad français*, Gallimard, Paris, 2015, 352 pages.

Gilles Kepel, *Sortir du Chaos*, Gallimard, Paris, 2018, 528 pages.

Gilles Kepel et Jean-Pierre Milelli (dir.), *Al-Qaïda dans le texte. Écrits d'Oussama Ben Laden, Abdallah Azzam, Ayman al-Zawahiri et Abou Moussab al-Zarqawi*, PUF, coll. Proche-Orient, Paris, 2008, 496 pages.

Farhad Khosrokhavar, *L'Islam dans les prisons, voix et regards*, Balland, Paris, 2004, 285 pages.

Farhad Khosrokhavar, *Quand Al-Qaïda parle*, Grasset, Paris, 2006, 430 pages.

Farhad Khosrokhavar, *Radicalisation*, MSH, Paris, 2014, 191 pages.

Farhad Khosrokhavar, *Prisons de France. Violence, radicalisation, déshumanisation : surveillants et détenus parlent*, Robert Lafont, Paris, 2016, 684 pages.

Farhad Khosrokhavar, *Le Nouveau Jihad en Occident*, Robert Laffont, Paris, 2018, 592 pages.

Stéphane Lacroix, *Le Champ de la discorde : une sociologie politique de l'islamisme en Arabie saoudite (1954-2005)*, thèse soutenue en 2007 à l'Institut d'Études politiques de Paris, 862 pages.

Younous Lamghari et Corinne Torrekens, « L'islam à Bruxelles : mobilisations identitaires et politiques », in Perrine Devleeshouwer, Muriel Sacco et Corinne Torrekens (dir.), *Bruxelles, ville mosaïque, entre espaces, diversités et politiques*, Éditions de l'Université libre de Bruxelles, 2015, 216 pages.

Henri Laoust, *Les Schismes dans l'Islam*, Payot, Paris, 1983, 500 pages.

Didier Lapeyronnie, *Ghetto urbain, ségrégation, violence, pauvreté en France aujourd'hui*, Robert Laffont, 2008, 630 pages.

Robert S. Leïken, *Europe's Angry Muslims*, Oxford University Press USA, New York, 2012, 368 pages.

Marc Leplongeon et Jean-Michel Decugis, *Le Chaudron français*, Grasset, Paris, 2017, 234 pages.

Charles Lister, *The Syrian Jihad*, Brookings, Washington, 2015, 510 pages.

Pierre-Jean Luizard, *Le piège de Daech, l'État islamique ou le retour de l'histoire*, La Découverte, Paris, 2015, 180 pages.
Shiraz Maher, *Salafi-jihadism : The History of an Idea*, Hurst & Co, Londres, 2016, 256 pages.
Brigitte Maréchal, *Les Frères musulmans en Europe*, coll. Proche-Orient aux PUF, Paris, 2009, 320 pages.
Brigitte Maréchal et Farid el-Asri (dir.), *Islam belge au pluriel*, Presse universitaire de Louvain, 2013, 326 pages.
Jean-Pierre Martin et Christophe Lamfalussy, *Molenbeek-sur-Djihad*, Grasset, Paris, 2017, 304 pages.
Muhammad Khalid Masud (dir.), *Travellers in Faith : Studies of the Tablighi Jama'at as a Transnational islamic Movement for Faith Renewal*, Brill, Leyde, 2000, 268 pages.
Roger Maudhuy, *Molenbeek. Vingt-cinq ans d'attentats islamistes*, Michalon, Paris, 2016, 291 pages.
Marcel Mauss, *Essai sur le don*, PUF, Paris, 2012, 252 pages.
William McCants, *The ISIS Apocalypse : The History, Strategy, and Doomsday Vision of the Islamic State*, St. Martin's Press, New York, 2015, 256 pages.
Olivier Milhaud, *Surveiller et punir. Une géographie des prisons françaises*, CNRS Éditions, Paris, 2017, 320 pages.
Munira Mirza, Zain Ja'far et Abi Senthilkumaran, *Living apart Together : British Muslims and the Paradox of Multiculturalism*, Londres, Policy Exchange, 2007.
Guillaume Monod, *En prison, paroles de djihadistes*, Gallimard, Paris, 2018, 192 pages.
Alfred Morabia, *Le Gihâd dans l'islam médiéval : Le « combat sacré » des origines au XIIe siècle*, Albin Michel, Paris, 2013, 572 pages.
Nabil Mouline, *Les Clercs de l'islam. Autorité religieuse et pouvoir politique en Arabie saoudite, XVIIIe-XXIe siècle*, PUF, coll. Proche-Orient, Paris, 2011, 400 pages.
Wassim Nasr, *État islamique. Le fait accompli*, Plon, Paris, 2016, 192 pages.

Peter R. Neumann (dir.), *Radicalization*, Routledge, Abingdon-on-Thames, 2015, 1 858 pages.

Hela Ouardi, *Les Derniers Jours de Muhammad*, Albin Michel, Paris, 2017, 368 pages.

Hamadi Redissi, *Le Pacte du Najd, ou comment l'islam sectaire est devenu l'islam*, Le Seuil, Paris, 2007, 352 pages.

Bernard Rougier, *Le Jihad au quotidien*, PUF, coll. Proche-Orient, Paris, 2004, 262 pages.

Bernard Rougier (dir.), *Qu'est-ce que le salafisme ?*, PUF, coll. Proche-Orient, Paris, 2008, 224 pages.

Bernard Rougier, *L'Oumma en fragments. L'enjeu de l'islam sunnite au Levant*, PUF, coll. Proche-Orient, Paris, 2011, 248 pages.

Bernard Rougier et Stéphane Lacroix (dir.), *L'Égypte en révolution*, PUF, Paris, 2015, 224 pages.

Bernard Rougier (dir.), *Les Territoires conquis de l'islamisme*, PUF, Paris, 2020.

Olivier Roy, *Le Djihad et la mort*, Le Seuil, Paris, 2016, 176 pages.

Omar Saghi, *Paris – La Mecque. Sociologie du pèlerinage*, PUF, coll. Proche-Orient, Paris, 2010, 296 pages.

Michel Seurat, *Syrie, l'État de barbarie*, PUF, coll. Proche-Orient, 2012, 304 pages.

Géraldine Smith, *Rue Jean-Pierre-Timbaud, une vie de famille entre barbus et bobos*, Stock, Paris, 2016, 200 pages.

Simon Staffel, Akil Awan, *Jihadism Transformed : Al-Qaeda and Islamic State's Global Battle for Ideas*, Hurst & Co Publishers, Londres, 2016, 256 pages.

Benjamin Stora, *La Guerre invisible. Algérie, années 90*, Presse de Sciences-Po, Paris, 2001, 125 pages.

Mathieu Suc, *Femmes de jihadistes*, Fayard, Paris, 2016, 384 pages.

Antony Taylor, *The prison system and its effects*, Nova Sciences publishers, NYC, 2011, 315 pages.

Dominique Thomas, *Le Londonistan, la voix du jihad*, Michalon, Paris, 2003, 256 pages.

David Thomson, *Les Français jihadistes. Qui sont ces citoyens en rupture de la République ? Pour la première fois, ils témoignent*, Les Arènes, Paris, 2014, 256 pages.

David Thomson, *Les Revenants. Ils étaient partis faire le jihad, ils sont de retour en France*, Le Seuil, Paris, 2016, 304 pages.

Fabien Truong, *Loyautés radicales, l'islam et les « mauvais garçons » de la nation*, La Découverte, Paris, 2017, 238 pages.

Jennifer Turner, *The Prison Boundary : Between Society and Carceral Space*, Palgrave Studies In Prisons and Penology, MacMillan, Londres, 248 pages.

Lorraine Van Blerk, « Entangled Identities Inside and Outside : Exploring Cape Town Street Youth's Interconnected lives on the Street and in Prison », *in* Dominique Moran, Anna K. Schiliehe (eds), *Carceral Spatiality : Dialogues between Geography and Criminology*, Palgrave MacMillan, Londres, 289 pages.

Christian Vandermotten, *Bruxelles, une lecture de la ville*, Éditions de l'université de Bruxelles, 2014, 233 pages.

Pierre Vermeren, *La France en terre d'Islam. Empire colonial et religion, XIXe-XXe siècle*, Belin, Paris, 2017, 409 pages.

Loïc Wacquant, *Parias urbains. Ghetto – banlieues – État*, La Découverte, Paris, 2007, 336 pages.

Joas Wagemakers, *Salafism in Jordan : Political Islam in a Quietist Community*, Cambridge University Press, Cambridge, 2016, 314 pages.

Max Weber, *Sociologie des religions*, Gallimard, Paris, 2006, 545 pages.

Articles

Samir Amghar, « La ligue islamique mondiale en Europe : un instrument de défense des intérêts stratégiques saoudiens », in *Critique internationale*, vol. 2, n° 51, 2011, 196 pages.

Fabrice Balanche, « Syrie : de la révolution laïque et démocratique à Daech », in *Hérodote*, 2016, vol. 1, n° 160-161, pp. 123-142.

Jean-Charles Brisard, Kevin Jackson, « The Islamic State External Operations and the French-Belgian Nexus », in *CTC Sentinel*, West Point, 10 novembre 2016. Consultable sur : https://ctc.usma.edu/the-islamic-states-external-operations-and-the-french-belgian-nexus/

Jean-Baptiste Brodard, « De la "Nation of Islam" au wahhabisme : identité culturelle et religiosité chez les musulmans afro-américains », in *Fondation Religioscope*, cahier n° 11, 2014, p. 11.

Rik Coolsaet, « Molenbeek and violent radicalisation : a social mapping », in *European Institute of Peace*, juin 2017, 18 pages. Consultable sur : https://view. publitas.com/eip/eip-molenbeek-report-16-06/page/2-3

Henri Desroche, « Micromillénarismes et communautarisme utopique en Amérique du Nord, du XVIIe au XIXe siècle », in *Archives de sociologie des religions*, n° 4, 1957, pp. 57-92.

Hakim el Karoui, « La Fabrique de l'islamisme », *Rapport de l'Institut Montaigne*, septembre 2018, 620 pages.

Juliette Galonnier, « The Enclave, the Citadel and the Ghetto : The Threefold segregation of Upper-Class Muslims in India », in *International Journal of Urban and Regional Research*, vol. 39, n° 1, p. 95.

Alain Guyard, « Philosophie carcérale », *Variations* [en ligne], vol. 16, 2012.

Nathalie Heinich, « La sociologie à l'épreuve des valeurs », *Cahiers internationaux de sociologie*, vol. 121, n° 2, 2006, pp. 306-310.

Ouisa Kiès, « La radicalisation en prison. Retour d'expérience de la recherche-action » *in* Aurélien Rissel (dir.). « Les religions en prison, entre exercice serein et exercice radicalisé, regards croisés », numéro spécial de la *Revue juriste de l'Ouest*, septembre 2018, 175 pages.

Michel Kokoreff, « Ghettos et marginalité urbaine. Lectures croisées de Didier Lapeyronnie et Loïc Wacquant », in *Revue française de sociologie*, vol. 50, n° 3, 2009, pp. 553-572.

Felix Legrand, « La stratégie de Jabhat al-Nusra / Jabhat Fath al-Sham face aux trêves en Syrie », in *Noria Research*, 2 octobre 2016. Consultable sur : https://www.noria-research.com/fr/strategie-treves-syrie/

Benoît Levesque, « L'Ordre religieux comme projet rêvé : Utopie et/ou secte ? Étude comparative d'un cas », in *Archives de sciences sociales des religions*, n° 41, 1976, pp. 77-108.

Peter Marcuse, « The Enclave, the Citadel and the Ghetto : what has changed in the post-Fordist U.S. city », in *Urban Affairs review*, vol. 33, n° 2, pp. 228-264.

MEMRI Jihad and Terrorism Threat Monitor, « Islamic State (ISIS) Releases Pamphlet On Female Slaves », 3-4 décembre 2014. Consultable sur : https://www.memri.org/jttm/islamic-state-isis-releases-pamphlet-female-slaves#_edn1

Daniel Milton, « Communication Breakdown : Unraveling the Islamic State's Media Efforts », *CTC*, octobre 2016, 63 pages.

Peter R. Neumann, Rajan Basra, « Crime as Jihad : Developments in the Crime-Terror Nexus in Europe », in *Combating Terrorism Centre*, vol. 10, n° 9, Westpoint, octobre 2017, 37 pages. Consultable sur : https://ctc.usma.edu/crime-as-jihad-developments-in-the-crime-terror-nexus-in-europe/

Steve D. Reicher and Alex Haslam, « Rethinking the psychology of tyranny : The BBC Prison Study », in *British Journal of Social Psychology*, n° 45, 2006, pp. 1-40.

Thomas Renard et Rik Coolsaet, « From the Kingdom to the Caliphate and Back : returnees in Belgium », in *Egmont Paper*, février 2018, p. 10.

Corinne Rostaing, « Une approche sociologique du monde carcéral », *La nouvelle revue de l'adaptation et de la scolarisation*, vol. 59, n° 3, 2012, pp. 45-56.

Corinne Rostaing, « L'ordre négocié en prison : ouvrir la boîte de Pandore du processus disciplinaire », in *Droit et société*, vol. 87, n° 2, 2014, pp. 303-328.

Bernard Rougier, « L'islamisme face au retour de l'islam ? », in *Vingtième siècle, revue d'histoire*, vol. 2, n° 82, 2004, p. 116.

Bernard Rougier, « Les camps palestiniens du Liban. La Syrie, le Hezbollah et le nouveau pouvoir libanais face aux attentes internationales », in *Transcontinentales*, n° 1, document 4, 2005, mis en ligne le 3 février 2011, consulté le 30 octobre 2018, p. 34, note 17.

Bernard Rougier et Gilles Kepel, « Addressing Terrorism. European Research in Social Sciences and the Humanities in Support to Policies for Inclusion and Security », *EU Publications, Directorate-General for Research and Innovation* (European Commission), Bruxelles, août 2016, 56 pages, p. 7. Consultable sur : https://publications.europa.eu/en/publication-detail/-/publication/55a9f3db-7fe5-41e5-97cc-fc4a3d73325b

Bernard Rougier, Hugo Micheron (dir.), « Les discours de rupture dans l'islam contemporain », *Rapport*, chaire Moyen-Orient Méditerranée de l'ENS, janvier 2019, 263 pages.

Sang froid, « D'Alençon à Raqqa, itinéraire d'un vétéran du Jihad », n° 3, automne 2016, pp. 77-91.

Jean Séguy, « Les sociétés imaginées : monachisme et utopie », in *Annales Économies, Sociétés, Civilisations*, vol. 26, n° 2, 1971, pp. 328-354.

Patrick Simon, Vincent Tiberj, « Sécularisation ou regain religieux : la religiosité des immigrés et de leurs descendants », in *INED*, Paris, 2013.

The Soufan Group, « Foreign Fighters, An Updated Assessment of the Flow Fighters into Syria and Iraq », décembre 2015, 26 pages, pp. 5-8. Consultable sur : https://wb-iisg.com/wp-content/uploads/bp-attachments/4826/TSG_ForeignFightersUpflow.pdf

Guillaume Sudérie, « Les conduites addictives dans le Grand-

Mirail, enquête ethnographique », in *ORS Midi-Pyrénées*, février 2017, pp. 6-10.

Hossam Tammam, « Les Frères musulmans et les médias aux élections parlementaires de 2005 : le cas d'Alexandrie », *Égypte / Monde arabe*, vol. 7, n° 1, 2010, pp. 185-196.

Maja Touzari Greenwood, « Islamic State and al-Qaeda's Foreign Fighters », in *Connections*, vol. 16, n° 1, hiver 2017, p. 93.

Loïc Wacquant, « Urban Outcasts : Stigma and division in the Black American Ghetto and the French Urban Periphery », in *International Journal of Urban and Regional Planning*, 1993, vol. 17, n° 3, pp. 366-383.

Loïc Wacquant, « The New "Peculiar Institution" : On the Prison as Surrogate Ghetto », in *Theoretical Criminology*, 2000, vol. 4, n° 3, pp. 377-389.

Loïc Wacquant, « Deadly Symbiosis : When Ghetto and Prison Meet and Mesh », in *International Journal of Penology*, 2001, vol. 3, n° 1, pp. 95-133.

Loïc Wacquant, « "Une ville noire dans la blanche". Le ghetto étasunien revisité », in *Actes de la recherche en sciences sociales*, vol. 5, n° 160, 2005, pp. 22-31.

Loïc Wacquant, « The Body, the Ghetto and the Penal State », in *Qualitative Sociology*, 2009, vol. 32, n° 1, pp. 101-129.

Aaron Y. Zelin, « European Foreign Fighters in Syria », *in ICSR Insight*, 2 avril 2013. Consultable sur : https://www.washingtoninstitute.org/policy-analysis/view/european-foreign-fighters-in-syria

Aaron Y. Zelin, « Al-Qaeda Announces an Islamic State in Syria », in *The Washington Institute for Near East Policy*, 9 avril 2013. Consultable sur : https://www.washingtoninstitute.org/policy-analysis/view/al-qaeda-announces-an-islamic-state-in-syria

REMERCIEMENTS

Ce travail est le fruit d'une thèse commencée à Sciences-Po et terminée à l'École normale supérieure, et je sais gré à ces deux institutions et à leurs directeurs, Frédéric Mion et Marc Mézard. Il me revient le plaisir de remercier Laurent Bigorgne, l'un des premiers à avoir cru dans ce projet. Lorsque j'ai commencé ma thèse en 2015 sans financement universitaire, il m'a proposé un contrat doctoral (« CIFRE ») que l'association Agir pour l'École qu'il préside m'a accordé. Sa confiance constante, jointe à celle de Laurent Cros son directeur, m'a offert toute latitude pour me consacrer entièrement à la réalisation d'un travail de terrain exigeant.

L'investissement continu du professeur Bernard Rougier a été d'un apport incommensurable. Sa disponibilité, sa pédagogie et son érudition m'ont permis au fil des ans d'élaborer mon raisonnement et de dépasser plus d'un obstacle conceptuel. Au sein de la Chaire Moyen-Orient-Méditerranée de l'ENS-PSL, le dévouement de Sarah Jicquel a été inestimable, son efficacité a été indispensable dans la finalisation du manuscrit. Il m'est particulièrement agréable de la remercier ainsi que Damien Saverot et Héloïse Heuls, dont on attend les travaux avec impatience. Alexandre Kazerouni m'a prodigué moult conseils qui m'ont accompagné du début jusqu'à la fin de mes recherches. Le savoir islamologique du professeur Jean-Pierre Milelli, et ses précisions éclairées des textes classiques arabes ont été des plus précieux. À cet égard, le séminaire mensuel « Violence et dogme » de l'ENS a été un espace de réflexion d'une immense richesse. La qualité des propos de Mohamed-Ali Amir-Moezzi, Hela Ouardi et El-Mouhoub Mouhoud a été l'occasion de belles découvertes intellectuelles, prolongées par la lecture de leurs travaux. De nombreux autres universitaires ont joué un rôle d'aiguillage dans mon cheminement, notamment Bernard Haykel, Nathalie Heinich, Myriam Aït Aoudia, Gérald Bronner, Rachid Benzine, Antoine Jardin, Aurélie Daher. Ouisa Kies a été d'une remarquable générosité et notre compagnonnage sur le terrain reste gravé dans ma mémoire. Géraldine Casutt m'a donné les clefs de compréhension du jihadisme féminin tandis que son amitié m'a porté dans les moments les plus délicats. Le regard avisé de Cindy Leoni, Anne-Clémentine Laroque, Madeleine Dubois m'est aussi précieux que leur amitié m'est chère. Dominique Bourdin m'apporte et m'a apporté une aide inestimable. Merci à Naïma R.

Les nombreux déplacements de terrain en France, en Belgique et au Moyen-Orient m'ont amené à rencontrer des personnes extraordinaires qui ont rendu ceux-ci possibles et agréables, notamment Jana Jabbour, Ghada Chalhoub, Mohamed el-Mufti, Maya Khattab, Waël Kaadan, Johan Leman, Alain Grignard, Monique Renaerts, Rik Coolsaet, Yves Pattes, Farid Grine, Mohamed Chirani, Salima Khelfa, Quentin Degrave, Sonia Kerouani, Mathieu Sahraoui, May Rostom, Felix Legrand, Ram Suleiman, Shadi Al-Khayer, Amélie Boukhobza, Aline Raffestin, Nathalie Delgado, Mariam Cissé, Rachida, Laurent Amar. Ma dette est grande auprès d'un nombre important de responsables associatifs et d'acteurs sociaux qui ont partagé avec moi leurs connaissances intimes des secteurs dans lesquels s'exerçaient leurs vocations.

De très nombreuses personnes sont à remercier pour avoir rendu possible la mise en place de la recherche délicate effectuée en prison et pour leur aide inestimable tout au long de celle-ci. Je ne puis hélas remercier nommément ces hommes et femmes comme ils le mériteraient, mais le respect de leur anonymat ne confine ici en rien à l'ingratitude. Au début de nos recherches, nous pensions que rares seraient les juges prêts à nous accorder l'accès à des prévenus « terroristes » dont ils avaient la responsabilité judiciaire. C'est pourtant ce qu'ont accepté sept magistrats qui ont donc rendu ce travail possible. Je tiens à leur exprimer ici toute ma reconnaissance.

Remerciements 401

Je suis également redevable aux membres de la direction de l'administration pénitentiaire et à l'ensemble de son personnel. Je sais gré aux directrices et directeurs de prison qui ont rendu accessibles les détentions de leurs établissements et qui m'ont autorisé à interroger librement les membres de leurs équipes. Il en va de même pour les adjoints, les chefs de division, les gradés, les surveillants, les directions des Services d'insertion et de probation et leurs conseillers qui ont été des relais précieux auprès des détenus. Les éducateurs et psychologues, membres des binômes de soutien, m'ont présenté aux prévenus et sont souvent à l'origine de la réussite des entretiens qui s'ensuivaient. Il en va de même pour les aumôniers de prison. Merci à Pierre Botton qui a partagé avec moi son expérience d'ancien prisonnier et livré les codes de l'univers carcéral. Je remercie également l'ensemble des enquêtés d'avoir bien voulu me consacrer de leur temps et répondre à mes questions ainsi que leurs avocats qui ont facilité la prise de contact avec leurs clients.

Il m'importe de remercier Henri de Castries, président de l'Institut Montaigne, dont les travaux anciens et récents contribuent à documenter les questions relatives à la diffusion de l'islamisme. De nombreux hauts fonctionnaires ou décideurs publics m'ont fait part de leur connaissance des domaines de politiques publiques dont ils sont les spécialistes, notamment Christian Gravel, Gilles Clavreul, Muriel Domenach, Pierre N'Gahane, Gilles de Kerchove, Jean-François Gayraud ainsi que Floran Vadillo et Olivier Noblecourt. Je remercie l'ambassadeur Michel Duclos et Hakim el-Karoui.

De nombreux journalistes, grands connaisseurs du terrain, ont publié des travaux de première importance et m'ont fait part de leur expérience, notamment David Thomson, Wassim Nasr, Willy le Devin, Samuel Forey, Ariane Chemin, Raphaëlle Bacqué, Clément Pétreault et Mathieu Suc. Il en va de même pour d'autres grands connaisseurs du sujet, Marc Hecker, Asiem el-Difraoui, Milena Uhlman, Achraf Ben Brahim Shiraz Maher et Thomas Hegghammer.

Je tiens à remercier celles et ceux, très nombreux, qui m'ont soutenu par leur amitié et leur camaraderie tout au long de ce travail ; je pense aux irremplaçables Julian, Astrid, Arnaud, Antoine, Julien et Yaël, Maxime, Alizée, Bertrand, Joanna, Arthur, Ines, Axel, Hugues, Stéphanie et Jean-Charles. Henri et Fabien, avec qui j'ai découvert

Idleb, Raqqa et Deir ez-Zor à une époque aujourd'hui révolue, m'ont aussi accompagné dans cette épopée. La place me manque ici pour remercier ma mère à sa juste valeur tant cet ouvrage n'aurait pu aboutir sans son soutien inestimable, sa patience absolue et son immense générosité. Mon père m'a appris à tenir un cap par tous les temps, tout en me transmettant un savoir terrien inquantifiable : le bon sens bourguignon. Mes frères m'apportent l'essentiel depuis toujours. Merci à Fabienne, Capucine et Alexandra. L'hospitalité inégalable de Dominique et Jean, la présence de Jean-Christophe et de Louis, Claire, Bénigne, Alban, Delphine et Mayeul sont une source de bonheur dans ma vie. J'ai trouvé dans ma grand-mère Suzanne, résistante de la première heure, une source d'inspiration permanente. Yasmina a été d'un soutien de chaque instant. Elle a rendu heureux des événements qui m'invitaient à baisser les bras. Je suis infiniment redevable à son immense intelligence.

Merci à HLS, pour tout.

Qu'il me soit donné ici d'exprimer ma plus sincère et profonde reconnaissance à Antoine Gallimard pour la confiance qu'il m'a témoignée en tant que jeune auteur et pour m'avoir permis de publier mon premier livre. Merci à l'ensemble des équipes de cette formidable Maison.

En 2012, étudiant désorienté, j'ai débuté mon apprentissage aux côtés de Gilles Kepel. J'ai tiré de son exigence la passion immodérée du terrain, sève du présent travail, ainsi que la nécessité d'analyser conjointement les imaginaires produits de part et d'autre de la Méditerranée. C'est en me replongeant dans son œuvre de jeunesse que j'ai réussi à faire sens de cette situation, signe que sa pensée fait bel et bien école. J'aimerais croire que le présent travail, qui lui doit tant, est digne de l'héritage de ses découvertes.

PRÉFACE, *par Gilles Kepel* 7
INTRODUCTION 11
    Géographie du jihadisme et mutation des territoires, 15 – Réinvestir le terrain, 19.
AVERTISSEMENT 27

I. QUARTIERS

Préambule : Aux origines de l'utopie jihadiste 35
    LE MONDE SELON KÉVIN 35
    L'UTOPIE UNIVERSELLE DU JIHAD 41
    LES DÉCENNIES 1980-1990 : DE LA SYRIE À L'ARIÈGE, VIA L'AFGHANISTAN 47

1. *Prélude au jihadisme hexagonal : le paradigme de Toulouse (2001-2005)* 55
    L'ÉVOLUTION DU JIHADISME APRÈS LE 11 SEPTEMBRE 2001 55
    Les quartiers toulousains. Le Grand-Mirail au tournant du XXe siècle, 55 – Rencontre avec les Clain, 58 – L'arrivée du GIA, 63 – Les violents : Sabri Essid et les salafo-criminels des Izards, 65 – L'événement déclencheur : les attentats du 11 septembre 2001, 69 – Les bâtisseurs : les frères Clain et les salafo-fréristes du Grand-Mirail, 73 – Mosquées, HLM, marchés, sport, 74 – L'économie locale du « halal », 79.

ARTIGAT SUR LA CARTE DU JIHAD INTERNATIONAL   80

Mariages et conversions, 80 – Tous les chemins mènent à Molenbeek : l'axe Toulouse-Bruxelles, 85.

2. *Désaveu de la République et allégeance au jihad global (2005-2012)*   95

2005-2009 : « LE DÉSAVEU D'AVEC LA FRANCE »   95

2005 : Les émeutes vues par les jihadistes, 95 – 2006 : Irak, le jihad originel, 98 – Hors contrat : les écoles islamiques du Mirail, 102.

2009-2012 : LE JIHAD DE L'INTÉRIEUR   107

Des quartiers aux prisons : le réseau Sanabil, 107 – Bagatelle : la prolifération salafiste à Toulouse, 113 – Au miroir du Mirail, 115.

3. *Déclencher le jihad contre la France (2012)*   119

11-19 MARS 2012 : MOHAMED MERAH, DE LA DOCTRINE À LA TUERIE   119

Le milieu des Izards, 119 – Les loups « solidaires », 122.

JIHAD DANS L'HEXAGONE ET DÉPARTS EN SYRIE   127

Merah, le rôle-modèle, 127 – Les attentats en Europe, « témoignage » de foi, 133.

II. SYRIE

1. *De l'Europe au Levant, le continuum du jihad (2012)*   141

2012 : L'ANNÉE CHARNIÈRE   142

Des « printemps arabes » à la crise syrienne, 143 – Été 2012 : la jihadisation du conflit levantin, 145.

LA PREMIÈRE VAGUE DE DÉPARTS : LES PIONNIERS   147

Les départs de l'été 2012, 147 – Jihad européen et chaos syrien, 149.

LE JIHAD ET LA VIE   153

2. *Illusion et désillusions du jihad syrien (2013)*   160

LA DEUXIÈME VAGUE : LES CADRES   161

Les germes de la discorde, 161 – L'acte de naissance de Daech, 162 – Été 2013 : l'arrivée des cadres, 164.

Table des matières 405

JIHADISTES EUROPÉENS CONTRE REBELLES SYRIENS 165
Le « Châm » : terra incognita, 165 – « On est des hommes. On veut se marier », 168 – « Sortir les Syriens du coma religieux », 169.

DE L'UTOPIE AU CAUCHEMAR 171
Prémices de l'État islamique, 172 – Les premiers « revenants », 179 – La conquête de l'Est syrien, 182.

3. *Le « califat » éphémère (2014-2016)* 186

LA TROISIÈME VAGUE : LES OPPORTUNISTES 186
29 juin 2014 : la proclamation du « califat », 186 – Le jihad pour tous, 190 – Les « nouveaux venus », 191 – Jihadistes « Facebook », prototypes de l'Homme nouveau, 192.

L'INSTAURATION DE L'ÉTAT ISLAMIQUE : LA COLONISATION JIHADISTE (2014) 195
Le « califat » est ordonné comme une prison, 196 – L'administration de la mort, 199 – Le piège de Daech, 204 – Califat « genré » et contrôle de la chair, 205 – La transplantation des enclaves et des phalanstères, 211 – La domination coloniale jihadiste au Levant, 216.

ATTENTATS EN EUROPE ET IMPLOSION DE DAECH (2015-2016) 220
L'étau du jihad : marche ou crève, 221 – L'apogée des « exagérateurs », 227 – La débilitation de l'EI : les attentats en Europe, 231 – Janvier 2015 : de *Charlie Hebdo* à l'Hyper Cacher, 231 – 13 novembre 2015 : du Stade de France au Bataclan, 233 – 2016 : fuite en avant dans l'extrémisme, 238 – La mort des pionniers, 242.

III. PRISONS

1. *Aux origines du jihadisme carcéral (2001-2015)* 253

L'ENCLAVE TENTACULAIRE 254
La caisse de résonance du jihadisme hexagonal, 254 – Le bouleversement des détentions depuis le 11 septembre 2001, 256.

PRISONNIERS DE FOUCAULT 263
Surveiller et punir ?, 264 – Penser le jihadisme en prison au XXIe siècle, 268.

IRRUPTION DES « REVENANTS » 273
De Raqqa à Fleury-Mérogis, 274 – Les tâtonnements de l'admi-

nistration pénitentiaire, 276 – De *Charlie Hebdo* aux unités dédiées, 278 – Les candides de la déradicalisation, 279.

2. **Le champ de bataille derrière les barreaux (2015-2016)** 284

   LA RESTRUCTURATION PAR L'INCARCÉRATION 284
   Éveiller et unir : les unités dédiées subverties par les jihadistes, 284 – La réimportation du jihad syrien, 287 – L'activisme en détention, 290.

   L'ENA DU JIHAD 293
   Phalanstères derrière les barreaux, 296 – L'expansion vers les droits-communs, 298 – Les prisonniers : « demi-martyrs », 302.

   LE TROISIÈME FRONT 304
   L'été chaud derrière les écrous, 305 – La *katiba* de Fleury-Mérogis, 307 – 4 septembre 2016 : attentat dans l'unité dédiée, 315.

3. **L'après-Daech** 320

   LEÇONS TIRÉES DE L'ÉCHEC DU « CALIFAT » 321
   Des théoriciens pour le jihad de demain, 322 – Suspendre les attaques en Europe, 328 – Extension du camp du « désaveu », 334.

   QUEL JIHAD POUR DEMAIN ? 336
   Les « quartiers » au prisme de la prison, 337 – Priorité à l'éducation, 339 – Salafiser l'islam, jihadiser le salafisme, 342.

   FACE AU DEVENIR DU JIHADISME 347
   La France, fer de lance de la mécréance en Europe, 347 – Retour aux enclaves : la sécession des territoires, 349.

CONCLUSION 357

APPENDICES

Chronologie 377
Bibliographie 385
Remerciements 399

Composition : Nord Compo
Achevé d'imprimer
par Normandie Roto Impression s.a.s.
61250 Lonrai en janvier 2020.
Dépôt légal : janvier 2020.
Premier dépôt légal : décembre 2019.
Numéro d'imprimeur : 2000443.
ISBN 978-2-07-287599-1 / Imprimé en France.